日常に侵入する自己啓発

生き方・手帳術・片づけ

牧野智和

勁草書房

はじめに

書店に居並ぶ自己啓発書には、一体何が書いてあるのだろうか。

当然、何よりも「自己」についてである。自分自身にどう向き合い、自分自身をどう変えていくのか。そのための手法と、それらの根拠となる著者の知識・経験や「哲学」が、自己啓発書の最も主たる内容である。では、こうした自己啓発書、あるいは同種の内容を扱う雑誌等を含めた「自己啓発メディア」は一体どのような「自己」であることを読者に求めるのか。そのことを分析したのが、筆者の前著『自己啓発の時代――「自己」の文化社会学的探究』（牧野 2012a）であった。

だが、少しでもこの類の書籍を読んだことがあればわかるように、自己啓発書が扱うのは「自己」のみではない。どのように仕事を進めていくのか、仕事についてそもそもどう考えるべきか、人づきあいをどうすべきか、人生設計をどう考えるべきか、どのような私生活を送るべきか、日々の生活の各場面についてどのように考え、どのように振る舞うべきか、等々。自己啓発書は、日々の生活を、人生を、目の前に開ける「世界」をどう受け止めるかについて指南するメディアでもある。では、自己啓発書はその読者に、どのような日々の過ごし方が、どのような生き方が、どのように「世界」と対峙することが望ましいと訴えているのだろうか。

自己啓発書がみせようとする「世界」について考えることに、一体どのような意義があるといえるのか。自己啓発書について、あるビジネス誌の編集者はこう述べていた。「自己啓発書は二度考えないメディアだ」、と。つまり、読者にとって最も馴染みのある、最大公約数的な価値観を前提として、自己の啓発に誘おうとする書籍群が自己啓発書だというのである（というより、既存の価値観を疑うことを主眼にするような書籍は、自己啓発に関連する書棚に並べられることはないだろう）。あるいはこうもいえるだろう。自己啓発書は、より多くの人々が魅了されるような願望、より多く抱かれるような不安を掲げて人々を惹きつけ、それらへの処方箋を提出する書籍群なのだ、と。

今日における書店の陳列をみてもわかるように、またベストセラー・ランキングをみてもわかるように、自己啓発書は、大きくは縮小傾向に向かう出版市場のなかでその相対的位置価をここ十数年ほど高く保ち続けている。いくつかの大きなヒット作も生まれているが、それらのみに留まらず、書店に居並ぶ自己啓発書や、書籍と同種のメッセージの拡散は、現在を生きる私たちの日常的風景を構成する一要素になっている。しかしそのような風景は、少し前まではありえなかったものである。

だとすれば、自己啓発書がみせようとする「世界」について考えることは、ここ十数年間の私たちの社会において、一体どのような価値観・願望・不安が、またどのような日々の過ごし方、人生のあり方、「世界」への向き合い方が、人々に馴染みのあるものとして流通してきたのか、新たに望ましいものとして台頭してきたのかについて考えることを意味するといえるだろう。自己啓発書という、近年台頭した、最大公約数的な価値観・願望・不安を取り扱うメディアの分析から、私たちの社会が一体いまどこにいるのかを推し量ろうとすること。それが本書の主旨である。

本書の構成は以下のようである。第一章では、自己啓発書がみせようとする「世界」を分析するための解釈枠組を整えていく。そこでの一つのキーワードは「日常」である。ここまで幾度か「世界」という言葉を使ってきたものの、自己啓発書は政治や経済、社会構造といったマクロな観点から「世界」を語ろうとすることは少ない。自己啓発書が概して示すのは、日常の各場面についてどう考え、感じ、行動すべきかというミクロなハウ・トゥである。筆者が本書で行おうとするのは、そうした日常的ハウ・トゥの集積を通して、自己啓発書がみせようとする「世界」を解釈的に再構成することなのだが、第一章では社会学者ピエール・ブルデューの理論枠組を援用して、自己啓発書がみせようとする「世界」をどのようにして再構成しうると考えるのか、自己啓発書はどのように制作・消費されているのか、書籍・制作者・読者の関係性をどのように捉えるべきなのか等について、包括的な解釈枠組を設定し、第二章以降の分析に向けた準備を行いたい。

第二章から第五章までが分析パートである。第一章は本書における理論枠組と分析対象（自己啓発書）の位置づけにあたる章なので、自己啓発書がみせようとする「世界」そのものにより関心がある方は、第二章から読み始めていただいてもかまわない。大体の意味は通じるだろう。第二章と第三章では、二〇代・三〇代・四〇代といった各年代における過ごし方を説く自己啓発書のサブジャンル

（年代本）を素材として、男性向け自己啓発書（第二章）、女性向け自己啓発書（第三章）においてそれぞれ、どのような日々の過ごし方、生き方、「世界」との対峙の仕方が望ましいとされているのかを理念型的に抽出する。第四章と第五章では、手帳術関連書籍と掃除・片づけ関連書籍をそれぞれ素材として、第三章までに抽出された理念型が、特定の日常的事象を新たに席巻していくプロセスを追っていく。終章では分析を経て、自己啓発書は一体読者にどのように「世界」に対峙することを求めているのか、そのような対峙を望ましいとする書籍群（自己啓発書）がいかにして現在の地位を占めるに至ったのか、といったことについて考察を行っていく。

さて、本編に入る前に、前著と同じく付言をしておきたい。本書は、近年活況を呈する自己啓発書が発信するメッセージを素材に、私たちが生きる今日の社会について考えようとするものである。つまり、このような日々の過ごし方が、生き方が、「世界」との対峙の仕方が望ましいといったメッセージを直接的に指し示すような類の著作では決してない。もちろん、扱う素材の性質上、筆者の意図せざるかたちで何かを啓発することが起こるかもしれないが、少なくともそのような「効用」をまず求めて読まれても、おそらくその期待には応えられない可能性が高い。筆者が本書で行おうとしているのは、私たちの眼前に開ける「世界」が、私たちが過ごす「今ここ」が、気づくと「自己とは何か」という問題につながってみえてしまうような意味の網の目としての「文化」（Geertz 1973＝1987: 6）の構成に目を向けることを通して、今日における私たちの生のあり方を考えようとすることである。ここで落胆してページを閉じることなく、このような試みに興味を抱いて次のページを繰ってくれる人が一人でも多くいることを祈りつつ、本編に筆を進めることとしたい。

日常に侵入する自己啓発
生き方・手帳術・片づけ
／目　次

第一章　ハビトゥスとしての自己啓発

1　日常を差異化する自己啓発書

「自己啓発書」とはどのような書籍のことだろうか。書店の「自己啓発」や「ビジネス」といった棚をみると、仕事術、ビジネスマナー、話す技術、伝える技術（プレゼンテーション）、聞く技術、交渉術、リーダーシップ、人間関係・人脈、思考法、発想法、情報整理術、時間管理術、整理術・片づけ、手帳術・メモ術、IT・ニューメディア活用法、図解の技術、記憶術、勉強法、読書術、モチベーション、生き方・働き方等々、数多のサブジャンルが設けられている。こうした棚に並ぶ書籍のタイトルを眺めてみると、「習慣」「法則」「ルール」「力」「術」といった言葉や、「〇〇しなさい」といった命令的な言葉がずらりと並んでいる。新書や文庫の棚、あるいは「心理読み物」のような棚に目を移しても、こうしたテーマを扱う、定型的タイトルの書籍群を数多くみることができる。まず多くの人が自己啓発書として考えるのは、このような書籍群だろう。

だが、次のような書籍はどうだろうか。主に女性向けの書棚に並んでいる、次のような言葉をタイトルに関する書籍群である。幸せ、幸運、人生、生き方、愛（されること）、自分、心、感情、願い、夢、不安、イライラ（の解消）、セレブ、お金持ち、スピリチュアル、等々。こうした諸対象をめぐるハウ・トゥを扱う書籍群を、主に男性読者に向けられた書籍が居並ぶ「ビジネス」「自己啓発」棚の一種の対応物と考えるならば、これらを自己啓発書として包含することはおそらく可能だろう。

本書では自己啓発書を最も包括的に捉え、今列挙したようなテーマを扱う書籍群のすべてを、つまり自分自身を変えたり、高めたりすることを直接の目的とする書籍群すべてを包含して総称することとしたい(1)。ところで、こうした自己啓発書においては、扱われる種々のテーマにかかわらず、しばしば以下のような言及をみることができる。

「日常の忙しさにまぎれて、見落としていたものはありませんか？」（本田 2011: 151）

「あなたは、日常生活を送っているとき、どれほど自分のやっていることを自覚して生活しているでしょうか」（石原 2012: 65）

「頭の中に作り上げられた思い込みを取り外していただいて、実は日常のささやかな場面でいつのまにか苦を生じさせていることに、まずは自覚的になってみましょう」（小池 2011: 9）

「日常生活の中でできるだけ多く、『ありがとう』という言葉に触れることで、心にプラスのエネルギーを効率よく増やすことができるということです」（植西 2011: 192）

「気づく力というのは、ここ一番の舞台で身につけるものではなくて、普段の何気ない日常で身につけていくものである」（千田 2010a: 59）

日常の、普段の、今ここの生活を疎かにしているのではないか。そこに自覚的になることで、心理的な効用や、ビジネスに関する能力等が獲得できるのではないか、いやできるのだ――。自己啓発書における焦点の一つはこのような、「日常」をどう過ごすかというところにおかれている。

日々の過ごし方を自覚することで、一体何を果たそうとするのか。本章冒頭で示したように、自己啓発書が扱うテーマ、目指す目標はさまざまである。だがそれらがどうあれ、啓発書ではしばしば、日常生活をどのように過ごすかという一見して些細な事柄が、やがて「微差、僅差の積み重ねが大差」（鍵山 1994: 22）となり、「日常のほんの少しの差が、何十倍の実力の差に変わっていき」（本田 2010a: 110）、より大きな結果へと結実するのだと語られる。

「夢や目標に近づく道のりは、日々のこまかなＴＯ ＤＯをいかに実行していくか、つまりどれだけ行動を起こしていけるかにかかっているのです」（藤沢 2003: 119）

「日常生活を送っている中で、毎日の出来事や感情と、自分の人生全体の満足度や夢の実現とはあまり関係がないと思っている人もいるようだが、そうではない。今度の休みに出かける計画を立てられずに休み損

ねた人は、夢の実現だって、いつになるかわからない」（佐々木 2005: 15-16）

「伸びる人とそうでない人の差は、知能指数の高さでもなければ運不運なんかによるものでもないし、努力だけでもない。二四時間、三六五日の何気ない習慣こそが決定打なのだ」（千田 2011: 4）(2)

自己啓発書の性質の一端を、次のように表現することはおそらく可能だろう。すなわち、雑事に忙殺され、あるいはつい漫然と過ごしてしまい、目標に近づくことのできない現在の日常生活から脱却することを通して、現在の自分、あるいは他者との差異化を図ろうとするメディアである、と。

2　ハビトゥスとしての自己啓発

日常的で些細な振る舞いのありように差異を発見し、それによって成功者とそうでない者、あるいは望ましい人生を送ることができているか否かといった人間の切り分け、格づけを行おうとすること。このような自己啓発書の基本的志向は、ピエール・ブルデューの『ディスタンクシオン――社会的判断力批判』（Bourdieu 1979a ＝1990a, 1990b）、つまり日常における微細な振る舞いの差異が、その人となり――これは単に人格というよりは、その生まれや育ち、教養や知性、現在の社会経済的地位といった、社会的アイデンティティ全般を意味する――を示すことになる社会の構成について鮮やかに描写した古典的著作を想起させる。

議論を先取りすれば、本書が企図するのは、自己啓発書による日常的振る舞いの切り分け方、格づけ方の観察を通して、何を行うことで自分にとって、あるいは他者に対して、自らの存在（アイデンティティ）が証明できることになるのか、その存在証明の区分線を浮き彫りにすることにある。[3]どのような振る舞いが、どのように卓越的な、あるいは劣るものとしての位置づけを施され、また優劣の両極にはどのような人々が配置されるのか。今日における通俗的な差異化・卓越化（ディスタンクシオン）の一形式を、自己啓発書を素材にして明らかにすること――それが本書の目的である。[4]

とはいえ、筆者がブルデューを持ち出したのは、『ディスタンクシオン』における問題設定と自己啓発書の性質との相同をみてとったという理由のみではない。[5]啓発書が何を扱っているのか、啓発書の著者と制作プロセスをどう位置づけるか、個々の啓発書および著者間の関係性をどう捉えるか、啓発書の読者をどう位置づけるかといった諸側面を考えるにあたって、ブルデューの理論枠組が、最も包括的に「あてはまりのよいモデル」を提供してくれると筆者が考えるためである。[6]では以下、今述べた諸側面について順に説明していこう。本節ではまず二つの観点から、ブルデュー社会学の枠組が、自己啓発書の性質に適合的だと考える根拠について述べたい。

（1）感情的ハビトゥスと獲得的文化資本

第一は、自己啓発書において言及される「日常」の位置づけである。啓発書が日々の過ごし方を変えようと促すとき、具体的にその変革の対象となるのは、ここまでの引用や、あるいは以下に示すような言及からして、考え方、行動の仕方、感じ方といった諸動作を中心とするように思われる。

「(夢や目標を実現するための：引用者注）戦略というと、緻密な計算と謀（はかりごと）をイメージするかもしれませんが、そうではありません。やるべきことをやり尽くすために、何をどう運ぶのか、その方法を自分なりのやり方で編み出すことです。そして、それを持続可能な方法として、日常生活の中に落とし込んでいくということです」（井上 2011a: 192）

「書くことで自分自身の昨日を振り返る。一日何をやったのかをたどりながら書き、それを見直すことで、やるべきことをはっきりと顕在化させる。それをもとに今日の計画を立てる。その一連の行為を習慣化できれば、仕事も生きることも面白くなります」（野口 2007: 47–48）

「日々のできごとを自分にフィードバックさせて楽しめる澄んだ感性や、そうした小さな幸福を子どものように喜べる素直な可愛らしさは、どんな目だって確実に〝美人の目もと〟に変えてしまうはずだ」（三浦 2004: 180）

「日常生活の中に落とし込」まれ、「習慣化」され、「感性」のような個人性の奥深い領域で発動するとされるこうした望ましい諸動作――それは単なる表面的な動作のみに収まるものではなく、それらについてどう考えるかという「心」のあり方を含み込む――は、ブルデューが「身体化された様態」「客体化された様態」「制度化された様態」という、文化資本の三様態について述べたうちの「身体化された様態」の一種として定位できると考えられる。つまり、「『主体』がみずからに働きかけ」、「自分の時間を支払」い、その結果「まさに身体化され『その人物』に完全に組み込まれた所有としての特性、すなわちハビトゥス」（Bourdieu 1979b = 1986: 21）の一部をなすものだと考えられるのである。(7)

このような想定は、アメリカにおけるセラピー言説の分析を行ったエヴァ・イルーズの『近代的精神の救出――セラピー、感情、セルフヘルプ文化』(Illouz 2008) を参照したものである。イルーズは、自助本 self-help books をその一部に含むセラピー言説が主に扱おうとする「感情」という対象を、ハビトゥスにおける最小単位として定位できると述べる。イルーズは、このような定位は文化資本の伝統的な様態論から逸脱するものだが、感情とは「長期的に保持される精神と身体の性向」という文化資本の定義に合致し、またその最も身体化された部分として考えられると述べる。そしてこのような「感情的ハビトゥス」は、感情的知性――Emotional Intelligence のことで、ＥＩと略されるものだが、日本では Emotional Quotient と訳出され、ＥＱとして流通している――という概念が流通するアメリカにおいて、そうした感情が形成される各人の社会階層的位置を映し出すものに実際なっているというのである (2008: 214)。岡原正幸 (2013: 77) もまた、感情管理の態度を身体化された文化資本の一種として定位している。このようなイルーズや岡原の言及を踏まえると、特定の考え方、行動の仕方、感じ方――感情的ハビトゥス――の習得を求め、またその細かな差異によって人々を切り分けていく自己啓発書の世界を、ブルデューの理論枠組から読み解こうとすることはあながち暴論とはいえないはずである。

ただ、ここにはもう一本補助線を引く必要があるだろう。ブルデューが身体化された文化資本およびハビトゥスに賭けられているものとして論じたのは、それらを構成する社会階層的背景であった。つまり、「この種の能力はだいたいにおいて、それと気づかぬうちに習得されてゆくものであり、それは家庭や学校で正統的教養を身につけてゆくなかで獲得される一定の性向によって、可能になるものである」(Bourdieu 1979a = 1990a: 45) と述べられるように、ハビトゥスは家庭を中心とした成育環境における、長い非意識的な獲得プロセスが想定されている。そしてブルデューは、そのようにして獲得されたハビトゥスの表出が、洗練等の個人的な特性として「誤認」されることを問題視していたのだった。イルーズもまた、EIのような感情的ハビトゥスは中産階級のそれを基盤にしており、それにアクセスできない環境にいる人々が感情的に非知性的で、無能だと判定される誤認の問題をやはり指摘している（Illouz 2008: 215）(8)。

日本国内における自己啓発書もまた、社会的に偏在する感情的ハビトゥスを取り扱い、またその習得を称揚するものだと考えられる——実際、第4節で述べるように、啓発書というメディアは主に中流以上の層に向けて発信されるものでもある。だが今日の日本で流通する啓発書においてまずもって賭けられているのは、特定の社会階層に偏在する望ましい感情的ハビトゥスを身体化してきたかどうかということではおそらくない。ここまで引用してきた文言からもわかるように、啓発書は読者の出自に関係なく、今ここで新たに獲得されようとする感情的ハビトゥスによって今までの自分、あるいは他者との差異化・卓越化を促していると考えられる。その意味で、啓発書において習得が促される諸動作は、その獲得をめぐるベクトルが、過去からの蓄積ではなく今ここからの努力という、ブルデューの所論とは逆の向きにおかれているのである。このような相違を考えるにあたっては、宮島喬（1994: 159-160）が提示した「獲得的文化資本」という概念が有効だと考える。宮島は「遺贈され、客観的な所与条件をなす文化条件のみならず、あらゆる資源、機会を有効に利用しながら文化的有利さを自ら獲得しようとする行動性向をも、文化資本の一要素にくわえなければならない」と述べていた。ここから、自己啓発書がその習得を求める諸動作とは、このような「資源、機会を有効に利用しながら文化的有利さを自ら獲得しようとする行動性向」の一種、特に今まさに獲得されようとする類のそれとして定位できないだろうか。

というより、こう定位するとき、たとえば端的には「たった一つの習慣」(植西 2011)によって今後の人生が劇的に変わるのだとする自己啓発書の論法が理解できるようになる。つまりブルデューの「ハビトゥスとは、持続性をもち移調が可能な心的諸傾向のシステムであり、構造化する構造として、つまり実践と表象の産出・組織の原理として機能する素性をもった構造化された構造」(Bourdieu 1980＝1988: 83)という言及と同様に、自己啓発書において求められる諸動作も、ひとたびそれを身につけさえすれば、どのような状況においても移調されるかたちで作動すると考えられているのだ、と(ただこのような場合においても、ある種の誤認が発生しうると考えるのだが、これについては次節で述べることとしたい)。

(2) 真の自己啓発をめぐる象徴闘争

ブルデュー社会学の枠組が自己啓発書の性質に適合的だと考える第二の根拠は、あるべき感情的ハビトゥスのあり方やその習得法が啓発書間で相違しているという事態から、特定の目標、ブルデューの表現でいえば「賭金＝争点」の定義や分類をめぐって諸エージェントが相争っているとする「象徴闘争」の観点を適用できると考えられる点である。啓発書では、しばしば次のような言及をみることができる。

「『人間努力すれば不可能はない！』と叫んだ自己啓発の著者もいたかもしれません。しかし、無謀な目標で苦しんでいるときには、『もうちょっと現実的な目標を考えたら』と、高校の進路指導の先生のような視点も、やはり必要になってくるのです」（西多 2012: 78）

「模範的な人に話を聞くと、彼らは往々にして自分の歩んできた道のりを整然と語って、プロフェッショナルとはかくあるべき、みたいに思わせてしまうんだ――別な表現をすれば、それこそが成功への決まった方法であるかのように思わせてしまうってこと。（中略）成功するためのルールはみんな知っている。そうしたルールは、何百という本の中にリストアップされているからね。だけど、やっぱりこの問題がある。小説を研究しても小説家になれないように、成功を研究しても成功は手に入らないという問題が」（Dauten 1996＝2001: 74-75）

「キャリア・アップというと、『人脈をつくる』『上司を納得させる話法を身につける』『自己啓発を積極的に行う』などのマニュアルがあって、そのマニュアル通りに実践することだったり、書店に並ぶキャリア・アップのためのビジネス書で勉強することだったりと思っている人がいますが、どれも私にとっては難しすぎて、読んだからといってキャリア・アップはできそうにもありません」（島村 2013: 31）

他の自己啓発書や啓発書一般を批判すること。そしてその後に、各著者なりの代替案が示されること――ただし、それらは何らかの感情的ハビトゥスの習得を促すという点では変わらない。批判を行っている当の著作は啓発書ではないのかという点には特段言及されることなく、それぞれの啓発書は、本書こそが正しいメッセージとハウ・トゥを発信しているのだと主張する。

内容に関しても、著作間での相違を多く観察することができる。たとえば「All or Nothing 思考」、つまり二分法的思考をとることはストレスを溜めやすくなるので問題だとする指摘があると思えば

（和田 2011a: 208-214; 西多 2012: 38-41）、こちらの方が多いパターンだが、

「学ばない者は人のせいにして、周囲を責めます。（中略）自責は過去ではなく、未来へと向かう。自責とは、問題の原因が自分にあると考え、自分を変えることで問題を変えようとするアプローチのことです。本来の自責とは自分を『責める』ことではありません。自分で『責任』を取る。それを自責というのです」（小倉 2012a: 8-9）

「石器時代から現在に至るまで、人間には二通りのタイプしかない。陰口を言いながら、一生懸命の人に対して『アイツ、何一人で熱くなってんだよ』と群がって陰口を叩く人間と、陰口を言われながらも自分が信じた道を貫いて、成功を収め続ける人間だ」（千田 2010b: 26）

といったように、二分法で世界を切り分けて考えるべきだとする指摘もみられる。あるいは、フェイスブックやツイッター等を活用して自分自身について発信すること（セルフブランディング）を説く著作があるかと思えば（倉下 2011; 大元 2011など）、「フェイスブックやメールこそが人間関係を軽くするんや。（中略）『人と人とのつながり』をフェイスブックやメールだけですませるのは、間違いだとオレは思うんや」（兄貴 2012: 60-62）というように、そうしたオンライン上のコミュニケーションを否定し、「相手を自分ごとのように大切にする心（つながり・絆・ご縁）」という対面的なコミュニケーションを主張する著作もある。就職活動に関連するマニュアル本でも、スーツは地味であるべきとする主張（千田 2012: 53）と自分の好みで選んでもよいのではないかとする主張（藤本 2012: 95-96）、自己分析を推奨する多くの著作と、それに対する「自己分析は完全に無意味とまでは言わないが、同じ時

間で別のことをした場合と比べると、得られるものが限りなく少なく、時間の無駄」(高下 2012: 39)とする主張などがそれぞれみられる。

今挙げたのは、仕事についての考え方、セルフブランディング、就職活動といったテーマを扱う書籍群だが、このような相矛盾する主張の押し出しは自己啓発書一般においてみることができるものである。[9] 直接的な批判や対立というかたちをとらなくとも、啓発書は一般的に、従来の著作に比した何らかの新奇性や相違性を手がかりに企画が編まれ、また執筆されている。もう少し具体的にいえば、近年になって多くの出版社が自己啓発分野に参入し、「スペースがどんどん埋まってる感じがある」なかで、それでも何らかの打ち出しの新しさを起点として各著作は制作されているのである。[10]

ブルデューは「社会の魔術は、ほとんどどんなものでも利害あるものとして構成し、闘争の賭け金に仕立て上げてしまう」(Bourdieu 1987＝1991: 166) とし、また「どんな界においても」、「正統性の独占を目指す闘争」が行われていると述べる (1987＝1991: 55)。この正統性をめぐる闘争については多くの著作で語られているが、もっとも端的には「社会界のさまざまな分割の正統な定義を見せ、信じこませ、知らしめ、承認させ、押し付ける権力を独占するための闘争」(1982＝1993: 161) というように説明されている。つまりは、何らかの賭金＝争点の正しい定義や正しい獲得法をめぐってさまざまな人々が相争う空間、それが「界」だというわけである。ブルデューの議論から自己啓発書の世界を眺めるとき、そこにはあるべき感情的ハビトゥスとその習得法という賭金＝争点をめぐって、さまざまな人々が相争い、自らの主張の正しさを喧伝しあい、それぞれの立ち位置を確保しようとする象徴闘争の空間がひらけている、とみることができるのではないかと筆者は考える。[11]

先述したイルーズは、望ましい感情のあり方が争われる空間について、ブルデューの枠組を援用して「感情界 emotional fields」と表現していた。それは「さまざまな行為者が互いに、自己実現、健康、病理の定義について相争い、こうして感情的健康が社会・経済的領域における新たな商品として生み出され、流通し、循環していく」場として定義され、芸術界が「本当の」芸術を定めるように、感情界は「本当の」感情的健康を定めることに関与すると説明される（Illouz 2008: 171）。感情的知性とは何か、正しい感情のあり方とは何か、それはどのようにして身につけることができるのか――。イルーズを再度経由しても、感情的ハビトゥスをめぐって争われる「界」という構想は支持できるように思われる[12]。

3 「自己啓発界」の構造

今述べた「界」の概念を中心に、ブルデュー理論との接続をあと三点行っておきたい。その観点は「程度差（周縁）」「中心」「誤認」に関するものである。

（1）自己啓発書購読における程度差と「ゲーム」への魅了

まず「程度差（周縁）」について。ライター・編集者の漆原直行（2012: 162）は、近年のビジネス書[13]ブームは「一部のビジネス書礼賛者、『ビジネス書中毒』といっても過言ではないような愛好者に支えられた、いびつさを抱えたブーム」であると述べている。また「賢明なビジネスパーソンはまったくブームに踊らされていない。むしろ、効果的にビジネス書を読みこなし、自らの血肉にしている読者ほどブームから少し距離を置いている印象」（2012: 159）とも述べている。

漆原の言及から筆者が考えたいのは、自己啓発書に魅惑される程度差の存在である。ある人々は啓発書の著者あるいはそのメッセージに強く魅惑され、それによってアイデンティティの充足感覚あるいは存在証明の手がかりを得る。その一方で、ある人々は一定の距離を取りつつ購読し、またある人々はまったく啓発書に関心をもたない。関心をもたない人のなかには啓発書を胡散臭いと思うような人々もいるだろう。このような程度差の存在も、ブルデューの「界」に関する議論から整理することができると筆者は考える。

ブルデューは、闘争の「界」においては、「イルーシオ」と呼ばれる「ゲームへの信仰」が伴われ、この信仰には程度差があると述べていた。つまり、「界」における賭金＝争点の価値をよく理解し、その賭金＝争点をめぐるゲームに「魅入られ」ている人々は、「そのゲームは遂行するに値するかどうかという疑問すら浮かばない」。そして「その賭金＝争点のためには死も辞さない」とさえ考える。しかし「ゲームにはまっていない者の視点からすれば、この賭金＝争点は利益のないもの、無関心でいるほかない」。「やつら、いったい何をやっているのか、おれには分からない」というわけである（Bourdieu 1994＝2007: 184-185）。上述したような自己啓発書購読についての程度差は、ブルデューのこのような議論を踏まえることで、その両極を一貫した枠組のもとに解釈することができるようになる。

（2）倫理的前衛と文化媒介者——自己啓発書著者と編集者の関係性について

だが、このような読者たちは、いってみれば「界」の周縁の側に位置する人々である。読者たちは「界」のより中心にいる人々、あるいは薄く広くこの社会に拡散する自己啓発メディアから発されるメッセージを摂取し、それらが誘うゲームへの（非）参与を決定していくのだと考えられる。ではその「界」のより中心にいるのはどのような人々なのだろうか。もちろんそれは自己啓発書の著者たちなのだが、それについてもう少し位置づけを施しておきたい。これが第二点目に論じたい「中心」である。啓発書においては、頻繁に以下のような、著作で示されるハウ・トゥが正しいことの体現例として自らを事例とする物言いが登場する。

「僕は、手帳を使って一五年間、常に自分自身を変化させつづけ、そして、これらの成果を出し、僕の夢をかなえてきました」（大田 2011: 6）

「とにかく私自身が、食べることですごく変わったから。まず、自分自身の心と体が変わったし、それによって人生も大きく変わりました」（伊達 2012: 4）

「本書は、自分自身の至らなさと向き合い、捉え方を変え、一つ一つ地道に改善と実践をしてきた成果の集大成です。（中略）『私自身が実際に実践できて効果があったもの』、そして本当に『今、この瞬間から試せるもの』『普段から気負わずに続けていけるもの』であることを大事にして紹介しています」（新田 2012: 4）

自分自身が、まさにこれから述べる考え方やハウ・トゥによって劇的に変わったのだというこれらの宣言は、ブルデューが述べるところの「倫理的前衛」という概念にまさに合致する。つまり、「常にモデルとして、自分の作りだす生産物の価値の保証として自分自身を売って」おり、また誰よりも「自分の呈示し体現するものの価値を信じている」人々についての指摘に合致するのである（Bourdieu 1979a＝1990b: 176-177）。啓発書の著者たちは、その人生を差し出して、自分自身のアイデンティティを証明し、またそのアイデンティティの確立法を世に呈示しているのだと考えられる。

ただ、これは単純に、著者たち個人にすべて由来する行為とみなすわけにはいかない。というのは、自己啓発書の著者たちを倫理的前衛然とさせる、そのような啓発書の慣行へとはめ込んでいく「文化媒介者」（1979a＝1990b: 111）がここに介在していると考えられるためである。

その文化媒介者とは、編集者（および彼（女）らが所属する出版社）のことである。本書の筆者は、自己啓発書（および法律、会計等の実務系ビジネス書を含む）の編集者九名に、書籍制作のプロセスに関するインタビューを行ってきたが、そのなかで編集者たちは次のように語っていた[14]。

「ビジネス書とか実用書っていうのは、比較的権威を求めるというか、やっぱり誰かのお墨つきである、専門家がちゃんと書いて、目を通しているものである、専門家のノウハウが書かれているところを重視する分野でもあるので。（中略）著者ありきで、この人はおもしろいことといってるから、何か書いてもらうとか、あとは何かご縁でこういうふうに知り合って、じゃあ一緒に何か本作りましょうよっていうふうになったりとか。（中略）多さでいえば、なんだかんだいって、このパターンがやや多いとは思うんですけども」（四〇代男性Aさん）

「何かこう、拝み倒してやる的なケースも、なきにしもあらずなんですけど。その人じゃないと、売れないだろうなっていうところ。著者がやっぱりでも一番か二番か大事ですので。こちらもこの人じゃないとっ

ていう企画をやっぱりご相談している」（三〇代男性Bさん）

例外は多くあると考えられるが、一介の会社員として「冒険はしない」「確実に積み上げていって」（Bさん）業績を稼ぐようなタイプが多いとも述べられる編集者の最も多くが取ろうとする企画戦略は、「何が書いてあるかより、誰が書いているか」（四〇代男性Cさん）という著者先行型であるという（それ以外のパターンは企画先行および持ち込み企画である）[16]。つまり自己啓発書とは、書かれる内容そのものよりも、「やっぱり、誰がいってるかというところが強い」（Aさん）という、加島卓（2010: 278–279）が述べるところの「人称性」にまずは依拠するジャンルだということができる[17]。

そしてこの人称性は、最大限に際立たされるものである。「すべての人には本を出す価値がある」「すべての著者には語るべきテーマがある」という信念のもとにその人物の魅力を引き出し、伝えることで世の中に「新しい価値観」を提供することが自らの仕事だと語る編集者（四〇代女性Dさん）。「僕自身もそういう生き方をしたい」と共鳴できる価値観や人生観を体現している著者の人生の物語を手がけるべく、著者の「商業価値を高めたり、売りのストーリーを作るかっていうのが一番大事なこと」だとしてその作業に従事する編集者（三〇代男性Eさん）。「プロフィール命、プロフィールをどれくらい魅力的なものにできるか」を後進に説く編集者についてやや距離をおいてみながらも、説得力や求心力という観点からして人称性の強調は重要だと考える編集者（三〇代男性Fさん）。このように各編集者でスタンスは斉一ではないものの、一般的にいって、編集者は著者の言及に説得性やカリスマ性が最大限に付与されるような書籍編集を基本方針の一つにしていると考えられる[18]。より具体的には、プロフィールや本文における著者自身の自己語りのみに限らず、そもそもの企画から、タイトル、見出し、表紙のデザイン、レイアウト、それら全体から醸し出される「世界観」といった書籍の「見せ方」全般――これらは「パッケージ」[19]と呼ばれることが多い――を通して、著者とその個性は際立たされていく。ただ、個性を際立たせる作業は無から有を生み出すような営みではなく、あくまでも著者の個性を編集者がまさに媒介し、際立たせ、「自己啓発のフォーマット」(Eさん)に乗せていく営みなのだと考えられる。

「やっぱり、その人が語るから、しっくりくるメッセージっていうのはきっと、あるような気がしていて。(中略)もともと、著者の中にあるものだと私個人は信じて、やっております。こんなすてきなところがあるから皆さん聞いて、じゃないですけど、そういう愛情みたいなものはもってます。(中略)ただその人がすごいねで終わるんではなくて、この人のすごさをこう伝えたら、世の中にこういう価値観をご提案できるんじゃないかとか」(Dさん)

「一般的には自己啓や《ママ》る編集者も、著者はお化粧するじゃないですけど、きれいにみせてあげる、かっこよくみせてあげるっていうのは鉄板です。自己啓発本の信頼性を担保するっていうのは、基本的にはその著者がどんだけすごいかっていう言葉が担保になってるので、編集者としては著者をよくみせるっていう、基本的には読者の方っていうのは文章しか読めないので、文章の中からどういうふうにこの文章を読んだ時にどういうふうにこの著者がみえるかっていうところの印象を操作してるんです」(Eさん)

「ただ、程度問題というか、パッケージ増幅できても、やっぱり白を黒といえないというか、一〇〇を一二〇にはできるんですけど、二〇〇にするのってなかなか。元の一〇〇がすごくおもしろいものであれば、おもしろいものなんだけれども。(中略)ある程度やっぱり、内容がいいものであれば、その上でそれを最

大限引き出すための編集ということをやります」（Aさん）

この際、著者に何らかの誇示しうる経歴があればそれはそのまま利用され、逆に大きな失敗をした、解雇された、特筆すべき経歴がないといった場合は、「こんな駄目だったんだというのを一回みせておいて、そこから上がったよ」という親近感を読者に抱かせるために、そうした経歴は活用されることになる（Fさん）。敷衍すれば、それぞれの著者の「百通りの人生」（Dさん）のなかから、「自己啓発のフォーマット」のうちに落とし込むことのできる、また読者を魅了することのできる「上昇の物語」を、あるいは下降の物語のあとに上昇の物語が接続される「コメディ－ロマンス物語」（Gergen 1994＝2004: 260-261）を発見し、また際立たせる作業が行われるのである。

このような、著者の存在を総合的に際立たせていく編集プロセスを通して、著者は倫理的前衛然とするように仕立て上げられていく。もちろん、このような編集者的視点をもって自らを売り出していく著者がいないわけではない。幾人かの編集者が述べるように、経済評論家・勝間和代らの台頭前後から、著者自らがソーシャルメディア上での情報発信・印象管理（セルフブランディング）を行うことはさして珍しくないことになっているためである。だがそれでも編集者にとっては、書籍におけるタイトルや目次、レイアウト、表紙といった「見せ方」の専門的ノウハウは今でも出版社の側にあり、そうしたノウハウを信じ、「見せ方」や売り方については任せてくれるような著者の方が話がしやすい、仕事がしやすいというように著者と編集者の関係性は考えられているようである。

一方、自己啓発書――具体的には、冒頭のカテゴリーでいえば勉強法やIT・ニューメディア活用法などについての書籍——の著者からは、以下のような発言があった。

「やっぱり自己啓発書っぽい内容のやつが、自分で文章を書いていて書けなかったんです。例えば『夢の実現』だとか、自分のキャラクターでなかったんです。（中略：著作のなかにある、夢をかなえようといった類の言及については）その辺はセールストークですね」（三〇代Gさん）

「そんなに自己啓発書っぽくしようと思って書いたことはないです、一度も。（中略）編集者は、結構『自己啓発』という感じですけどね。ビジネスの編集者はビジネス書っぽいですよ。すごく。自分の考え方とかものすごいビジネス書っぽいです。『目標を書いて』みたいな、そんなのもそうだし」（三〇代Hさん）

本書の筆者がインタビューしたのは二人の著者に過ぎず、またともに三〇代の若い書き手であるが、彼らはともに、著者は何より自分の書きたいことを書くことに傾注すると述べていた。特にHさんは、類書との差異化や売れ筋などを考慮するような著者の存在について、「そこまでの能力がある人はいないというのが真相だと思います。本当はそうしたいけど。自分を客観視して『こう売れる』ということを考えながら書けるような著者っていないし、いてもろくなもんじゃないと思いますけれど」と述べていた。またHさんは、売れ筋に沿って類書が陸続するのは「編集者がそういうふうに落とし込んでいるんです」とも述べ、類書産出の方向へ誘導するのは「編集のほうがその主導権を握っているわけですから。（中略）僕の場合は、圧倒的に著者の上に編集者がいて……」と語っていた。

とはいえ、著者の専門領域そのものは概して尊重され、介入が行われるのは基本的には「見せ方」の領域である。また、介入の程度は、著者の売上実績や知名度、年齢、そして編集者の仕事の進め方によっても異なってくると考えられる。だがいずれにせよ、自ら倫理的前衛然とするような著者は多数派ではなく、その仕立ては文化媒介者たる編集者が主導する向きが強いとみるのが妥当だといえそうである。整理すると、著者はそれぞれの人生経験から書けることを書くのに対して、編集者はその主張や個性の特異性を際立たせ、著作の内容の充実、従来の自己啓発書との差異化、あるいは未だ売れ行きが見込める——ある三〇代男性編集者はこれを「太い」と表現していた（Ｂさん）——文脈への落とし込みを行っていく。このような著者と編集者の共同作業によって、現代の倫理的前衛たちは私たちの前に現れているように思われる。

（3）自己啓発書における「誤認」の構造

だがこうした仕立ての経緯はどうあれ、自己啓発書が示す賭金＝争点の獲得法はほぼ斉一であるように思われる。[20]それが第三の論点「誤認」である。啓発書では、次のような物言いを多くみることができる。

「灘高校出身。偏差値は九〇に達し、センター試験は満点。東大に合格したものの辞退しました。社会人になった後は、大手商社で激務をこなしながら、ＴＯＥＩＣ九〇〇点以上を取得、ＭＩＴ（マサチューセッツ工科大学）に留学、ＭＢＡ取得、コーチングＮＬＰ《ママ》取得しました（他にも色々な経歴があります）。このような私の経歴を挙げると、『才能』という一言で片づけられてしまいますが、実は、そうではありません」（清宮 2011: 4）

「かくいう私は、イケてない一〇代から二〇代の始まりまでを過ごしました。高校入試でも大学入試でも志望校に入ることはできず、ずっと『生煮え感』に苛まれた日々を送っていました。さらには就職先も、志望していた総合商社や大手広告代理店ではなく、当時、海のものとも山のものともわからないリクルートに入社。そのまま、達成感を得ることのない挫折人生を続けることに、強烈な嫌悪感を抱いていました」（大塚 2012: 3）

二〇一三年から翌年にかけてのベストセラーである『世界のエリートはなぜ、この基本を大事にするのか』（戸塚 2013）というタイトルに端的に表われているように、自己啓発書においては、どんなに高い学歴を有し、誰もがうらやむような輝かしい経歴をたどっていたとしても、それは著者の成功、スキル形成、自己実現の要点とはされない。というより、それを要点としてしまえば、一般読者に対してハウ・トゥを提供する啓発書としては成立しなくなってしまう。そのため、啓発書はより多くの読者に訴えかけるための形式的な手続きとして、家庭環境が媒介する学業達成、それが媒介する社会的威信の高い企業への就職、またそれが媒介する社会関係資本の形成、そしてそれらすべてが高める「成功」の可能性といった（教育）社会学的諸想定を顧みず、成功、スキル形成、自己実現を「自己管理」（清宮 2011: 4）の問題へと、「基本に徹する」（戸塚 2013: 6）という個々人の心がけの問題へと切り縮めるのである。つまり啓発書が説く「成功」は一見して、獲得的文化資本へのコミットメントをさらに下支えする、社会空間のなかで偏って配分されている経済資本・文化資本の所有状況とある程度の関係を有するようにみえるのだが、「成功」を司る変数としてそうした社会的背景は捨象され、感情的ハビトゥスの意識的習得というたった一つの変数が司る問題へと縮減されてしまうのである――まさに「たった一つの習慣」で人生が劇的に変わるのだ、と。このような単純化への志向が啓発書にあるということは、編集者自身にも自覚されているようである。たとえば、「自己啓《マ》って《マ》これも僕の解釈ですけど、人間とか仕事とか価値観を一面的にみましょうっていう発想でスタートしてるんです、すべてが。ものごとをわかりやすく複雑な世界をわかりやすくみせるっていうようなことをやってて」という語りがそれである（Eさん）。

ブルデューが述べた誤認とは、「力関係の最終結果である資本の配分を、知覚された差異と弁別的特徴の体系へ、すなわちその客観的な本当の姿においてはとらえられていない象徴資本・正統的資本の配分へと変貌させる錬金術の基本にあるもの」、つまりある振る舞いの社会階層的背景が棄却され、本人の感性という問題に帰属されるような象徴的操作を意味する概念であるといえる（Bourdieu 1979a＝1990a: 264）。自己啓発書が示す成功等についての議論も、成功、スキル形成、自己実現をより促進するような社会的背景の考慮を退け、自助努力がどこまでできるかという問題へと象徴的操作を施すという点において、一種の誤認を孕んでいると考えられるのではないだろうか。

さて、ここまでの議論を整理しておこう。自己啓発書の内容、啓発書間の関係性、そして啓発書の制作プロセスは、ブルデューの理論枠組から捉えられる要素を多く有しているように思われる。つまり、啓発書が主にその習得を求める、日常的な認識・行動・感性のあり方は一種のハビトゥス（感情的ハビトゥス）として定位できると考えられること。そうした望ましい感情的ハビトゥスのあり方を賭金＝争点にした、多くの書き手が自らの正統性を主張する象徴闘争の「界」がひらけていると理解できること。自己啓発書への関心の程度差は「界」におけるゲームへの信仰（イルーシオ）という観点から理解できること。そうしたゲームの中心に存在する啓発書の著者たちは、現代における倫理的前衛と位置づけうること、およびそこには倫理的前衛を仕立て上げる編集者や出版社という文化媒介者が関与していること。著者の社会的背景が成功等の決定要因として考えられることはなく、それらは個々人の努力次第だとするという象徴上の操作が行われ、ここに一種の誤認が発生しているということ。では、こうした理論的定位を行ったうえで、自己啓発書を分析するという行為はいかなる意味を有すると考えることができるのだろうか。

4 自己啓発書の読者とは誰か

(1) 自己啓発書購読経験者の社会的属性

このことを考えるにあたって、二点整理しておかねばならないことがある。自己啓発書の読者とはどのような人々なのかという問題と、自己啓発書はどのように読まれているのかという問題である。前者は、啓発書の内容、啓発書間の関係性、そして啓発書の制作プロセスを上述したように位置づけたとして、そもそも啓発書とその購読行為は私たちが生きるこの社会においてどのような意義を、位置価を有する行為なのかを定位することに関わる(これは、「自己啓発界」が社会においていかなる位置を占めているのかを考えることでもある)。後者は、自己啓発書が望ましい感情的ハビトゥスを提供するとして、果たしてそれがどのように受容されているのかを考えることで、自己啓発書というテクストを以降の章で分析することにどのような意味があるのかを定位することに関わる。本節と次節でこれらの問題について検討し、第6節において本書における問題意識を再度調えたうえで、次章以降に向けた分析課題を示すこととしたい。

まず、社会学者を中心とした研究グループである青少年研究会が二〇一二年に行った質問紙調査のデータを用いて、自己啓発書購読者の特性をつかむことから始めよう。[21]同調査は、東京および神戸の一六歳から四九歳を対象としたものだが、一六歳から二九歳と、三〇歳から四九歳では質問票をわけているため、以下便宜的に前者を「若者」、後者を「中年」と表記することとしたい。

同調査では、「あなたは、次にあげることを経験したことがありますか。また今後したいと思いますか」という、これまでの経験と今後の希望を尋ねる設問の一つとして、「自己啓発の本（自分を変えたり、高めたりするための本）を買う」という項目を設けている。この設問への回答結果は、購読経験があると答えた者が若者において四一・一％、中年において五五・一％、今後したいと答えた者が若者において五一・〇％、中年において四八・三％となっている。[22]自己啓発書というジャンルは定義が困難であるため、回答者が「自己啓発の本」として何を思い浮かべたのか、そのばらつきはかなり大きいと考えられる。しかしながら、自らを変え、高めるという目的をもって書籍を購入するという行為を経験した者は、今日の社会において決して少なくないということがまずいえるだろう。

次に、いくつかの属性から、購読経験率の違いをみていくことにしたい。図表1‐1は、年齢・性別による購読経験率の違いを示したものである。概して、二〇代までは年齢が上がるにつれて、啓発書の購読経験率が上昇する傾向がみられる。だがこれは、就職することで啓発書を手に取る者が増えるという、ライフステージの進展に伴う部分が大きいと考えられる（図表1‐2も参照）。一方、三〇代以降は加齢によって漸次的に購読経験率が上がることはなく、一貫した傾向は読み取り難い。

図表1-1　年齢・性別による購読経験率の違い

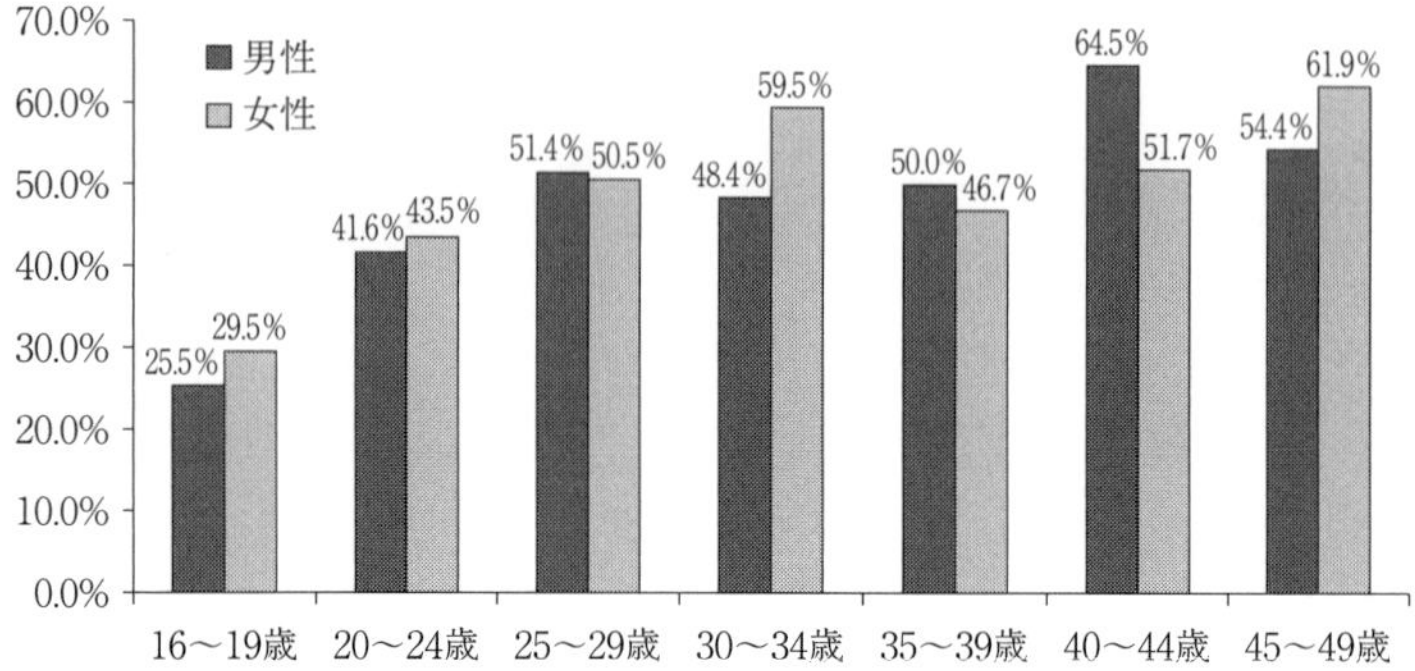

就業状況別に購読経験率を整理したものが図表1－2である。若年男性、若年女性、中年男性については、有職者、わけても「正規雇用・経営者・役員」という就業形態にある者の購読経験率が高いという結果が出ている。それに比して「生徒・学生」の購読経験率が低い結果となっている。一方中年女性は、「正規雇用・経営者・役員」が最も購読経験率が高くなってはいるものの、パート・アルバイト、派遣社員、契約社員等が含まれる「その他」や「専業主婦・主夫」「無職」といった他の形態との経験率の差が小さい。図表1－2からは、中年女性以外のカテゴリーにおいて、社会的地位による自己啓発書購読経験の傾向差を看取できるといえるが、中年女性のみは別様の解釈枠組が必要だということなのかもしれない（だがこの点については本章ではなく、後の章で改めて考えることとしたい）。

次に、就業状況を含め、回答者の諸属性を統制したうえで、自己啓発書の購読経験を規定する要因について考えてみることにしたい。図表1－3は、啓発書購読経験を従属変数として二項ロジスティック回帰分析を行ったものである。本人属

図表 1-2　就業状況による購読経験率の違い

		有職者 正規雇用・経営者・役員	その他	生徒・学生	専業主婦・主夫	無職
若年男性	%	55.2%	31.5%	35.9%	—	23.5%
	N	143	73	248	—	17
若年女性	%	58.1%	42.9%	33.2%	43.5%	23.1%
	N	148	140	235	23	13
中年男性	%	60.7%	42.2%	—	—	28.6%
	N	252	71	—	—	7
中年女性	%	57.7%	55.2%	—	51.9%	44.4%
	N	104	163	—	104	9

注：若年男性と中年男性は「専業主婦・主夫」と回答した者がいなかった．また，「生徒・学生」と答えた中年男性は１名，中年女性では３名に留まったため、表への数値掲載を省略している．

性に関する項目のみを独立変数として投入したものがモデル1、ついで家庭環境に関する項目を追加投入したものがモデル2である。

まず述べておかねばならないのは、中年女性に関しては、モデル係数のオムニバス検定において帰無仮説が棄却されなかったため、図表からは除外しているということである。図表1－3で検討した変数は就業状況や学歴を中心としているが、こうした社会経済的変数から自己啓発書購読行為を説明するというアプローチは、上述したように、中年女性には適合的ではないようである。

図表1－3の説明に進もう。若年男性、若年女性、中年男性すべてに一貫して有意な効果がみられたのは、本人が大学を卒業しているということのみであった（ただし、若年男性と若年女性では、モデル2において有意な効果はみられなくなっている）[23]。複数のカテゴリーで効果がみられたのも、若年男性と若年女性における「正規雇用・経営者・役員」（経営者・役員は男性において二名いるのみ）、若年男性と中年男性における「高校時運動部で積極的に活動した」という二項目のみ

図表 1-3　自己啓発書購読経験を従属変数とした二項ロジスティック回帰分析

	若年男性				若年女性				中年男性			
	モデル 1		モデル 2		モデル 1		モデル 2		モデル 1		モデル 2	
	B	Exp(B)	B	Exp(B)	B	Exp(B)	B	Exp(B)	B	Exp(B)	B	Exp(B)
年齢	0.061	1.063	0.061	1.063	0.038	1.038	0.042	1.043	0.027	1.027	0.036	1.037
地域（1：東京、2：神戸）	−0.286	0.751	−0.144	0.866	0.147	1.158	0.205	1.228	0.277	1.319	0.294	1.342
親非同居ダミー	−0.019	0.982	0.032	1.032	0.433†	1.541	0.496*	1.641	0.189	1.208	0.230	1.259
正規雇用・経営者・役員ダミー	0.603*	1.827	0.649*	1.913	0.715**	2.045	0.734**	2.084	0.376	1.457	0.415	1.515
本人大卒ダミー	0.413†	1.511	0.385	1.469	0.416*	1.516	0.289	1.335	0.811**	2.250	0.666*	1.946
暮らしむき	−0.054	0.948	−0.094	0.910	0.105	1.110	0.084	1.088	0.236†	1.266	0.217†	1.242
高校時運動部で積極的に活動	0.659**	1.932	0.693**	1.999	0.285	1.330	0.142	1.153	0.716**	2.046	0.736**	2.088
高校時文化部で積極的に活動	−0.635	0.530	−0.656†	0.519	0.271	1.311	0.222	1.249	−0.035	0.965	−0.003	0.997
父親大卒ダミー			−0.024	0.977			−0.094	0.910			0.486	1.626
母親短大以上卒ダミー			−0.006	0.994			0.180	1.197			0.086	1.090
文化資本 1（読み聞かせ体験）			−0.054	0.948			0.433**	1.542			0.194	1.214
文化資本 2（クラシック体験）			0.415**	1.515			0.066	1.068			−0.151	0.860
定数	−1.644	0.193	−3.306*	0.037	−3.290**	0.037	−6.488***	0.002	−4.203**	0.015	−5.129**	0.006
χ 2		0.000		0.000		0.000		0.000		0.000		0.000
− 2 対数尤度		504.671		485.472		619.944		592.602		407.187		401.000
Cox-Snell R2 乗		0.101		0.126		0.082		0.108		0.115		0.132
Nagelkerke R2 乗		0.137		0.170		0.110		0.145		0.154		0.176
N		408		401		487		476		327		327

注：†: p<0.10, *: p<0.05, **: p<0.01, ***: p<0.001

であった（若年男性においては「高校時文化部で積極的に活動した」は負の効果がみられる）。

各カテゴリーにおける単独傾向としては、まず若年男性において「子どもの頃、家でクラシック音楽のレコードをきいたり、家族とクラシック音楽のコンサートに行った（図表中では「文化資本2」、四件法項目）」という経験に正の効果がみられた。次に若年女性においては、「親と同居していないことと「子どもの頃、家族の誰かがあなたに本を読んでくれた（図表中では「文化資本1」、四件法項目）」という経験に正の効果がみられた。そして中年男性においては、「現在、あなたの家の暮らし向きは、いかがですか」（五件法項目）という設問に対して「余裕がある」と回答する傾向に正の効果がみられた。これらから、若年男性においてはハイカルチャーへの親和性、若年女性においては親からの自立と読書体験との親和性、中年男性においては経済資本との親和性がそれぞれ自己啓発書購読を促すとみてとることができるかもしれない。だが総体として、社会経済的背景はかなり限定的なかたちで、また年齢・性別ごとに別様のかたちでしか関わってこないようである。

ここまでを整理しておこう。中年女性を除けば、自己啓発書購読という行為は大まかには、大卒者、正規雇用、特に男性においてはいわば「体育会系」と括れるような人々においてより発生するものだという輪郭が描けるように思われる。啓発書の読者に関する雑誌記事では、しばしば以下のような言及がみられるが、総体的にみると啓発書読者はホワイトカラー層により偏在しているとみるのが妥当だろう。

「自己啓発本も、一種のファンタジーなのだと私は思います。低年収の人の多くは自分の待遇に満足していないので、自分を肯定してくれるものに飢えています。そしてよく売れる自己啓発本には、必ず自分を肯定してくれる要素が含まれている」

「稼ぐ人は『学術書』を読み、低年収ほど『自己啓発書』『漫画』を好む」（ともに「仕事リッチが読む本バカを作る本」『PRESIDENT』2012.4.30: 29-30）[24]

全体としても四割強、大卒者では若年男性は四七・〇％、若年女性は四九・一％、中年男性では六六・三％、中年女性では六一・九％、正規雇用者では各カテゴリーともに六割弱（図表1-2）[25]という購読経験率の高さを考えると、啓発書購読とはまずもって今日における「メインカルチャー」に近いところにある行為であり、より精確に表現するならば「ミドルクラス・カルチャー」だというような位置づけになるのだろう[26]。前節で示した自己啓発界という観点に関連させて言い直せば、経済資本および文化資本が相対的に豊富な層を中心に、その界は位置・展開しているといえるのではないだろうか。そもそも編集者——という概して大卒・正規雇用従事者——が企画を立てる段階において、自らと遠く離れた、また購読が期待されない層に向けて書籍は企画されない。たとえば、「自分に近い人しか、正確にわかんないっていうのは、やっぱり正直あります」、「やっぱり買ってくれないので。買ってくれる人に向けて。正社員で働いている方は、あと人数も多いですし」という編集者の語りがあるように（二〇代女性Iさん）。

ただ、ミドルクラス・カルチャーだとはいっても、図表1-3でみたように、自己啓発書の購読行為は「遺贈され、客観的な所与条件をなす文化条件」という、宮島が述べるところの「相続的文化資本」（1994: 159-160）としての性質は強いものではないと考えられる。宮島らはかつて、芸術・歴史書や総合雑誌を読むという行為が、父階層、親所得、文化的資産といった階層的属性と関連していることを明らかにしていた（宮島・藤田・志水 1991: 172）。しかし図表1‐3で示したように、啓発書購読行為と親学歴の間には有意な関連がみられず（大学進学を促す媒介効果はみられるように思われるが）、ハイカルチャーへの接近や読み聞かせ体験といった教育環境に関する効果が、若年男性と若年女性においてそれぞれ一様ではないかたちで影響しているにすぎなかった。これらからも、啓発書購読は主に大卒正規雇用従事者に求められる「獲得的文化資本」という向きが強いものだといえそうである。また、ハイカルチャーへの接近や読み聞かせ体験にみられた効果については、家庭環境の影響を掘り下げて考えていくよりは、若年男性と若年女性において、どのような啓発書が読まれているのかという論点につなげて考えていく方がより有意義だと考えられる。そこでこの点については、以降の章において再び触れることとしたい。

（2）自己啓発書購読と自己意識の関係

青少年研究会のデータからもう一点考えてみたいのは、自己啓発書を読む人々の自己意識である。図表1‐4は、①青少年研究会調査における自己意識関連項目の二〇〇二年・一二年間比較の結果（中央列）、②一二年調査における自己意識関連項目の啓発書購読別の結果（右列）を整理したものである（〇二年は一六〜二九歳調査しか行われていないため、図表1‐4におけるデータは一六〜二九歳のみのものである）。

二〇〇二年から一二年にかけての自己意識の変化として、次の三点が指摘できるように思う。第一は、「自己の多元化の進展」である。具体的には、「意識して自分を使い分けている」「場面によって出てくる自分というものは違う」[27]への肯定回答（四件法項目のうち、「そう思う」と「まあそう思う」回答率の合算値。以下同様）が増加する一方で、「どんな場面でも自分らしさを貫くことが大切」への肯定回答が減少している。つまり、場面や状況に応じて、自分の立ち振る舞いを調整する度合が高まっていることが窺われる。また、「自分の中には、うわべだけの演技をしているような部分がある」への肯定回答も増加しており、自らの立ち振る舞いの使い分けが進展するなかで、仮面的な振る舞いもまたより生じるようになっていることがわかる[28]。

第二は、第一の点とも関連するが、「自己肯定感・自分らしさの低減傾向」である。具体的には、「今の自分が好き」「自分には自分らしさというものがあると思う」への肯定回答率がそれぞれ減少している。肯定回答者の割合は半数を大きく超えているものの、経年的な変化としては、自己意識の揺らぎが強まっているとみることができる。

だが、第三の傾向として、「なりたい自分になるために努力することが大切」への肯定回答もまた上昇している。自己肯定感や自分らしさを感じられない若者が相対的に増える一方で、なりたい自分になるための努力はますます重要なものとなっている。というより、八九・七％という肯定回答率は自己意識についての設問のなかで最も高く、「なりたい自分になる」ことはもはや自明視された「自己についての文化」（Rose 1996: 3）というべきなのかもしれない。だが、自己の使い分けが進展し、また自分らしさの感得が以前より困難になりつつある状況においては、なりたい自分になるという目標の達成は以前より困難になっているのではないかとも考えられる。その意味では、自己をめぐる現

図表 1-4　自己意識の経年変化と啓発書購読による違い

項目	2002年	2012年	増減	SomersのD		啓発書購読者	非購読者	χ^2
自分の中には、うわべだけの演技をしているような部分がある	46.3%	55.7%	9.4%	0.072	***	57.6%	54.5%	n.s.
なりたい自分になるために努力することが大切	82.7%	89.7%	7.0%	0.072	***	93.1%	87.1%	***
意識して自分を使い分けている	43.2%	49.5%	6.3%	0.063	**	55.1%	45.5%	**
自分の欲しいものをがまんするのが苦手だ	45.2%	51.5%	6.3%	0.048	*	54.9%	48.8%	n.s.
自分がどんな人間かわからなくなることがある	45.9%	48.9%	3.0%	0.023	n.s.	53.0%	46.1%	*
他人からみると、私は好みや考え方にまとまりがない人間のようだ	36.3%	38.1%	1.8%	0.003	n.s.	41.0%	36.5%	n.s.
場面によってでてくる自分というものは違う	78.4%	79.5%	1.1%	0.041	*	83.8%	76.8%	*
どこかに今の自分とは違う本当の自分がある	34.0%	35.0%	1.0%	－0.007	n.s.	39.3%	32.2%	*
今のままの自分でいいと思う	50.6%	51.4%	0.8%	0.014	n.s.	52.0%	51.2%	n.s.
仲のよい友だちでも私のことをわかっていない	29.7%	27.9%	－1.8%	－0.031	n.s.	28.1%	27.8%	n.s.
どんな場面でも自分らしさを貫くことが大切	55.8%	51.6%	－4.2%	－0.046	*	53.0%	50.4%	n.s.
今の自分が好きか	70.5%	65.3%	－5.2%	－0.064	**	71.1%	61.2%	**
自分には自分らしさというものがあると思う	85.9%	77.2%	－8.7%	－0.082	***	84.7%	71.8%	***

注：*: $p<0.05$, **: $p<0.01$, ***: $p<0.001$, n.s.：非有意.

実と理想のギャップが広がっていると考えられる。

自己啓発書の購読行為は、こうした経年変化の傾向と、完全に斉一ではないものの、概して変化に寄り添うようなかたちでより発生しているとみることができる。まず、第一の「自己の多元化の進展」に関しては、啓発書購読経験者の方が、非経験者よりも「意識して自分を使い分けている」「場面によってでてくる自分というものは違う」の肯定回答がより多い結果がでている。第二の「自己肯定感・自分らしさの低減傾向」に関しては、経験者の方がより「今の自分が好き」「自分には自分らしさというものがあると思う」と答える傾向がみられる。第三の「なりたい自分になるために努力することが大切」についても、経験者の方がより肯定的である。

自己意識の変容が先にあるのか、自己啓発書を「読んだから」変容が起こっているのか、同調査からは明らかにすることはできないが、いずれにせよ図表1-4の傾向は次のように解釈できるのではないだろうか――啓発書の購読行為は、近年の自己意識の変化の「先端」でより発生するような行為なのではないか、と。つまり、自己の戦略的使い分けが進展し、自己意識に揺らぎを感じるような状況に対する、自己意識のメンテナンスツールとして[29]。また、自己肯定感や自分らしさが感じ難くなるような状況に対する、その低減傾向の防波堤として。そして、なりたい自分を求めるという、ますます強固となる「自己についての文化」を我が物とするために、というように。

もちろんこうした解釈は一つの包括的な物語にすぎない。しかしながら、自己意識の経年変化がみられる項目と、自己啓発書購読経験者と非経験者の意識の違いがみられる項目がかなりの程度重複していることを考えるとき、啓発書の購読者もまた、新たな「自己についての文化」を創り出していく倫理的前衛だと考えられるのではないだろうか。

5 「薄い文化」としての自己啓発書購読

(1) 自己啓発書読者に関する先行研究

自己啓発書の読者、および啓発書購読行為の社会的定位を行ったうえで、もう一点考えておきたいのは、実際に啓発書はどのように読まれているのかということである。

日本においてこの種の研究は管見の限りではほぼみられず、雑誌や新書において自己啓発書を真に受ける人々への批判がみられるほかは(常見 2012など)、上述した漆原のような程度差に関する言及が散見される程度である。一方、日本での自己啓発書にほぼ相当する、海外における自助本研究においては、その読者に対するインタビュー調査の成果が数件提出されている。それらの研究のいずれからも共通して報告されているのは、自助本に対する読者の両義的な態度である。たとえば自助本読者研究の先駆者といえるデブラ・グローディンは「解釈するオーディエンス――自助本を読むことの治療学」(Grodin 1991)という論文のなかで、自らの役割や価値観、今後行うべき人生での選択において不安や混乱を抱いていると感じるときに自助本が手に取られていると報告している。そのため、読者は総体として、自助本に対して積極的な意義を見出しているものの、「すべての読者が自助本に対して情熱的で、また感謝する気持ちをもっているわけではない」(1991: 409)ともグローディンは述べる。具体的には、インタビューを行ったほとんどすべての人が、ときに強い口調で自助本の内容について不満を語っており、またその内容が非現実的なものと気づいているのだという（1991: 413）。また、自助本の内容が受容される際も、「まるごと鵜呑みに」されるのではなく、個々人の心理状態の影響のもとに選択・解釈されているのだという（1991: 410）。

ウェンディ・サイモンズも『女性と自助文化――行間を読む』（Simonds 1992）のなかで、ほぼ同様の両義性について語っていた。サイモンズは、読者は本そのものに対して敬意を払ってはいるものの、インタビューにおいて自助本への批判が行われなかったわけではないという。つまり、「彼女らは読んだことのすべてを信じているわけではない」（1992: 28）。「皮相的だと思った本には不満の声があがり」、「押しつけがましい教訓だと思った本には警戒的になり」、読者は「明確に、好ましい本とそうでない本を区分して」読書行為を行っているとサイモンズは述べている（1992: 29）。

サイモンズはもう一点、興味深いエピソードを報告している。インタビューの対象となった人々の多くが、「読んだ内容について何も、もしくは十分に思い出せないのではないかと気をもみ」、またインタビューの際、多くのことを思い出せないことについて謝罪されたという（1992: 30）。また自助本の効果に対しても、多くの読者が、当初解決を望んでいたことがらに対してある本が役立ったかどうかをはっきり語るのは難しいと述べていたことを報告している（1992: 31）。サイモンズはインタビューを重ねていくなかで、「自助本の影響を測定できると考えるのは非現実的だと思うようになり」、「自助本を読むことは、ある問題についての苦悩を取り除き、よりストレスが弱められた未来を指し示す一時的手段だといえるが、やがてすっかり忘れられてしまうようなもの」だと結論している。幾人かのインタビュイーが述べていたように、それは「応急処置 quick-fix」なのだ、と（1992: 32）。

グローディンやサイモンズの示した知見に一つの見通しを与えてくれるのが、ポール・リクターマンの論文「薄い文化としての自助本読み」(Lichterman 1992) である。リクターマンもまたインタビュー調査のなかで、自助本の読者たちは「信用すると同時に疑い」、「経験と照らし合わせながら」読書行為を行っていると述べる (1992: 427)。また、自助本と読者が一対一で対峙するというよりは、それぞれの状況づけられた自意識と関連させ、同時代的な文化が自助本と同様に提供する「自意識を志向づける日常的な参照点のレパートリー」とも比較衡量しながらそのメッセージを受け取っているのだとも述べる (1992: 422, 443)。

「読者にとってさまざまな意味をもち、またさまざまに活用される」、このような曖昧で多義的な自助本購読行為について、リクターマンは「薄い文化 thin culture」という解釈の枠組を提供する。これは、メディアの受け手に関する従来的な研究、つまりマスメディアの利用と満足研究や、カルチュラル・スタディーズの立場が示すような支配的秩序への抵抗や反対といった観点とは異なる、「本における言葉や概念が、緩やかに、暫定的に、入れ替え可能なかたちで、継続的な確信なしに読まれ、とりいれられるという、読者に共有された理解のあり方」という新しい読みの形式を示すための用語であるという (1992: 426, 444)。「読むということは、熱心な自助本購読者にとってさえ、緩やかに取り入れられる、部分的な自己定義の資源として機能しているに過ぎない」、つまり「薄い」ものでしかないのだというのである (1992: 427)。

（2）自己啓発書読者へのインタビュー

筆者が二〇一三年九月から二〇一四年四月にかけて行った、一七名の自己啓発書購読経験者へのインタビューにおいても、[30]啓発書からの影響はほぼ同様のものとして語られていた。つまり、高額な参加料を払って啓発書著者のセミナーに参加するような人でも、またメモをとりながら啓発書を幾度か読み返すような人でも、ほとんどの場合は啓発書を読んだ影響がどの程度あるのかはよくわからない、[31]読んだ著作の内容は全体としては思い出せるが細かいことは思い出せない、[32]著作の内容がそもそも思い出せない、タイトルが思い出せない、さらには著者の名前を思い出せないと語るケースが多くみられた（そしてそのことを幾度か謝罪された）。そもそも啓発書を読むにあたっても、一冊に書かれてある内容のうち、自分の興味関心に関わってくるのは「（百のうち：引用者注）一〇、二〇ぐらいですか」（四〇代男性Jさん）、「一〇書いてあるとすると、一ぐらい参考になるかなっていう。一つでも何かヒントがあって、ちょっとでも役に立つことを得られたんだったら」（四〇代男性Kさん）というように語られ、その期待値はさほど高く見積もられていない。[33]より端的には「本ていらんことといっぱい書いてあるじゃないですか。ページ数稼ぐためかかどうか知らないけど」（Jさん）という発言もあるように、啓発書に向かう態度は全面的受容とは言い難いものである。これは読んだ冊数の多寡に関係なく、各インタビュイーにほぼ同様に共通してみられる態度だった。雑誌や新書にみられるような、啓発書の主張をそのまま「真に受ける」読者といえるような事例は、筆者が話を聞いた方々のなかにはいなかったように思われる。[34]

また、特定の著者に強くコミットし、そのセミナーに参加するような人々の場合は、自らが認める著者への尊敬の言葉や、著者がかかわるイベントに参加できたことへの感謝が幾度も述べられる一方で、著者の主張を逐一とりいれているわけではなく、一定の距離をとって接しているという語りがみられた。

「●●さんが書いたからって、躍起になって読むわけじゃないんで。パラパラ本屋で見て、面白そうだったら買うっていう感じで。（中略）私はすごく尊敬してますけど、何ていうのかな。没頭してるわけじゃないなっていうのかな。カリスマみたいに、なんかこう、●●さんがいうこと、何でもかんでもオッケーとか、何でもかんでもって、そこまではないんで。人間として、ものすごく尊敬もしてますし。彼女の考えとかも、非常に立派だと、いつも思ってますけれども。だからといって、ファンっていうわけではないというか」（三〇代女性Lさん）

著者の主張が繰り返しを多く含んでいることについても、「ああ、また同じこと」（Lさん）、「私の主観ですけど、その言葉のマジックだと思うんです。やってることは同じなんです」（四〇代女性Mさん）、というように冷静に対応がなされることが多い。また、自分の興味関心から外れること、自分の考えに沿わないような言及は、ほぼ全員が読み飛ばしてしまうか、その時点で読むことをやめてしまうというように自己啓発書は読まれている。むしろ、自らの興味関心に沿う情報を「本当にこのなかからどんだけ使えるところがあるんだろうみたいな感じで発掘して」いく（Jさん）、「自分で読んで解釈して、自分のなかでこれだったらやれるかなぐらいな感じで」受け取っていく（三〇代女性Nさん）、「強弱付けて、この本で、一番大事なとこは、ここと、ここと、ここだなとか。私は」と読み分けるといった(三〇代女性Oさん)、一定の距離を置くかたちで、選択的・解釈的に啓発書は読まれているのである。[35]

ただ、自己啓発書はこのように一定の距離をもった購読をなされつつも、自分自身をさらに向上させるために、仕事へのモチベーションを上げるために、安定的なキャリアを望めないなかで生き抜く資源を調達するために、フルコミッション(完全歩合制)の仕事で成果をあげて生き抜くために、落ち込んだ時に気分を持ち直すために、自らの自信を回復するために、社内の競争的環境を生き抜くために、社内のロールモデルが不在だと感じられる状況において仕事の進め方を自己学習するために、社内の狭い人間関係やルーティンワークから抜け出してより広い枠組から物事を考え直すために、といった多様な目的を充たすためにわざわざ購入され、読まれる、おそらく他に代替するもののないメディアとして語られてもいた。[36]

このように語られる購読の諸動機に関連して、筆者が特に興味深いと思ったのは、以下のような「確認」についての語りがかなり多く観察されたことであった。

「わたしのフィーリングは、おんなじふうな考え方でこういうふうにやったらいいんじゃないですかっていう話の人のほうが好きです。おんなじようなの読んで、『ああ、そうなんだ、そうなんだ』っていう思うほうが多いです。何か『この間も読んだな』っていう感じではあるんですけど、何か再確認ができるので、わたしの中では。『ああ、そうなんだ』っていう。おんなじような感じのを読むことで、『ああ、間違ってないのかな』っていうふうに思える」(Nさん)

「なんか自分がよろけそうになった時に手元において、読み直して、『そうだよね』っていうふうにして、軌道修正してるから、そういう関係で、私も読んでるのかもしれません」（四〇代女性Pさん）

「がむしゃらにやってきたけど、この道が正しいのかなとか、ちょっと振り返って、ベンチマークを確認するじゃないですけど。（中略）定点観測っていうと変ですけど、定期的に自分の軸がずれてないかとか、何か得るものないかなっていう感覚で。他人のノウハウ、一応、ある程度、分かるわけですから」（Kさん）

「メッセージが残る感じですかね。同じことといってるところって、自分の中とシンクロっていうか、マッチするところがあるので、それで、的を得た《ママ》なっていうところで、読んだかいがあったなっていうかたちです。共鳴するようなところで、自分で強化していくっていう感じです」（四〇代男性Qさん）

今の自分が正しいかどうかを確かめるために自己啓発書を読むということ。もちろん、ある一冊の啓発書を読んで劇的に自分が変わったという例も二、三人程度あったものの、そのような場合も、啓発書を読み重ねていくうちにそのような原初的衝撃は薄らぎ、このような自己確認的読みへと移行していくことになる。読むなかでこれまでにない新しい発見を得ることもあると考えられるが、それとて上述したように「自分で読んで解釈して、自分のなかでこれだったらやれるかな」という観点からの発見であることが多い。おそらく、啓発書の読まれ方は、「ここではないどこか」へと自らを劇的に誘うというよりは、「今ここ」を個々人の状況に応じて確かめ、その意味を濃密化させることを基調としているように思われる。つまり、啓発書はまさにリクターマンが述べるような「自意識を志向づける日常的な参照点」の一種として機能しているのだと考えられる。

筆者はインタビューを始めた当初、自己啓発書に書かれてある内容は多くが重複するものであるのに、なぜ読者はそのような啓発書を何冊も読むのだろうかという（かなり素朴な）疑問を抱いていた。だが今述べたような自己確認的読みという解釈の観点を得ることで、その疑問はほぼ解決されることになった。読者は、「目新しいことは多分、一つもないんですけど」と、内容の重複を自覚しつつ、そのことを逆に「やっぱり大事なことは同じだな、本質は一緒だな」、「『やっぱりそうだ、やっぱりそうだ』っていうのを確認」しながらそうした重複を眺め、自らの「今ここ」を確かめているのである。だからこそ、「『ああ、もうこんなの知ってる』とか、そういうふうには思わない」のだ（Oさん）。

このような自己確認的な読みへの志向は、幾人かが語った、自己啓発書に求めるものに関する以下のような発言と関連してくるように思われる。

「ハウツー本みたいな感じ……買ったけど、正直いって読み終わってからおもしろくなかったなと思ってしまって。なんかそれよりは『こうあるべきだ』っていうのを書いてある哲学的な本のほうがおもしろいなっていうふうに読めたので。だから多分ハウツー本じゃだめなんだ、だめっていうか、私にとっては足りないもの」（三〇代女性Rさん）

「あるべき姿みたいなところ、割と一貫して自分が、本に求めていることが、割と細かい、小手先のことではなくて、もうちょっと幹の部分で、こうあるべき姿っていうところを、強く語られているのを好む傾向があるなーとは思います。（中略）どっちかというと、自分は自分の考えに沿って、割と深掘りしてくれるような本を求める傾向があって。なので、どっちかというと普遍的なものを、割と選んでいる」（二〇代男性Sさん）

「ひと言でいうと、目にみえないことが大事だっていうことを教えてくれるものだと思います。心っていう

か、意識のあり方っていうところが何なのかっていうところを。あと、習慣。それが構築していく習慣ですよね」（Qさん）

仕事で役立つスキルを求めて読む人々ももちろんいるものの、多くのインフォーマントはこのような、自己啓発書に生き方や考え方をめぐる「哲学」「普遍的なもの」「意識のあり方」を求めていると語っていた。盲目的に受け止められるものではなく、自らの現状に即したかたちで、選択的に読まれとりいれられるものでありながらも、何かしら本質的な、真正なことが書いてあるという期待のもとに、他に代替するもののない自己確認の日常的参照点として読まれる自己啓発書。そのようなある種の両義性が、啓発書の読みをめぐる基本的な態度ではないかと筆者は現時点では考えている。

この両義性のうち、距離化により重心がおかれる場合は「くだらないとか思いながら、でも面白そうかなと」ある種の気散じとして読まれることになる（Jさん）。一方で、より真摯に受け取ろうとする態度が強く出る場合は「全部自分がやったことで返ってきてるんだよみたいな」自己啓発書を自覚的に読み重ねる（二〇代女性Tさん）、「自分の使命ってなんだろうって、生きてる意味ってなんなんだろうとか。それがじゃあみつかったのかといわれるとみつかってはいないんですけれども、でも常に自分の使命や生きる意味を考えるようになってる」（四〇代女性Uさん）というように、啓発書の世界観により親和した価値観を生きることになるのだと考えられる——しかし後者においても、啓発書の内容が盲目的に摂取されるわけではない。こうした距離化と真正性への志向は読者ごとに画然と切り分けられるわけではなく、どの読者にもそれぞれ両志向は程度差をもって内在しているとみるべきように思われる。

(3) 応急処置という至上の機能

さて、自助本読者に関する先行研究と、筆者が行った自己啓発書読者へのインタビューから、何を考えるべきだろうか。共通する志向として、自己啓発書(自助本)には、それらを読む個々人がおかれた状況を改善させるための、あるいはその時々の自らのあり方を確認するための応急処置的な機能がまずもって期待されているといえるだろう。

このような応急処置を取るに足らないことだと考えるべきだろうか。筆者はそうは考えない。というのは、応急処置であっても人々の不安や混乱に対処するために用いられ、部分的であっても人々の自己定義や行動の指針としてとりいれられるような対象は、今日の社会ではかなり稀有なものではないかと考えるためである。いや、あらゆる価値観が見境なく「脱埋め込み」され、再帰性の渦へと投げ込まれてしまう現代社会(後期近代社会)においては(Giddens 1990＝1993: 35-36, 53-56)、応急処置以上の「再帰性の打ち止まり地点」(牧野 2012a: 182)を私たちはなかなか手にできないのではないだろうか。そう考えるとき、「緩やかに、暫定的に、入れ替え可能なかたちで、継続的な確信なしに読まれ、とりいれられる」という自己啓発書の「薄い文化」は、価値や行為の規準がますます流動的になる現代にむしろ適合的だとさえ考えられるのである。

また、アンソニー・エリオットは現代の西欧において勃興しつつある「新しい個人主義」において、絶え間なく続く「自己再創造」の要請、「即時の変化」への終わりなき渇望、そうした再創造と変化の「加速化」への誘惑、アイデンティティをめぐる「短期主義」と「エピソード性」への志向、という四つの自己をめぐる文化が基調になっているとし、それらを推し進めるツールの一つとして自助本に言及していた（Elliott and Lemart 2009: xi; Elliott 2010: 54-55, 2013: 190-191など）。エリオットの非常に包括的な議論をそのまま日本の状況に適用することには慎重であるべきだが、仮にこのような自助本をめぐる定位を借り受けるならば、応急処置的な自己啓発書の活用は、即自的な自己再創造を絶え間なく求める今日の文化的状況にこれ以上なく即したものだと考えることができる。

先述のイルーズは、自助本をその一部に含むセラピー言説は「新しい文化的母型 cultural matrix」（Illouz 2008: 8）を提供するものだと述べていた。この言及を導きとするならば、自己啓発書とは、読者の選択・解釈を伴った自由度の高い応急処置の「パッチ」を今日提供することのできる稀有な文化的母型であり、またその流通によってある種の感情的ハビトゥス（イルーズ）や、「自意識を志向づける日常的な参照点」（リクターマン）をその都度再形成することを支援する文化的母型なのだと改めて定位できるだろう。特に、「はじめに」でも述べたように、啓発書がここ十数年のうちに台頭したジャンルであることを考えると、啓発書とは今日に特有の文化的母型なのだということができるだろう。読者論を踏まえつつも、自己啓発書というテクストを分析することの意義はこのようなかたちで見出すことができると筆者は考えている。[37] さて、ここまで来れば、あとは「薄い文化」の起点たる啓発書がどのようなメッセージを繰り返し、どのような感情的ハビトゥスを、どのような日常的参照点を読者に指し出そうとしているのかを検討するのみということになるのだが、その前に本章における議論の整理をしておこう。

6　本書の目的と分析枠組

(1)　本書における解釈枠組

　ここまでの議論を整理し、「自己啓発界」についての筆者の見立てを図示したものが図表1－5である。望ましい感情的ハビトゥスの意識的習得を促す自己啓発書は今日、基本的にはミドルクラス・カルチャーとしての文脈において、選択・解釈的、応急処置的に摂取される「薄い文化」として流通していると考えられる。しかし現代においては応急処置こそが最良の処置であると考えられ、その意味で啓発書は、現代人の日常的行動・問題解決における有力かつ端的な文化的母型なのだと考えられる。そして、文化的母型を提供する著者（彼らを倫理的前衛として仕立て上げる出版社・編集者といったエージェントがその周辺・背後には存在する）、より強く魅惑される愛読者（この一部は著者に格上げされることを望み、実際にそうなることもある）、より軽い気持ちで手に取る読者、啓発書には無関心や懐疑的態度を抱く非読者というように、自己啓発書への関与には、ブルデューが「界」についての議論で指摘したような程度差のグラデーションがあると考えられる。

　このような自己啓発書における主要な賭金＝争点となっているのは、日常生活の見直し（および特定の感情的ハビトゥスの習得）を通した、何らかの目標の実現法である。こうした賭金＝争点を設定すること、またそれを追求することは、私たちの日常生活に対して「望ましい／望ましくない」という境界線を新たに引き、現在の自分自身、あるいは周囲の人々との差異化・卓越化を図ろうとすること

図表 1-5　本書における解釈の総体的枠組

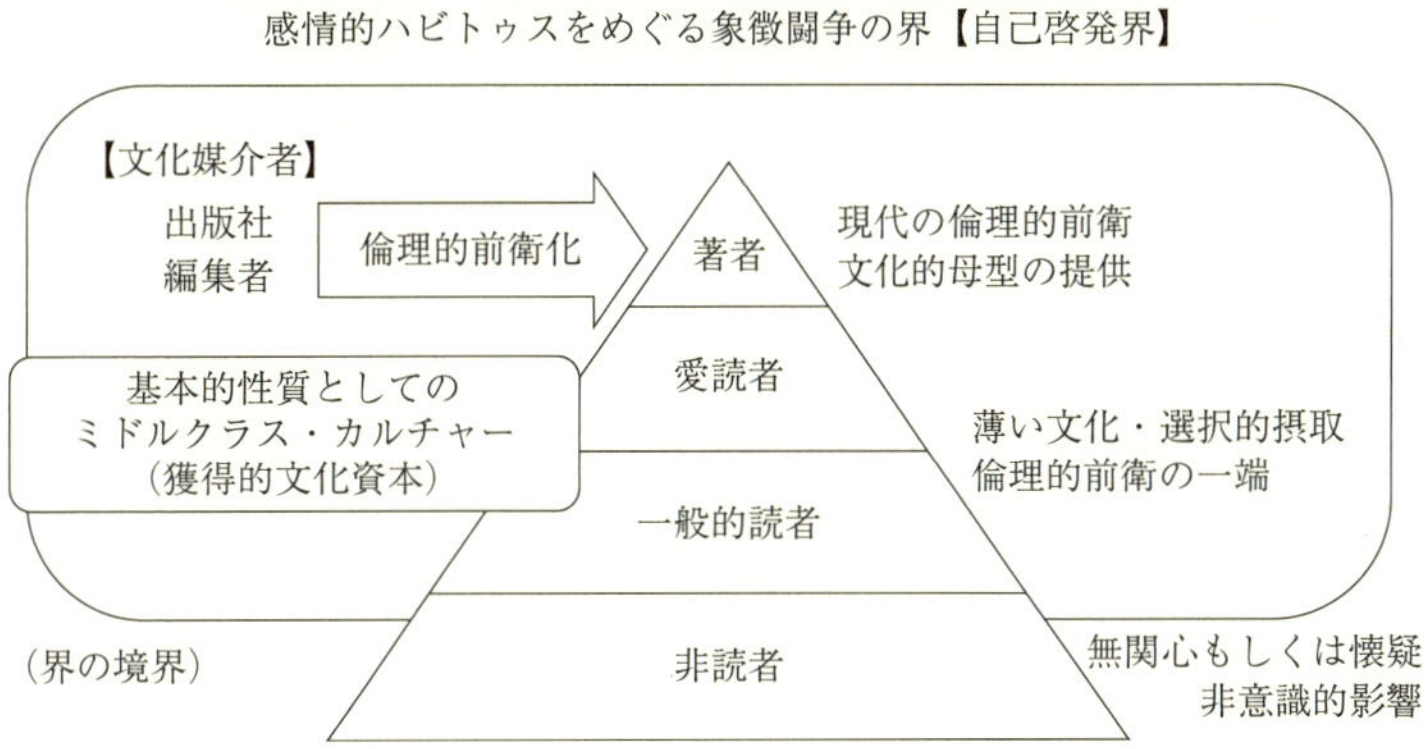

でもある。ではその境界線とはいかなるものなのか。私たち自身の日常生活における何を区分することで、私たちは「望ましい自己」になれるというのか。あるいは、人々をどのように切り分けることで、他の人々から卓越する「望ましい自己」への道が開けるというのか。このような現代における存在証明の形式、石川准（1990）の言葉を用いれば「アイデンティティ・ゲーム」のルールを、自己啓発書という文化的母型たるテクストをサンプルにして解き明かすことが本書の目的である(38)。

(2) 先行研究との関係性

このような研究は、自己啓発書に関する従来の知見に比して、どのような新奇性を有するのだろうか。まず日本国内に関しては、二〇一〇年代になって、主に一般書として啓発書についての論考や批評が公刊されるようになってきている。ビジネス書の思想的背景、その制作の内幕、ビジネス書に振り回される人々への批評等を行った上述の漆原（2012）、ビジネス書というジャンルの成立プロセスを追いつつ、高度成長期周辺におけるビジネス書ベストセラー誕生の文脈を明らかにした川上恒雄『「ビジネス書」と日本人』(2012)をはじめとして、懐疑的な態度から啓発書の内容を評論するもの(勢古2010)、啓発書の虚妄性や非道徳性を批判するもの(宮崎2012)、啓発書の主張を真に受ける人々を批判的に評論するもの(常見2012)、その主張の効用を自ら試そうとするもの(多田2012)、岩崎夏海『もし高校野球の女子マネージャーがドラッカーの『マネジメント』を読んだら』(2009)の批判的論評(江上2012)などが近年積み重ねられてきた。

高度成長期周辺のベストセラーを扱った川上を除けば、概してこれらの著作は、今日の自己啓発書とその読者の特に極端な部分を論評する向きが強いようにみえる――ややきつくいえば「キワモノ」的な扱いをしているといえる。もちろん、極端な点に注目するのは筆者も同様なのだが、従来の議論においては、その極端さを頂点にして広がる裾野――阿川佐和子『聞く力』(2012)、水野敬也『夢をかなえるゾウ』(2007)、上述のいわゆる『もしドラ』が一〇〇万部、二〇〇万部と売れているといった、広く人口に膾炙しているといえる自己啓発書の展開――を置き去りに、突端的な主張、著者、読者を中心として批評(著作によっては印象批評)が行われる傾向があったようにみえる。[39] 本書はそれに対して、ときに極端な主張を行う著作(著者)から広がる裾野――つまり社会現象としての自己啓発書の活況――を上述のように包括的に定位したうえで、私たちの日常に侵入するそれら自己啓発言説の様態、いわば「今そこにある自己啓発」について考えようとする点で従来とは異なる知見を提出しうると考えている。

海外の自助本研究は、ここまでに挙げた読者研究の知見を除けば、概してセラピー的言説の一部としての自助本という位置づけで研究が進められてきた。特に、ニコラス・ローズ（Rose 1985, 1996, 1999）の影響が大きいと考えられ、自助本を含むセラピー的言説は、現代の先進的なリベラル社会における、人生で起こる諸問題を自ら解決するように促す「統治」のテクノロジーであるとする解釈が多く提出されてきた（Rimke 2000; Hazleden 2003; Philip 2009など）。また、何よりも自分自身に専心すべきであるというメッセージが発されているのだとする、「心理主義」（森 2000）に関する指摘も多くみられる（Giddens 1991＝2005; Larsson and Sanne 2005; Bergsma 2008など）。ミッキ・マギー『セルフヘルプ・インク――アメリカ社会における変身の文化』（McGee 2005: 16）における、「自己改善に向けた努力の主体として、また客体として自己が過度に使用されている」状態としての「過剰対象化される自己 belabored self」という指摘も、この心理主義に関する議論に関連するものとみることができる。

心理主義（化）は本書で行われる分析においても再確認される、自己啓発書の基本的な志向ではある。だが本書では企図するのは、そのような基本的志向の先に進むことである。啓発書は「心」を当然扱うものだが、そこから視点を反転させ、「心」に一体何が接続されているのか。その結果として、「心」をめぐるまなざしと、私たちの眼前に開ける世界へのまなざしは、それぞれいかに変容することになるのか。上述したイルーズはその着想を提供してくれた先駆者だといえるが、本書はその着想を精緻化したうえで、現代日本における文化的母型たる自己啓発書の世界観を明らかにしようとする、やはりこれまでにない知見をもたらすものと考えられる。また、統治に関する議論は、包括的な理解の枠組を提供してはくれるが、その包括性ゆえに実証が難しく、本書のようなメディア資料の分析に充当した場合、統治性という枠組に「これもあてはまる」という以上の知見を提出することは容易ではないように思われる。それに対して本書のスタンスは、自己啓発「界」という、対象の性質に対応した中範囲的な理論枠組を設定し、対象の内在的な理解をまず目指そうとするものである。(40)

(3) 本書における分析課題

以下の各章での分析は、数多ある自己啓発書のサブジャンルのなかから、特に日常生活に焦点を当てる程度の強いもの、つまり日常生活についての文化的母型を端的に示していると考えられるジャンルを一つずつとりあげて進めていく。第二章と第三章ではまず、日常の過ごし方全般を扱うジャンルをそれぞれ扱い(二〇代・三〇代・四〇代における過ごし方を説く、「年代本」と筆者が呼称するジャンル)、日常生活をめぐる文化的母型を理念型的に抽出したい。第四章と第五章では、より焦点を特化し、手帳術(第四章)、掃除・片づけ(第五章)という日常の一局面に、いかに自己啓発のまなざしが侵入し、私たちの眼前に開ける世界がその容貌を変えていくことになるのか、それぞれケーススタディを行う。これは第二章と第三章で抽出した理念型のあてはまりを再度確かめる作業でもある。分析の進め方は各資料の特性に応じて異なるが、各章での知見を比較可能なものとするため、本書の問題設定の根拠となっているブルデューの理論枠組にもとづいて、具体的な分析課題(それは知見の整理枠組ともなる)を四点示しておきたい。

第一は「賭金=争点」に関すること、つまり自己啓発書の主要な賭金=争点である、「望ましい日常」「望ましい今ここ」とはいかなるものか、またそうした日常的行動を経て「目指されるべき状態」とはいかなるものなのかを、啓発書間の共通点の析出を通して明らかにすることである。

第二は「差異」に関することで、どのような人々が充実した日々を送っている（いない）ということになるのか、誰が目指されるべき状態の体現者である（でない）のか、そうした切り分けの基準は何かを明らかにすることである。これは、基本的には著者が望ましい規範の体現者、つまり「倫理的前衛」とされ、一方で読者がいわば後衛とされるのだが、それだけでなく、社会におけるどのような人々が前衛と後衛に割り当てられるのかを考えることでもある。

第三は「闘争」に関すること、つまり界の参入者、つまり著者属性（著者の所有する資本）の分析と、著者間での主張の相違を明らかにすることである。この点、つまり自己啓発メディア内での相違性という論点は、各メディアの共通性を中心に扱った前著では詳細に検討できなかった論点であった。

第四は「界の形成」に関すること、つまりこうした各論点が時期によって異なるのか、またそもそもこうした日常の振る舞いによる差異化というまなざしがいつ頃、どのように構成されたのかを明らかにすることである。前著でも「日常生活のあらゆる事項が自らの内面に働きかけるための素材と化されていくという事態」としての「日常生活の『自己のテクノロジー』化」（牧野 2012: 165–166）という論点を示していたが、本書ではより詳細に、いつ頃、どのような人物や著作の周辺でこのような日常への注目がそもそも進行していったのかを追っていくこととしたい。ただ、これについては各章で扱う資料の性質によって手続きがやや異なり、資料を一括して分析するなかで古い著作と新しい著作の比較を行う場合（第二章・第三章）と、時系列的な展開を追いながら考察される場合（第四章・第五章）があることを前もって断っておきたい。さて、では分析に進もう。

注

（1）というより、外延の曖昧なジャンルであるため、このような包括的な括り方しかできないように思われる。
（2）以下、引用文中における数字表記はすべて漢数字に改めている。
（3）存在証明という「重い」言葉を用いてはいるが、その実際の様態は、それこそ重いものから軽いものまでさまざまにあるだろう。見田宗介（1979）が論文「まなざしの地獄」において描いたような、決死ともいえる存在証明への渇望から、奥村隆（1998）が「思いやり」と「かげぐち」を「存在証明の形式社会学」として分析したような、より日常的なものまで。では自己啓発書をめぐる存在証明は、どのような様態をとるものなのか。それは、本書の記述を進めていくなかで次第に明らかになっていくだろう。
（4）前著においては、自分自身に働きかける技法、つまり「自己のテクノロジー」（Foucault 1988＝1990）を分析することから、自己啓発メディアが創出しようとする「自己」について考察を行ったが、本書で行おうとするのはその地と図を反転させるような、みる方向を一八〇度転換するような試みである。すなわち、「日常」をどのように過ごし、眼前に開ける「世界」をどのようにまなざすことを自己啓発書は求めるのか、「自己のテクノロジー」が節合される対象の意味の網の目＝文化がどのように編成されているのか（されてきたのか）を分析しようとしている。その意味で本書の試みは、前著で示した「自己啓発メディアの世界観」（牧野 2012a: iii）に、また異なった角度から接近する試みだといえる。このように異なった角度からアプローチしようとした結果、前著で用いたミシェル・フーコーおよびニコラス・ローズの理論枠組とは異なる、より本書の問題意識に即した理論枠組としてブルデューの議論を採用することになった。本書では、できる限り理論の「混線」を排するために、部分的には本書の分析対象にも適用可能であるフーコーらの枠組をできる限り用いずに議論を進めていこうとしている。
（5）以下、同一段落中で複数回「自己啓発書」という文言を用いる場合、表記簡略化のため二度目以降は

「啓発書」とのみ記載することとしたい。

（6）部分的には、より適切な解釈の枠組があるかもしれない。また、ブルデューの枠組を拡張的に用いすぎていると思われる箇所があるかもしれない。しかし本書の主旨である、自己啓発書がみせようとする「世界」を再構成するにあたっては、諸々の枠組を折衷的に用いるよりも、何らかの一貫した視角をとって分析を行うことがその再構成の成果を明確なものとすることにつながると考え、ブルデューの理論枠組を専ら援用・応用することを筆者は選択した。

（7）表面的な字面の話ではあるが、「習慣（術）」という言葉は実際、自己啓発書のタイトルとしてしばしば用いられ、また文中にも登場するものである。ベストセラーを紐解いてみても、スティーブン・R・コヴィー『7つの習慣——成功には原則があった！』（Covey 1989 = 1996）から、ケリー・グリーソン『なぜか、「仕事がうまくいく人」の習慣』（Gleeson 1994 = 2001）、小泉十三『頭がいい人の習慣術』、林成之『脳に悪い7つの習慣』（2009）、植西聰『「折れない心」をつくるたった1つの習慣』（2011）等々、その具体的なテーマや読者層の違いを超えて、啓発書の一つのキーワードとして「習慣（術）」への志向があるということができる。

（8）感情管理の力能が社会的に偏在していることは岡原（2013: 83-85）も指摘している。

（9）とはいえ、多くの著作では、他の著作に言及することなく、ただ自らの主張の正しさのみが説かれている。このような状況は、後藤和智（2013: 34）が若者を論じる各論者の関係性について、「互いに関係も持たず検証もない関係」にあると評した状況に近しいと考えられる。後藤はそのような「様々な立場の論客が、思い思いに」（2013: 36）若者を語っているという状況を観察しつつも、そのようにして生み出される若者論の全体的傾向を掬い出そうとしており、結果としてその試みはある程度成功しているようにみえる。筆者はここから、また後述する編集者インタビューのなかでほとんどの編集者から「この業界」「業界的には」「ほかの業界に比べて」といった発言、つまり自己啓発（書業）界を実体視しつつ、またその内的動向をにらみつつ書籍制作を進めていることが窺える発言が聞かれたことから、書籍上ではそれぞれ没交渉的に自説のみを語るという状況であっても、それが同種の賭金＝争点を相争う「界」となっている場合はあると考え、以下の議論を進めようとしている。

(10) ビジネス書編集者へのインタビューより（四〇代男性Cさん。アルファベットの割り振りは、本文での登場順による。筆者が行ったインタビューの概要については本文で後述する）。また、従来の書籍との差異化は、内容はもちろんだが、表紙デザインやレイアウト、物語化や図解化等の形式といった、「見せ方」全般の調整を通して行われるものであるという。しかしその一方で、ある編集者は、従来の書籍との差異化にこだわりすぎると、従来的な売れ線から遠ざかってしまい、結果として失敗することもあると述べていた（二〇代女性Iさん）。その意味で、差異化の「さじ加減」に、編集者たちは日々苦心しているといえるのかもしれない。

(11) この点は、ブルデュー自身が『ディスタンクシオン』で示した「精神療法の専門家たち」に駆動される「義務としての快楽」という新興プチブルの倫理に関する議論（Bourdieu 1979a＝1990b: 183）、あるいは『構造と実践――ブルデュー自身によるブルデュー』において示された「〈魂の治療〉界」（1987＝1991: 159）への言及などに根拠を求めることもできると考えている。

(12)「教育界」「政治界」といったブルデューが分析対象としてきた「界」に比して、「感情界」や「自己啓発界」という対象設定は茫漠に過ぎるのではないかという疑問があるかもしれない。だが「界（場）」についてブルデューは、「境界を画定し、それを守り、入場を制限すること、それは〈場〉の既成秩序を守ることだ」（1992＝1996: 80）として、一定の境界が存在することを述べているが、「ある界をその内部で界の効果が発揮される空間と考えることができるといえるでしょう。（中略）界の境界は界の効果が終わる点に位置しています」（Bourdieu and Wacquant 1992＝2007: 136）とも述べており、その境界を必ずしも実体的なものとはみなしてはいないと考えられる。また、上述の「〈魂の治療〉界」についてブルデューは「拡大し境界がぼやけた」界であると述べており（Bourdieu 1987＝1991: 159）、その境界線が画然とされない可能性についても言及している。これらから、「感情界」や「自己啓発界」のような「境界がぼやけた」対象を扱う場合も、ブルデューの「界」概念は適用可能なのではないかと筆者は考えている。

(13) 漆原が言及する「ビジネス書」は、本章冒頭で述べた「ビジネス」「自己啓発」棚に並ぶ書籍とほぼ重複すると筆者は考えている。

(14) 二〇一二年五月から二〇一四年二月にかけて、各編集者について一回ないし二回、一時間から二時間半程度の半構造化インタビューを行った。九名はそれぞれ大手あるいは中堅といえる出版社で自己啓発書（等）の編集を手がけており、年齢構成は二〇代が二名（ともに女性）、三〇代が三名（すべて男性）、四〇代が四名（男性三名、女性一名）である。インタビューの内容は、自己啓発書の制作プロセス、著者と編集者間の関係性、啓発書の読者との関係等についてである。各編集者が有する制作への志向性の違いは、それぞれのキャリアや考え方、所属する出版社の規模等をより詳細に記述することである程度浮き彫りにできるかもしれないが、本章における狙いは、各編集者の啓発書制作への態度に広く共通する点を抽出することにある。また、インタビューを行った編集者間の多くが互いに知り合いであるような「狭い業界」であるがゆえに、年齢と性別以上の説明を行うことで個人が特定される可能性が高まりかねない。これらの観点から、本章では年齢と性別のみを記載して語りをとりあげることとしたい。

(15) ただ、ビジネス書業界に後発的に参入した出版社では著者との関係性が確立されていないために企画志向になる事例、経営者が企画志向である事例、編集者自身のスタンスの違いによる事例等が各編集者から語られており、著者先行と企画先行の比重はそれぞれの出版社や編集者のおかれた状況によって異なってくるようである。

(16) これは編集者のみで閉じた話ではなく、営業担当者や経営陣なども参加する企画会議を通そうとするなかで、新奇性のあるジャンルの開拓や、新著者の発掘などが、売り上げ見込みの不透明さから却下されるケースが多いことも関係していると考えられる。その意味では、編集者に「冒険はしない」というタイプが実際に多いとしても、それは組織内の日常的な相互行為の積み重ねの産物なのだと考えられる。

(17) これは、不安定な労働環境を生き抜くために「著者個人に紐付いたビジネススキル」(Cさん)が求められるようになっているという編集者の(読者ニーズの)見立てによるものだともいえる。

(18) 著者と編集者の間にライターが入る場合も、企画の主旨のみならず、著者の人となりを際立たせるような書き方のスタンス(押し出しの強い書き口でいくのか、柔和な書き口でいくのか等)が指示されることになると考えられる。

(19) ある編集者は、「基本的にはタイトルとか、カバーとか、あるいは目次を含めた見せ方とか。そういうのを含めて、どういうふうに情報を編集して、差し出すかみたいな意味」でパッケージという言葉を用いていると述べている(Fさん)。

(20) ここまでの言及も、以降の言及も、特定の著者を貶めようとする意図はまったくない。あくまで、自己啓発書というジャンルにおける典型的な物言いの端的な事例として、そのテクストに注目しているのだとご理解いただきたい。

(21) 以下、調査の概要を示す。より詳しい調査概要および調査結果は藤村・浅野・羽渕編(近刊)を参照。

時期：二〇一二年一一月から一二月
対象地：東京都杉並区、神戸市灘区、神戸市東灘区
対象年齢：一六歳から二九歳、三〇歳から四九歳(別個の質問票を設けた)
調査方法：無作為抽出によるアンケート調査(訪問留置回収法・一部郵送回収法併用)
計画サンプル数、有効回答数、有効回答率
一六〜二九歳：二四〇〇、一〇五〇、四三・七％

三〇～四九歳：一八〇〇、七一九、三九・九％

(22) 青少年研究会が二〇〇二年に行った調査では設問内容がやや異なり「自己分析や自己啓発の本を買う」となっていた。これに対する回答結果は、経験があると答えた者が二四・七％、今後希望すると答えた者が三五・一％となっていた。

(23) 濱中淳子（2013: 48-49）は、「高卒人材」と「大卒人材」（ともに男性・正規雇用）における所得への影響要因を分析するなかで、後者のみに自己学習（特に一〇時間以上）と所得間での正の関連があることを指摘していた。この知見を参照して考えるならば、大卒者において自己啓発書購読行為がより多く発生するのは、自己学習が仕事での成果に結びつくという「効用」感が関係しているとも考えられる。

(24) 以下、言及・引用する雑誌記事について、次のように記載することとする。［①本文中に記事名が紹介されていない場合は記事タイトル、②本文中に雑誌名が紹介されていない場合は雑誌名、③発行日（何年何月何日号か）、④言及・引用箇所の掲載ページ］

(25) これは第3節で紹介した、作家のHさんの発言を参照したものである。

(26) 第5節で紹介する、海外における自助本読者のインタビュー調査においても、そのインタビュー対象者のすべて、あるいはほとんどがミドルクラスだと報告されている。

(27) 「場面によってでてくる自分というものは違う」については、肯定回答自体は一・一％しか増えていないが、二〇〇二年調査では「そう思う」が三一・四％、「まあそう思う」が四七・〇％だったのに対して、一二年調査では「そう思う」が三六・九％、「まあそう思う」が四二・六％と、より強く肯定する回答者が増えているために、SomersのDにおける有意差が現われていると考えられる。

(28) こうした傾向は、岩田考（2006: 164）が指摘した、青少年研究会の一九九二年・二〇〇二年調査間での経年変化傾向が引き続き観察できたものと解釈することができる。

(29) 経年変化はみられないが、自己啓発書購読経験者において「自分がどんな人間かわからなくなることがある」「どこかに今の自分とは違う本当の自分がある」といった項目の肯定回答率がより高くなっているのも、そのような観点から解釈できるだろう。

(30) 筆者はまず、自己啓発書著者のセミナーに参加している二名を知人から紹介してもらい、その二名からさらに啓発書を読んでいる知人を紹介してもらい、そこからスノーボールサンプリングを続けるというかたちでインタビュイーに接触した。性別は男性七名（二〇代三名、三〇代一名、四〇代三名）、女性一〇名（二〇代一名、三〇代四名、四〇代四名、五〇代一名）。職業は会社員が一二名、公認会計士が三名、会社経営者と大学教員がそれぞれ一名で、すべて首都圏在住者である。こうした諸属性、特に一七名すべてが首都圏在住の正規雇用従事者であることを考えると、本文における読者論には一定の留保を施す必要があるだろう。この点の掘り下げは今後の課題としたい。またここでも、年齢と性別のみを記載して語りを紹介することとし、より掘り下げたライフストーリーの検討は別稿を期して取り組むこととしたい。本章でまず検討したいのは、個々人の人生の物語の掘り下げというよりは、自己啓発書購読の様態だからである。

(31) 具体的には、「積み重ねなのかな、今、思うとですね。自分の中で、ほんとは一冊読んで、劇的に変わることを求めてたんです」（Pさん）という語りにあるように、劇的な影響を求めつつも、実際には、自己啓発書とは、自分でも気づかないような小さな変化の積み重ねというかたちでのみ影響するようなものだと考えるべきなのかもしれない（だからこそそのような小さな変化を自己コントロールすることが求められるのだが）。またこのことは、ピーター・バーガーとトーマス・ルックマンが述べるように、心理状態に関する理論や知識が個々人に内在化される際、それらが個々人のアイデンティティとの「同一化」を伴ってしまうために、その影響を事後的に切り分けることが難しいことにもよるのかもしれない（Berger and Luckmann 1966＝2003: 272）。

(32) 「そういう考え方もあるんだね」という「気づき」を得ることができた、という程度に語られることが多く、より具体的にどのような啓発書がどのように影響したのかということを聞いても、「じゃあこれのあれをやってみようってなってるかって言うと、『じゃあ今日もがんばろう』っていうざっくりとした、っていうことのほうが多いですね」（Tさん）というように、それを明確に答えられた方は少なかった。その場合も、自分の弱みを見せられるようになった、やはりすべて自分次第だと思った、といった一、二点にのみ言及するようなかたちであった。

(33)「マイナスはないんです。常に気づきなので、プラスの気づき。気づきって、すべて僕はプラスだと思ってるので」（Qさん）ともあるように、自己啓発書から得られる発見（気づき）は量的な多寡の問題ではなく、一つでも何かがあれば自らを前進させることができたという感覚で受け止められているのだと考えられる。

(34) ただ、自己啓発書の購読について話を聞くという相互行為的状況のなかで、「私は自己啓発書を真に受けています」というような語りを発しづらいような向きはあるかもしれない。

(35) 選択的な読みをしていることを筆者がインタビュー中に確認しようとした際、逆に「それじゃないとしたら、どういう読み方があるんですか」（Oさん）と質問され、筆者自身が受動的な読みを想定してインタビューを行っていたことが浮き彫りになる一幕もあった。

(36) 山田陽子（2010）は、「ストレスなく生産性を上げる仕事術」（原尻・小山 2006: 10）としての「ライフハック」に関わる人々へのインタビューから、仕事のモチベーション向上、コミュニティへの参加による承認、暗黙知を形式知に変換することによる「当たり前」の共有といった動機に言及していたが、第一と第二の点については、筆者によるインタビューにおいても同様にあてはまるものといえるように思われる。

また、インタビューで言及された諸動機をみるに、自己啓発書の購読は、今日の流動的な社会状況（特に労働環境）を背景にして行われている向きが強いとおそらくいえそうである。編集者に啓発書の「活況」について尋ねた場合も、長期の不況、終身雇用制の崩壊、リーマン・ショックといった社会的背景が言及されることはしばしばあった（そのような認識に基づいて啓発書が制作されている側面もあると考えられる）。これらから筆者は、啓発書一般の購読背景として今日の社会的背景は多分に関わっているとは考えるものの、次章以降における各資料の分析に際しては、「界」の内的自律性により注目して議論を進めていくことにしたい（まったく言及しないということではない）。前著でも述べたことだが、資料外在的な要因の影響は直接「界」の内的論理に及ぶのではなく、「界」に「固有の諸力や諸形式を媒介としてしか、けっして及ぼされることはない」（Bourdieu 1992＝1996: 89）という公準がブルデューにおける「界」の分析においては存在し、筆者も資料を観察する限りでそのような公準に経験的に賛同するためである。

（37）というより、選択・解釈的摂取という購読様態が、まさに薄く広く行われていることを考えると、本書のようなテクスト分析ではなく、自己啓発的といえるようなハビトゥスが実際に身体化されているか否かを、あるいはそれが実際に作動する様態を観察するような研究プログラムの設計は容易ではないように思われる。そのようなハビトゥスを観察しようとするならば、自己啓発書という対象から離れ、また機縁法式のインタビューをとるのでもなく、企業研修や就職活動等、自己啓発に強く志向した何らかのフィールドに入り込むような研究プログラムを設計する必要があるだろう。だがいずれにせよ、自己啓発という事象についてまず明らかにすべきは、それが一体どのようなメッセージを発信しているかであると筆者は考え、啓発書がその習得を促す感情的ハビトゥスを理念型的に描き出そうというアプローチを本書で選んでいる。

（38）前著においても、そこで行われた分析は「アイデンティティ・ゲーム」の分析であると述べたのだが（牧野 2012a: 257）、前著で行ったのは、上述したように「自己の自己との関係」（Foucault 1984＝1986: 13）に傾注した分析であった。それに対して本書で行うのは、自己と節合される日常生活全般や世界のみ方の分析という、前著の視点を反転させた試みである。その意味で、本書の営みが完遂されることが、ゲームの分析をより十全なものにすると筆者は考えている。

また、このような研究は、浅野智彦（2013: 43, 59）が述べたような、一九六〇年代における政治活動、七〇年代の若者文化、そして八〇年代における消費やオタク文化、九〇年代における教育・労働領域における「自分探し」といった、各時代において試された「アイデンティティ問題を処理する形式」、あるいは「自分の存在を証明しよう」とするやり口の系譜の「その後」を、浅野とは異なったかたちで追跡しようとするものでもある。より具体的には、八〇年代以後における「自分を選ぶ」という感覚の「敷居の大規模な低下」を経て、そのような感覚が九〇年代以降「消費という営みを離れて」適用されるようになった状況で、特に「統合に向けて人々を動かしていこうとする流れ」の内に位置するアイデンティティの処理形式を探究する営みとして、本書を社会学的な自己論研究の系譜に位置づけることができるだろう（2013: 35, 60）。

(39) ただ、自己啓発書を入り口として、より高額なセミナーへの参加や、より継続的な集金が見込めるメールマガジン等へと導く、いわば「自己啓発ビジネス」の存在——またそこにはまり込む人々の存在——を考えると、こうした極端さへの言及は意味のないことでは決してない。だが本書はこうした知見の重要性を踏まえたうえで、より軽い、また薄い受容も含み込んだ理解の可能性を探ろうとするものである。

(40) より精確にいえば、企業研修やセミナー、あるいは他のメディアにおける自己啓発的メッセージ拡散等の諸々を含む包括的な影響圏を本来は「自己啓発界」と呼ぶべきであり、本書で行うのはその下位界となる「自己啓発書界」の分析、さらにいえばその各サブジャンルの分析である。本書のスタンスは、包括的な影響圏のうち最も中核的で主導性が高いと考えられる「自己啓発書界」の論理をテクスト分析の手法を通して観察することで、「自己啓発界」一般の論理の観察にほぼ相当する成果が得られるとみなすものだが、このようなスタンスで本書全体の記述を貫くことは、議論の構成を煩雑にし、可読性を低める危険性が高いと考えたため、その点の記述は本文上では省略している。

第二章　「ヘゲモニックな男性性」とそのハビトゥス

――男性向け「年代本」の分析

1　煽るメディアとしての男性向け「年代本」

(1)「年代」「年齢」を扱う自己啓発書

第一章で示した本書の構想は、二〇一〇年代においてベストセラーとなった、ある自己啓発書群を読んでいるときに浮かんだものだった。それは、イノベーション・クリエイターの千田琢哉による『死ぬまで仕事に困らないために20代で出逢っておきたい100の言葉』(2010c)、作家の川北義則による『「20代」でやっておきたいこと』(2010a)、会社経営者の本田健による『20代にしておきたい17のこと』(2010b) 等、「二〇代」の生き方を論じようとする啓発書群である。

二〇代のみではなく三〇代、四〇代と他の年代の生き方を論じる書籍も多く、書店によっては「自己啓発　年代別」というように、こうした書籍のみが集められた棚が設置されているところもある。こうした書籍群においては、各年代の過ごし方、具体的には日々の仕事の進め方、人とのつきあい方、プライベートの過ごし方、金銭の使い方などが、それらと表裏をなす人生観や社会観と相まって示されている。このように多様なトピックを扱う書籍群を分析することで、自己啓発書が私たちの日常生活に引こうとする、あるいは人々の間に引こうとする「望ましさ」をめぐる境界線を最もよく浮き彫りにすることができるのではないか――筆者はそのようにして本書の着想を得たのだった。

そこで本章ではこのような、各年代の生き方を論じようとする書籍群――以下、「年代本」と呼ぶことにする――を対象として分析を進めていくこととしたいが、まずはこれら「年代本」の全体像を押さえておこう。図表2－1は、オンライン書店「Honya Club」のデータベースを用いて、書籍のタイトル・サブタイトルに「二〇代」「三〇代」「四〇代」という言葉を含む自己啓発書を筆者が集計した結果である（集計総数は七〇六冊）。

千田や川北の二〇代論がベストセラーとなったのは二〇一一年だが（出版科学研究所『出版指標年報』参照）、「年代本」の刊行ラッシュはちょうどその時期、つまり一一年から翌年にかけて起こっていることがわかる。また、データベースからピックアップされた書籍数は、二〇代が三五〇冊、三〇代が二〇四冊、四〇代が一五二冊となっており、ラッシュの起点となった二〇代論に特に集中していることもわかる（図表からは除外しているが、五〇代は一〇一冊であった）。いずれにせよこうした傾向は、第一章で述べたような「太い」鉱脈から「二匹目のドジョウ」を見込む編集者・出版社の思惑が、千

図表 2-1 「年代本」刊行点数の推移

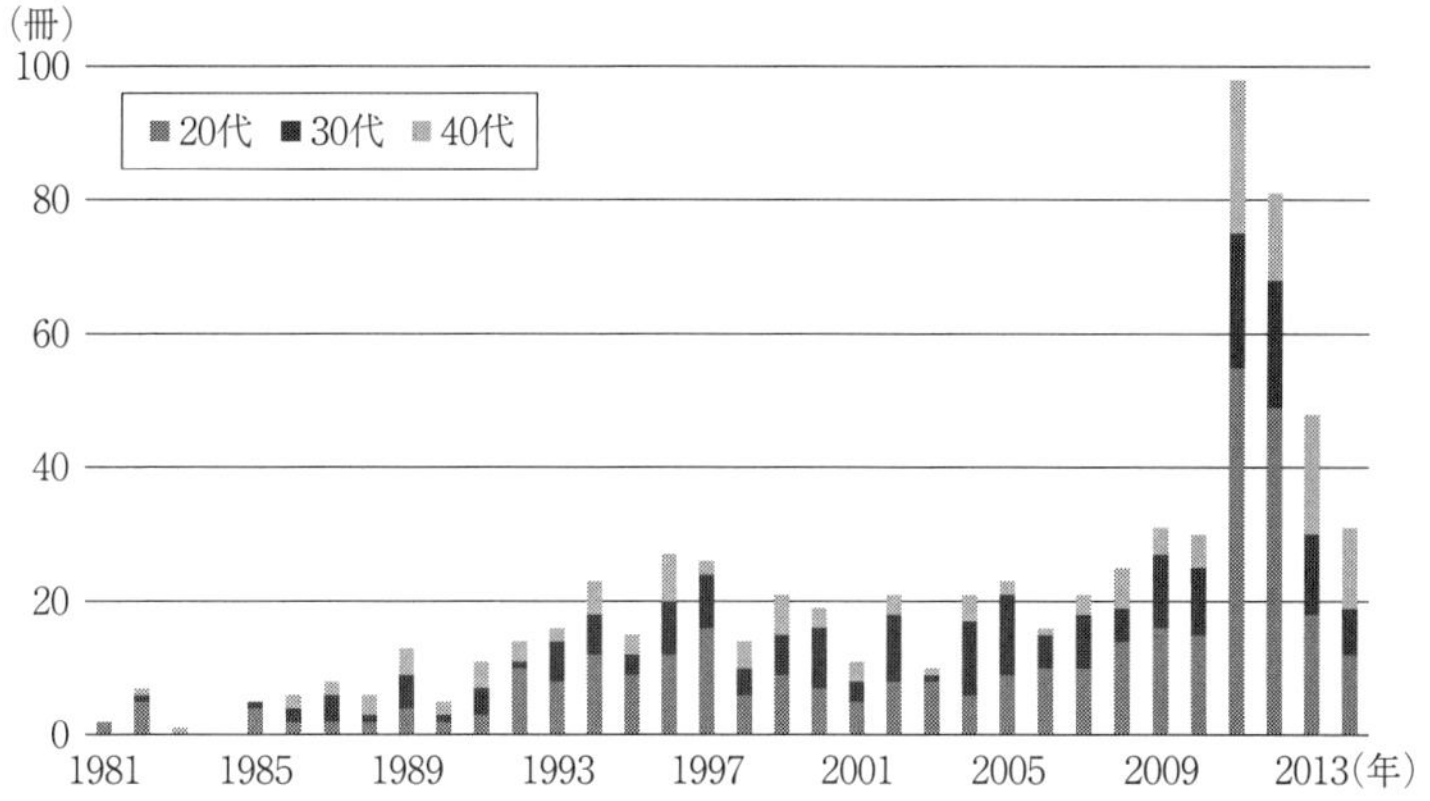

注：検索語は「20 代（二十代・二〇代）」「30 代（三十代・三〇代）」「40 代（四十代・四〇代）」を用いている．また，ここでいう「自己啓発書」とは，自分自身の資質向上を企図した何らかのハウ・トゥが示されている書籍を指している．具体的には第一章冒頭の事例を参照してほしいが，ここでは包括的に「年代本」の全体像をとらえるため，「健康と人生」「若返るための考え方」「お金と生き方」といった，資質向上とともに資産形成や健康等のテーマを扱う書籍も含めており，集計結果の約二割がそうした書籍で占められている．最終検索日は 2014 年 10 月 27 日．

田らの著作のヒットを端緒として短期間に「年代本」を量産させ、自己啓発界を実際に駆動させていたことを窺わせるものではないだろうか。

また、「年代本」の類書として、『あたりまえだけどなかなかできない25歳からのルール』（吉山 2009）、『35歳からの生き方の教科書——人生や仕事で「揺れている人」に効く70のレッスン！』（小倉 2009）など、特定の年齢に焦点を定めて、その前後における人生展望を論じる書籍群もある。これを以下では当面「年齢本」と呼ぶことにしたいが、「年代本」と同様に「Honya Club」のデータベースを用いて、二〇歳から六〇歳までの年齢別刊行点数を整理したものが図表2－2である（集計総数は八八一冊、一九八〇年以降の刊行書籍を対象）。

図表2-2　「年齢本」の年齢別刊行点数

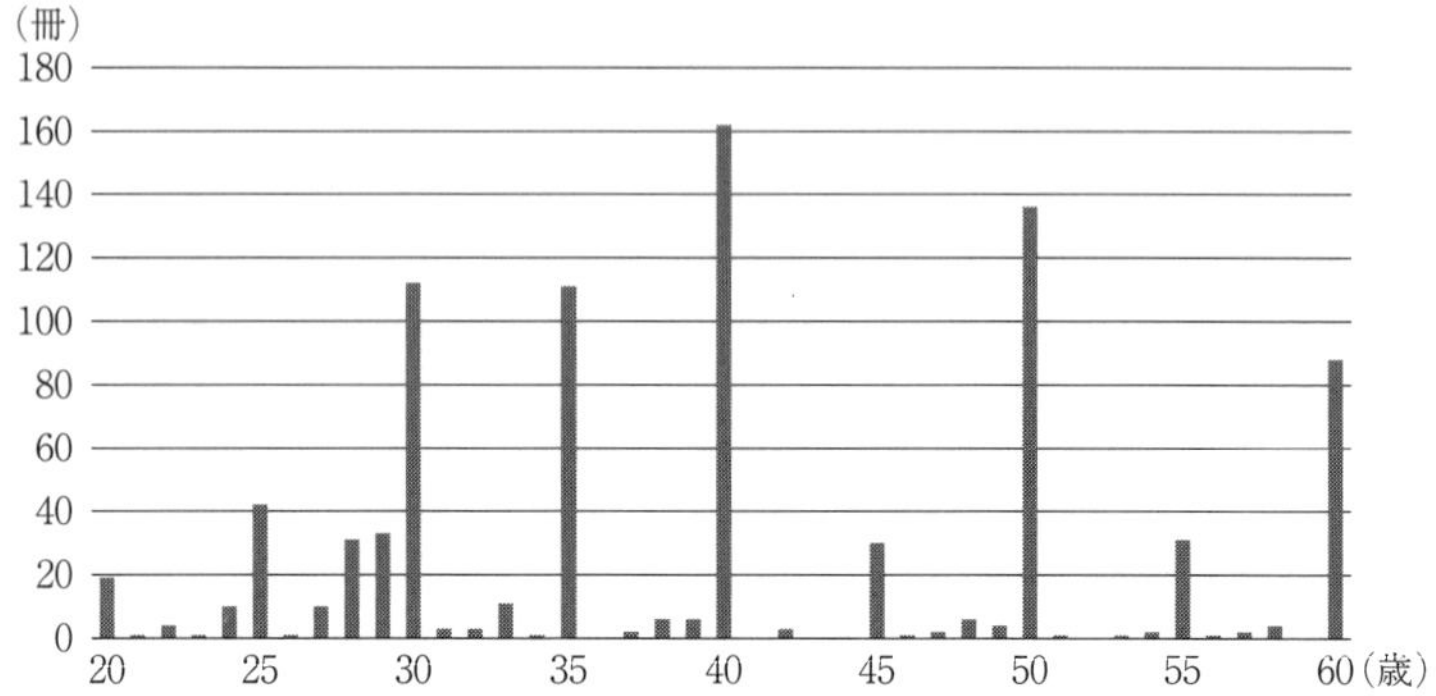

注：「年代本」と同様の基準にもとづいて抽出を行った．最終検索日は2014年10月27日．

図表2-2からは、二〇代論を中心としていた「年代本」に対し、「年齢本」ではややターゲットとされる年齢は高めであるものの強い集中傾向はみられず、三〇歳（一一二冊）、三五歳（一一一冊）、四〇歳（一六二冊）、五〇歳（一三六冊）、六〇歳（八八冊）と、切りのいい年齢それぞれに分散していることがわかる。年代別に集計しても、二〇代が一五二冊、三〇代が二五五冊、四〇代が二〇八冊、五〇代（六〇歳含む）が二六六冊と、やはり分散傾向がみられる。とはいえ刊行された時期は、一九八〇年代が五九冊（六・七%）、九〇年代が一四七冊（一六・七%）、二〇〇〇年代が三四三冊（三八・九%）、一〇年代が三三二冊（三七・七%）と、やはり近年のものが多くなっている。「年代本」も「年齢本」もそれぞれ以前から刊行され続けているとはいえ、特定の年代・年齢における生き方を説く書籍への注目は、近年においてより強まったものといえるだろう。

(2) 本章での分析対象について

図表2-1および図表2-2では、包括的な観点から

「年代本」「年齢本」の概要をつかむため、「健康と人生」「若返るための考え方」「お金と生き方」といった、資産形成や医療等のテーマを主に扱う書籍も含めて集計を行っていた。だが日々の過ごし方や考え方に注目したい本書の立場からすれば、これらの情報は「ノイズ」となる。そこで、より日常的行動・思考に特化した書籍を抽出するため、ここでデータベースをもう一つ活用することにしよう。本章における分析対象資料の抽出は以下のように行った。

まず、自己啓発により特化した内容の書籍がカテゴライズされている「国立国会図書館サーチ」の件名「人生訓」(1)内で、「二〇代」「三〇代」「四〇代」という言葉をタイトル・サブタイトルに含む書籍の刊行点数を集計し、二四〇冊の著作をピックアップした(内訳は、二〇代論が一二八冊、三〇代論が六四冊、四〇代論が五五冊である。合計が二四〇以上になっているのは、複数の年代を扱う著作があることによる)(2)。同様に「人生訓」内で、「二〇歳」から「四九歳」までの各年齢をタイトル・サブタイトルに含む書籍の刊行点数を集計し、一七九冊をピックアップした。この合わせて四一九冊のうち、女性の著者によるもの、およびタイトル・サブタイトルから女性向けであることが判断できる一三〇冊を除外し、二八九冊を残した(除外した一三〇冊は次章での分析対象資料となる)。つまり本章ではまず、男性を主な読者と想定する「年代本」「年齢本」を抽出しようとしている(3)。

次に、この二八九冊のなかから、著作が二冊以上ある著者(三六名、刊行点数は延べ一四九冊)をピックアップした。というのは、図表2-1および図表2-2で示したように、刊行が相次ぐこのジャンルにおいては、そのブームに乗ろうと、本来はさして関係のない内容の自己啓発書や、これまで各年代における生き方を特段論じてきたわけではない人物の著作が、タイトルにのみ「二〇代」等と冠され刊行されている可能性が大いにありうるためである。このような場合、「年代本」「年齢本」で示される主張が、本当にその年代・年齢に固有のテーマであるのか、著者の従来の主張であるのか、その切り分けが曖昧になる可能性が高い。そこで、この可能性をすべて排除できるわけではないが、複数の「年代本」「年齢本」を刊行している著者ならば、その主張に対する自覚の程度が相対的に高まるのではないかと見立てて抽出を行ったのである。

そして、これら三六名による、延べ一四九冊の著作のうち、二〇代、三〇代、四〇代ごとに、①同一著者で「年代本」と「年齢本」の双方が刊行されている場合は「年代本」を優先して選び（「年代本」の方が網羅的な主張をしている場合が多いため）、②「年代本」内および「年齢本」内で著作が複数ある場合は刊行年の最も早い一冊を選定した（同一著者による複数の著作をいくつか見比べた結果、著者の主張が著作ごとで劇的に変化する可能性は小さいと判断されたため）。これによって、三六名の著者による、延べ七一冊の著作をピックアップした。ここに、二〇一一年のベストセラーであり、「年代本」ブームの端緒ともなった、上述の千田『死ぬまで仕事に困らないために20代で出逢っておきたい100の言葉』を追加した七二冊が本章における分析対象である。年代ごとの内訳は、二〇代論が二六冊、三〇代論が二四冊、四〇代論が二二冊である。七二冊のうちで最も古い著作は一九七八年に刊行されたもので、時期ごとの内訳は八〇年代以前のものが八冊、九〇年代のものが一四冊、〇〇年代のものが一〇冊、一〇年以降のものが四〇冊となっている。そのため本章では、時期にかかわらず同様に論じられていることを中心に分析を進めていくものの、こうした内訳を考えると、本章の性格は半ば二〇一〇年代（前半）論ということになるだろう。

著者の平均年齢（著作刊行時）は五五・一歳であった。二〇代論ではやや若く五一・七歳、三〇代論では五七・九歳、四〇代論では五六・〇歳となっている。概していえば、既に各年代を過ごし終えた、また地位をなした人々による人生訓とハウ・トゥが「年代本」の基本的な性格ということになる。また、三六名（グループでの執筆も含む）の著者の肩書として最も多いのは「会社経営者・組織代表者」(4)（二〇名、二七・八％）、ついで「作家」と「コンサルタント」（ともに六名、一六・七％）、「芸能関係者」と「心理学者・精神科医」（ともに三名、八・三％）と続くが、その他評論家、哲学者、弁護士、公認会計士等、さまざまな経歴をもつ人々が「年代本」には参入している。

(3) 終わりなき焚きつけのメディア

「年代本」「年齢本」――煩雑になるため、本章では以下これらを総称して「年代本」と呼ぶことにしたい――の基本的な特性について確認したうえで分析に進もう。これらの書籍群は、扱う対象がどのような年代・年齢であろうとも、ほぼ同様の語り口で、読者をその世界へと誘おうとする。つまり、二〇代は、三〇代は、四〇代は、あるいは二五歳、三五歳等は「分岐点」なのだ、「ターニングポイント」なのだ、「この年代で人生が決まる」、等々。同一著者が、ある著作では人生で「一番大事な時期は四〇代だ」（赤根 1996a: 3）と語り、また他の著作では三〇代を「人生でいちばん大事な年代」（1996b: 3）と語る場合さえある。いずれにせよ、人生のありとあらゆる時期を決定的な分岐点とし、読者を啓発しようとするのが「年代本」の基本的なスタイルだということができる。

またその際、今の人生をうまくいっていると考え、今後もそれまでの人生の「延長」や「惰性」で生きようとしては失敗するとされる（大塚 2011a: 32-33）。現状を維持しよう、現状に満足しようとすることは「傲り」（魚津 1989: 25）だと戒められ、そのうえで勝負どきは今なのだ、今こそ自らを変えなければならないとして、読者は自己の変革へと誘われることになる。もし変革へと着手することができなければ、後の人生は「上と下に大きく分かれていく」（田中 2010: 17）のだ、「人生の敗者」（鈴木 1980a: 220）になってしまうのだというのである。

だが、こうした自己変革への従事は即座に自らに跳ね返ってくるわけではない。「すべての変化は、一〇年後に意味を持ってくる」（千田 2010d: 124）、「いつか必ず爆発的に飛躍する」（本尾 2012: 22）とあるように、タイムラグをもって日常的な自己啓発の効果は現れてくるのだとされる。このような、効果の即時検証が不可能であるというブラックボックスを孕みつつ、「年代本」は次々と刊行されているのである（これは自己啓発書一般にいえることかもしれないが）。

2 「群れ」からの脱出——二〇代論

(1) 仕事への専心

さて、では内容の分析に移ろう。分析にあたっては、「年代本」にどのようなトピックが掲載されているのかを概観することから始めたい。各著作が扱う内容を整理・集計したものが図表2-3だが、ここからは「年代本」の中心的なトピックは仕事と対人関係にあることがわかる。まず仕事については、二〇代論では二六冊すべてにおいて、三〇代論と四〇代論でもほとんどの著作がこれらのトピッ

図表 2-3　男性向け「年代本」の構成要素

（上段が冊数、下段が各年代母数に対する掲載率）

	仕事	対人関係・マナー	恋愛	結婚	結婚後の生活	余暇・趣味	金銭・消費	美容・健康
20 代論	26	23	14	12	6	7	13	4
n＝26	100.0%	88.5%	53.8%	46.2%	23.1%	26.9%	50.0%	15.4%
30 代論	23	22	4	7	10	8	13	9
n＝24	95.8%	91.7%	16.7%	29.2%	41.7%	33.3%	54.2%	37.5%
40 代論	19	20	8	1	13	16	14	16
n＝22	86.4%	90.9%	36.4%	4.5%	59.1%	72.7%	63.6%	72.7%
全体	68	65	26	20	29	31	40	29
n＝72	94.4%	90.3%	36.1%	27.8%	40.3%	43.1%	55.6%	40.3%

クを扱っている。対人関係・マナー論もほとんどの著作で扱われているが、その内実は仕事上の人間関係、たとえば上司とのつきあい方、部下に対するリーダーシップのとり方、人脈の作り方、交渉術や営業術といった、仕事に関する対人関係論であらかた占められており、その意味で男性向け「年代本」の中核は仕事論にあるということができる。また、恋愛および結婚は二〇代でやや多く論じられ、その後掲載率は減じるのだが、四〇代論では再び恋愛（不倫含む）がトピックとして扱われるようになっている。結婚後の生活（夫婦関係、子育て）、余暇・趣味、美容・健康（主に健康）は年代が進むにつれて掲載率が上がっている。このような傾向を踏まえつつ、まず二〇代論からみていくことにしよう[5]。

先に、どの年代でも読者は同様に煽られ、焚きつけられているのだと述べたが、各年代の特徴づけと、より具体的な煽られ方については年代によってそれぞれ違いがある。二〇代という時期は概して、以下のように語られる。

「二〇代以降の人生は自分の実力次第で自由に切り拓けるものなのです。二〇代の可能性は無限と言ってもいいでしょう」（大塚 2012: 80）

「あなたには無限の可能性がある。やりたいことは何でもできる。二〇代は少々の失敗やミスは、まだ許される年齢である」（川北 2010a: 1）

無限の可能性に満ち溢れた、「種まき」（中島1997: 49; 大塚 2012: 2）、「基礎工事」（国司 1990: 67）の時代である、試行錯誤し、積極的に挫折と失敗を重ね成長していく時期だと語られるのである。試行錯誤と失敗を重ねる対象は、図表2－3から類推できるように、「年代本」の中核的主題である仕事においてである。ではより具体的に、どのように試行錯誤をしながら仕事に向かうべしとされているのだろうか。各著作では、仕事に関して次のような主張が反復して示されている。

仕事にがむしゃらに打ち込め。まず量をこなせ（量をこなすと質が上がる）。えり好みするな。断るな。逃げるな。つまらない仕事であっても、与えられた仕事に最大限の注力をせよ。やらされる仕事でも主体的に向かえ。人の嫌がることを率先して行え。頼まれる前にやれ。愚痴をいうな。言い訳するな。積極的に行動し、人とつながり、質問し、自己アピールせよ。やらずに後悔するよりやって後悔せよ。マナーと挨拶を疎かにするな。大志を抱け。常に自らを高める努力をせよ――。

本章で分析対象となる資料の刊行スパンは三〇年以上に広がっている。その間、日本の労働環境は少なからず変わってきたはずである。だが、「年代本」では今述べたような主張が、時期によってほぼ変わることなく示され続けている。つまり、男性が仕事に向かう際の望ましい態度の基本線――概していえば、仕事への没入の熱烈な推奨――は、大きく変わってはいないようにみえるのである。(6)

ただ、近年における傾向の変化として、三点ほど指摘できると筆者は考えている。第一は、こうした没入を推奨する根拠の所在である。つまり、一九八〇年代であれば「新人は最下層なのを自覚せよ」「新入社員がやるべきことは何か。それは第一におじぎである」「(会社に：引用者注)一五分以上前に行って何をするかと言えば、掃除である。新人で忘れてはならないのは雑巾である。それで自分の机はもちろん、課長をはじめ全先輩の机をふくのだ」(鈴木 1982: 115, 120)などとあるように、会社組織の秩序遵守を導きとして仕事への没入が誘われていた。(7)これが二〇一〇年代になると、自らの努力で、自らの内に仕事への没入志向を打ち立てるための著者のハウ・トゥが示されるようになっている。そのハウ・トゥの開示は以下のようにいささか強迫的に行われる。

「自分をコントロールしている『頭の中のもう一人のじぶん』を意識、考え方を変えるよう、試みました。(中略)『仕事は仕事として割り切る』から、『滅私奉公』へ『効率的に仕事をこなす』から、『非効率でも効果があればやる』へ『不平不満』から、『楽しむ』へ『仕事量を増やさない』から、『何でも引き受ける』へ『ラクな仕事』から、『ハイプレッシャーな仕事』へ『ほどほどに』から『がむしゃら』へ」(午堂 2012: 8-9)

「僕は自分で自分を追い込むクセがついた。『やる!』と公言してしまったら、もう後には戻れない。戻せない。(中略)仕事を本気で楽しみたかったら、『無難な目標』で自分を守ってはいけない。むしろ、『ムリ

かも』と思うくらいの目標を立てたほうがいい」（吉山 2011: 79）

第二に、仕事上で起こるあらゆる出来事は自らの責任に帰されるものだとする見解が、特に二〇一〇年代の著作において多く言及されるようになっている。たとえば「納得できない理由は相手にあるのではない。ひたすら自分にある」（千田 2010c: 119）、「たしかに、僕たち若者を取り巻く環境はよくないかもしれない。だけど、時代のせいにしても、社会のせいにしても、会社のせいにしても、僕たちの未来は開けない。ただ、自分の力を信じて、一歩ずつ歩み続けるしかないんだ」（吉山 2011: 14）というように。

先に示した仕事への自己没入を含め、すべては自らの日々の考え方や行動の仕方の問題とされる。(8) 三〇代論には「『つまらない仕事』だと思う人は、単に自分がつまらない人間なだけ」（午堂 2013: 174）という強烈な物言いもある。その一方で、先の二〇代論の引用にもみられたように、「結局、『世の中』のせいにしたところで、誰かが何かをしてくれるわけではありません。しかもなんの問題も解決しませんので、未来を切り拓く具体的行動に意識を傾けようではありませんか」（大塚 2012: 161）として、自分以外と「世の中」とをあっさりと切り分け、後者に目を向ける必要はないとされるのである。こうして残されるのは、たとえば以下に端的にあるような、仕事上の微細な振る舞いへの濃密なまなざしである。

「コピー取りほど、知性が試される仕事はない。書類整理ほど、知性が試される仕事はない。お茶汲みほど、知性が試される仕事はない。トイレ掃除ほど、知性が試される仕事はない。電話の伝言ほど、知性が試される仕事はない」（千田 2010d: 173）

挨拶や名刺の渡し方・受け取り方から、職場における一つ一つの発言、さらにはエレベーターに乗っているときの立ち振る舞い、会議の時間に腕組みをすること（準備していないことを示すとされる）、月曜の朝に前向きな言葉が自然と口を突いて出るか否か、等々。こうして、仕事に関するあらゆる微細な事項が、「誰がやっても同じと思い込まれている仕事で、知性の差がでる」（千田 2010d: 172）として、差異化・卓越化のポイントとされるようになっているのである。

第三に、自己啓発書の形式が変容するなかで、今述べたような仕事への没入志向や自己責任志向がより端的に示されるようになっていることである。形式の変容というのは、雑駁に表現すれば「ライト化」である。図表2－4は、対象資料を時期ごとに区分し、①一ページあたりの「行数」、②一行あたりの「文字数」、③（実際にはそのようなことはないが）行数と文字数を積算した「ページあたりの最大文字数」の平均値および中央値を算出したものである。サンプル数が少なく、また数値上は劇的な変化にみえないかもしれないが、近年になるほどページに詰め込まれた文字数は減少傾向にある。また、レイアウト上も、見開きの片側が大文字の格言や図表で埋められている著作、重要箇所を太字にする著作、図表が多用され論点が逐次明確化される著作、一文ごとに改行する著作などが特に二〇〇〇年代後半以降に増加している。こうした形式上の変容に伴って、読者の目を引き、またその心を奮い立たせようとする「名言」が、近年の啓発書では数多躍るような状況になっている。

図表 2-4 「年代本」のページ構成

	平均値			中央値		
	頁あたり行数	行あたり文字数	頁あたり最大文字数	頁あたり行数	行あたり文字数	頁あたり最大文字数
1980 年代以前	17.0	43.3	735.1	17.0	43.0	731.0
1990 年代	16.0	40.7	651.9	16.0	41.0	640.0
2000 年代	15.4	39.7	612.8	16.0	39.0	608.0
2010 年代	15.4	38.8	596.8	15.0	39.0	600.0

注：ここでは，ページの右端に必ず見出しが置かれるために行数が削られる著作，横組みの著作等，他の書籍群と異なった特殊なページ構成をしている 5 冊を除外している．

こうした近年の諸傾向から醸成される「年代本」の志向は、筆者にとっては何かしら強迫的なものに映る。「名言」によって自らの心を奮い立たせ、自ら仕事へと進んで没入し、仕事の一瞬一瞬に力を尽くし、自らの人生に起こることはすべて自らの責任とみなす自己を創り上げねばならない、もしそれができないのであれば――。(9)

(2)「群れ」からの脱出

ところで、日々の仕事の細かな場面を通して果たされようとする差異化・卓越化とは、一体誰に対してのものなのだろうか。これは単純な話で、会社の同僚に対してのものである。端的には「会社の同僚は友達や仲間というよりも、基本的には競争相手です」(和田 2011a: 180) という前提がおかれたうえで、先述した微細な差異化は目論まれている。

だが「年代本」における主要トピックの一つといえる対人関係論では、ただ同僚から抜きん出るという以上に、「職場では親友をつくらないほうがいい」(川北 2010a: 77)、「会社の同僚とつるんではいけない」(井上 2012: 185; 大塚 2012: 148もほぼ同様) とあるような、職場における同僚との関係性に積極的に制限をかけようとする物言いがしばしばみられる。さらには、学生時代の友人と会うことにまで制限がかけられることもある。

これはおそらく、ある種の二分法に立脚した言及だと考えられる。つまり一方では、「心地よい同期中心主義が、時として、上下斜めの人間関係を築く機会を奪ってしまうことがある」（大塚 2012: 149）、「現状のコンフォートゾーンにとどまるかぎり、あなたは今日までの現状から一歩も踏み出すことはできません」（井上 2012: 160）といった言及にあるように、居心地の良さ（表出的機能）をもたらす情緒的な結びつき、いわゆる「強い紐帯」が否定されているとみることができる（Granovetter 1973＝2006: 125; Lin 2004＝2008: 58）。ただそれにしても注目すべきは、そのような情緒的結びつきに対する、憎悪とでもいうべき以下のような物言いである。

「人と群れているヒマがあったら、体を動かせ、街を歩け、本を読め！　群れる者は永遠に群れてグチを言いつつ人生が終わる」（本尾 2012: 36）

「群がっている限り、永遠に真の出逢いはやってこない」（千田 2010c: 189）

「二〇代はとにかく群がるのが好きだ。暇さえあれば、いつも群がっている。（中略）だから『友だち作らなきゃ教』から抜け出せずに、つい無駄な時間をだらだらと過ごしてしまう」（2010c: 177）

その一方で、上述した「上下斜めの人間関係を築く機会」、あるいは「社外の友人は貴重な情報源となる」（和田 2011a: 194）、「二十代のうちに、よいメンター（良導者）をみつけて学ぶことは、自分の人生にとってきわめて重要なことだ」（川北 2010a: 39）とあるように、自らがそこから何らかの新たな資源を獲得できるような関係性、つまり「弱い紐帯」における「道具的機能」は高く評価されている（Granovetter 1973＝2006; Lin 2004＝2008: 59–60）。

そのため、同僚に対しては強迫的ともとれる距離化が促される一方で、上司や後輩、特に上司に対して推奨される態度は実に対照的である。その基本線は、「一度上役に嫌われたら、二度と浮かばれない！」のだから「上司とうまくやっていくための方法」について考えようという、社内の上下関係が有する道具的機能を考慮した戦略的対応にある（河野 1997: 95, 98）。だがそれだけでなく、「上司のいいところを探せ」（内藤 2011: 73）、「素直に甘え、教えを請う」ことで「上司に好かれる部下になる」（和田 2011a: 170）、「上司、先輩のメンツは絶対につぶすな」（大塚 2012: 138）等々、積極的に上司を立て、友好な関係を構築すべきだとする主張も散見される。先に述べたように、新入社員は何よりもおじぎや掃除だとする観念はかつてより後退したのかもしれないが、上司と部下という関係については、会社組織の秩序を自明視する観念がほぼ揺らぐことなく残っているようにみえるのである。

さらには、「上司をバカにすることは、基本的に間違っている。会社が管理職にしたのだから、会社には判断があったはずだ」（川北 2010a: 69）、「ダメ上司の下についたら喜ぼう。『あなたは会社から評価されている』ことに」（午堂 2013: 173）、「上司が一番わがままで身勝手なほど、最高の訓練を受けていると考えよう」（千田 2010c: 91）等、会社組織の秩序が一見非合理的、非機能的にみえたとしても、実は会社は考えてくれているのだ、むしろそれを積極的な自己向上の機会とするべきだ――ここで腐るかどうかで、後の人生が変わってくる――とするような言及が二〇一〇年代に集中してみられる。ここからは、会社組織の秩序を自明視するという以上に、それに対して積極的な信頼を自ら（盲目的に）抱くようにしようとする志向が浮上しているようにもみえる。一見してわかることだが、このような考えは、仮に職場に問題があったとしてもそこから目を背けさせてしまうという危うさを孕むものである。上述した仕事への没入志向や自己責任志向と合わせて、一〇年代の「年代本」はかつてないほどに、個々人に仕事上のトラブルを帰責する方向へと傾いているようにみえるのである。

(3) 蓄財から自己投資へ

各年代でともに掲載率が五割を超しているトピックに金銭・消費（金銭の使い方、消費に対する考え方）があったが、この点については一九九〇年代を境に明らかな志向の変化をみてとることができる。かつては、消費という行為については以下のように語られていた。

「最近の豊かな日本の中で生れ育った二〇代は逆に経済観念がマヒしていて、大きな収入はわかるが、細かい支出には神経を使っている割には最後に収支が合わないという珍現象を呈している。（中略）君にすすめておきたいのは、貯金である」（鈴木 1982: 201–202）

「蓄財と吝嗇の〝この違い〟がわからなければ、大成できない！（中略）要は、金を大事に考え、大切に扱うということだ。金に執着するのを後ろめたく考えてはいけない」（河野 1997: 182–183）

若者が金銭を派手に使うことを戒め、「貯金を恥とするな」（鈴木 1982: 200）とされていたのである。このような蓄財の推奨は、二〇〇〇年代以降はほぼみられなくなり、その代わりに以下のような物言いが頻繁にみられるようになる。

「貯金をしてはいけない　私は、二〇代にとって、貯金はすべての元凶であると考えます。（中略）お金を貯めるという行為は、将来不安が原因ですが、じっさいはそれが余計に自分の首を絞めます。自己投資をしないことで、プロとして遅れをとるからです」（井上 2012: 187）

「ローリスク・ハイリターンの投資は、この世でたった一つ。自分の頭の中への投資だ」（千田 2010b: 88）

「自己投資は借金してでもせよ」（大塚 2012: 220）

将来のために金銭を貯蓄することは、かつてとは逆に戒められるようになっている。そして、「書籍代やセミナー参加費、飲み代、食事代などの交際費」（大塚 2012: 219）を惜しまず、人間関係の広がりや「先進的な知識や技術の習得」（井上 2012: 187）など、自分自身の能力・人脈形成のために金銭を使っていこうという主張が近年の基本線である[10]。「二〇代で自己投資して獲得した知識や技術は、それを身につけた年齢が若いほど、自分の中に強く定着し」（2012: 188）、やがて「二〇年後、三〇年後が豊かな人生になる」（大塚 2012: 219）のだから、というわけである。日々の消費行動もまたこうして、仕事上の差異化・卓越化の賭金とされるようになっている。

これに関して興味深いのは、自らを高めるための自己投資が、次のような消費行動に接続されて論じられていることである。

「できれば二〇代のうちに本物に各分野一つずつ触れておくといいだろう。一流ホテルに、宿泊してみる。一流レストランで、食事をしてみる。一流の時計に、直に触れてみる。一流の車に、乗ってみる。一流のスーツに、袖を通してみる。（中略）二〇代という感受性の高い時期に、ぜひとも触れておくことだけでもしたほうがいい」（千田 2010d: 131）

「一流のものに囲まれて、一流のものに触れていると、やっぱり、一流に近づいていくようになります。二〇代という感性が鋭いうちに、一流の絵に触れたり、一流の場所に行ってみたり、一流の人を、遠目でもいいから眺めてみるのです」（本田 2010b: 38–39）

第一章では、若年男性において、自己啓発書購読経験にハイカルチャー（クラシック音楽）への接近経験が効いているという分析結果が出ていたが、「年代本」ではそれに幾分重なるような志向がみられる。つまり上記引用のとおり、世の中で一流と呼ばれるモノやサービス、いってみれば文化的威信の高いモノやサービスに触れることによって、「本物」を見分ける感性を磨くことができるとされ、また奨励されているのである。その理由はたとえば、「これまでまったく知らなかった世界を知り、成功者をじかに見て学び、自らのミッション達成のイメージを強化するためにお金を使う」という自己投資の営みが、自分を最も大きく成長させるためだと説明されている（井上 2012: 141）。

ただ、こうした著作で言及される「一流」とはより具体的には何を指すのだろうか。「年代本」ではそれは、有名ファッションブランドの名前が散見される程度にしか、あるいは「エコノミークラスに乗ってはいけない」（2011a: 235）、「ユニクロを着てはいけない」（2011a: 237）といった程度にしか示されることはない。その意味で、「年代本」の底流を流れているのは、いってみれば「茫漠としたセレブリティ志向」というべきかもしれない。

（4）俗流若者論としての自己啓発書

ここでもう少し考えてみたいのは、今述べたような消費についての主張が、何を対極において論じられているのかということである。消費や自己投資に関する議論はたとえば、「先行き不安だからといって、二十代から将来の年金のためとお金を貯めている若者たちもいると聞く」（川北 2010a: 1）、「二〇代の若者が自分の老後を心配する様子を眺めて、私は情けないと思うと同時に、かわいそうだなとも感じます」（井上 2012: 130）として、近年の若者に対する批評や概嘆に対置されるかたちでなされていた。一方、かつての蓄財論は、若者の散財についての概嘆や、「近ごろ若いサラリーマンがカードの返済不能に陥り、金融会社の追及から逃れるために、姿をくらます事件が頻発している」（河野 1997: 187）といった事例を引き合いに論じられていた。本節（2）で述べた人間関係についての議論に再度目を転じれば、先述した「二〇代はとにかく群がるのが好きだ」「友だち作らなきゃ教」等の言及にみられるように、近頃の若者への論難と一組になって主張が展開されていた。

他にも「年代本」においては、その時点での若者を論難する文言があふれている。いくつかみてみよう。

「大学生でありながら本棚に本一冊無い若者がワンサといる。何のために大学に行っているのか。オンナのコを乗せてクルマをブッ飛ばし、ステレオをガンガン鳴らすことしか知らない大学生など、クズの中のクズである。可能性を自分で放棄したようなものである。こうした学生に未来は全く無いのも同然である」（鈴木 1982: 79）

「いまの若者は叱られることに弱い。子供の頃に、親から叱られなかったのだろう。叱られることへの免疫力を欠いている。おかげで先輩たちは困っている」(川北 2010a: 52)

「気になるのは、そのあまりのおとなしさだ。(中略)私たちの時代、十代、二十代の若者はエネルギーを持て余していた。学生運動がさかんだったのもその現われだ。(中略)学生運動がよいとは思わないが、一番エネルギーが横溢しているはずの若年層がおとなしすぎるのは問題だ」(2010a: 219-220)

「年代本」においては、かつての著作であれば「新人類」(魚津 1989: 80)や「三無主義」(1989: 122)といった言葉が、近年であれば「草食系男子」(川北 2010b: 105-107)といった言葉が用いられ、若者に対する慨嘆が繰り返されている。三〇代や四〇代の場合はこれがサラリーマン一般や日本人一般に対する慨嘆に置き換わることもある。そして、それらに対置されるかたちで望ましい人間関係、消費行動、仕事についての勇ましい主張が展開される。筆者はこれこそが、男性向け「年代本」の基本的な対置構造、いわば人々を分かつ境界線の引き方だとみる。すなわち、二〇代論では若者一般、三〇代論や四〇代論ではサラリーマン一般や日本人一般を論難し、そのような「凡庸さ」をまずおいたうえで、それに対する差異化・卓越化を図ろうとすること。それが男性向け「年代本」におけるアイデンティティの証明形式になっていると考えられるのである。

ところで、今引用したような若者に関する議論は、ここ数十年の間に展開されてきた若者論一般の動向とほぼ軌を一にして示されている。上述した「三無主義」「新人類」から、群れのなかでいわば「空気を読み合う」若者、消費しない若者(かつては消費しすぎる若者)、かつての世代に比して脆弱な若者、真面目でおとなしい若者まで。これらの全てが間違いであるとはいわないが、このような「現代の若者は○○だ」「現代の若者は不甲斐ない」と語る議論がしばしば根拠のないもの、あるいは検討の余地を多く残すものであることは、幾人もの論者が言挙げしてきたことでもあった（浅野編 2006; 後藤 2008, 2013など）。

だがそうした言挙げが「年代本」の中に取り込まれることはない。通俗的な若者論（あるいはサラリーマン論や日本人論）は特段の説明や注釈もなされずに語られ、それに対置された勇ましい仕事術と人生論が語られるという営みが繰り返されている。筆者自身、たとえば若者を語る言論については「○○な若者たち」というような、直接的なタイトルの書籍に注目しがちだったのだが、「年代本」を含む自己啓発書が多く刊行され、また多くの人に読まれている現状を踏まえると、「年代本」をはじめとする自己啓発書――それはしばしば、簡潔に「現代の若者は不甲斐ない」と断じることが多い――が世の中の若者観を形成している部分も少なからずあるのではないだろうか。(11)

3　仕事・プライベートの一元的統御――三〇代論

（1）分岐点・転換期としての三〇代

三〇代論に話を移そう。積極的に仕事に没入し、失敗を重ね試行錯誤し、その無限の可能性を開拓せよとする二〇代に対して、三〇代は早くも「人生の分岐点」（河野 2002: 2）、「非常に大きな転換期」（小倉 2012b: 2）として語られることになる。

「仕事では、メンバーからリーダーへ、プレイヤーから管理職へのステップアップが求められる世代。プライベートでも家庭を築き、家族が増え、両肩に背負うものがぐっと重みを増していく年代です」（小倉 2012b: 2）

「三〇代になると、それまでは脇役で済んだことが、仕事でも家庭でも『主役』になることが求められます。（中略）三〇代になったら自分の頭で考え、行動し、しかもその結果がうまくいかなかった場合はその原因を考え、試行錯誤してうまくいくように再実行しなければならないのです」（大塚 2011b: 15-16）

二〇代とは異なった地位・役割におかれるようになるなかで、仕事においてはそのビジョンを、また「人の上に立つ準備をしているか」（川北 2010c: 158）を問われ始めるようになる。また、ライフコースが進展し、多くの人々が家族を自ら形成し、新たな課題に直面するようになる。このような変化の時期にあたっては、二〇代と同じく「無我夢中、ガムシャラ」（国司 1995: 1）にただ駆け抜けることはできない。また、これまでに培った経験のみで切り抜けようとすることは惰性であり、結果として「四十代以降の人生において本物にはなれない」（魚津 1989: 5, 112）。現状に満足することなく、変化のなかで「〝自分の流儀〟を確立」（河野 2002: 2）できるか否か。そのことによって「人生で『もっとも差が開く一〇年』」（大塚 2011b: 2）、それが三〇代である――。各著作の共通見解はこのように整理することができる。現状に留まるか、それともより積極的な啓発を行うのか、その二分法的価値観がより端的に示されているものとして、次のような言及を紹介しておこう。

「現実を知り、将来に思いを馳せ、不平も不満も悩みも絶望も抱かないとしたら、それはただのノーテンキ野郎なのだ。問題は、ここからである。安い酒を呷って、ブツブツ不満をこぼしながらこれからの人生を過ごすのか、不安から逃避するのか、それとも勝負を捨てるのか――。（中略）いまの自分を変えることだ。いまの生き方でいいのか、いまの発想でいいのか、いまの価値観でいいのか――。『いまの自分』を省みて『新たな自分』を創造し、日々を完全燃焼することによって活路はおのずと拓けていく」（向谷 2005: 4–5）

このような三〇代観にもとづき、三〇代論では日々の仕事術、部下への対応（リーダーシップ論）、さらには転職や独立等のトピックが扱われることになる。それらもまた重要なのだが、仕事論の基本線は二〇代論と大きく変わることはない。そこで以下では、三〇代論においてより多く扱われるようになり、また「年代本」の志向がよく表れていると思われるトピックに注目することとしよう。

（2）仕事とプライベートの直線化

三〇代以降により多く論じられるようになるトピックとして、余暇・趣味がある。これに関して、かつての「年代本」では、「遊ぶことを覚えるな　遊ぶな、働け。それが若者の鉄則である」「〝仕事が出来て遊び上手〟はザラにはいない」「遊びはあくまでも人生の清流なのである」（鈴木 1982: 124, 126）として、仕事と遊びという二つの事項は切り分けられていた。また、プライベートを顧みずに仕事に没入するべしとも語られていた。だが近年の著作では以下のような言及がしばしばみられるようになっている。

「三〇代で成果を出した人は、仕事だけしていた人では決してありません。プライベートでも全力で楽しんだ人たちです。彼らに共通するのは、両方に全力をかけたからこそ、プライベートでの経験が仕事に活きたり、仕事の経験がプライベートに活きるということを体験していることです」（大塚 2011b: 112）

「まじめタイプの三十代は、仕事に夢中で遊びにあまり目を向けない。仕事も大切だが、三十代のうちに遊びも知っておかないと、視野の狭い融通がきかない人間になりかねない。（中略）仕事が遊びというのはいいことだが、そういう人でも、やはり仕事と関係のない遊びをしたほうがいい。その経験は必ず仕事に生きてくる」（川北 2010c: 84-85）

積極的に遊ぶべし——。このような主張の変化自体は、一九八〇年代と二〇一〇年代の余暇生活をめぐる状況の変化を考えれば、驚くべきことではないかもしれない。だがここで注目すべきは、プライベートを楽しむ、遊ぶということが、それ自体で完結していないことである。引用箇所にもあるように、それらが「仕事に生きてくる」ものとして推奨されているのである。その意味で、かつて仕事と切り離されていた遊びという事項は、いまや仕事と地続きのものとして「節合」（Hall 1996＝1998: 33）されるようになったといえる。[12] いや、ただ地続きにせよというだけでなく、近年の「年代本」では、仕事と遊びを「一体化」せよとも主張されている。そして、仕事と遊びの特殊な節合——より具体的には仕事こそが何よりも楽しい趣味だと考えられるようになること——を行えないことが、以下のように貶めて差異化されるのである。

「仕事と趣味を分けない。（中略）ダメ三〇代に『趣味は何ですか？』と質問すると目を輝かせるが、稼ぐ人は不思議そうな顔をする。これは趣味と仕事を一体化させることに成功したからだ。人生という時間を最高に有意義に生きる方法だ。趣味に没頭しても仕事ができるようにはならない」（千田 2011: 66-67）

「オンとオフを使い分ける人は〝半人前〟（中略）なぜ好きなことをやっているのに、就業時間外だからといって、その思考をやめなければならないのか。いや、本来はやめられないはずです。つまり、『オンとオフを分けよう』と言っているうちは、まだ仕事に没頭できていないということです。だからそのことを忘れて気分転換したい」（午堂 2013: 145）

(3) 家庭をマネジメントする

仕事とプライベートを地続きのものにしようとする志向は、やはり三〇代以降に掲載率が高まっていくトピックである結婚後の生活（具体的には夫としてのあり方や子育てについての言及）においても同様にみることができるのだが、そこに至る過程を順に追っていこう。まず、一九八〇年の著作では、子どもの教育に関して以下のように言及されている。

「戦後の男が喪失した最大のものは、凛々しさである。凛とした態度である。こどもが悪いことをしても、悪いといわずに、あまつさえ殴りもせず、そうだなあ、それも一つ理由があるなあと、どうにか機嫌を損ねないようにと妥協し、家の中に波風を立たせないことを考えてしまう」（鈴木 1980b: 158）

「どんな人間が世の中のために役に立つかを知っているのは、男である。その男の長所を教育に発揮してやればいいのである。じっと腕組みをして、こどもを観察し、それは良い道だから進めといい、そこは危いから気をつけろと忠告してやるのは、父親の役目である。母親はこどもの長い旅のための服装を整えてやったり、お弁当を作ってやるのである」（1980b: 165）

多賀太（2011: 129）は、「父親と母親の役割の違いを強調し、社会とのつながりによってもたらされる父親の『権威』を背景として父親に家庭での『しつけ手』としての役割を果たすことを求めるタイプの言説」を、「権威としての父親」と呼んでいた。上の引用はまさにそれにあてはまるものだと考えられる。時代がより下ると、このような「権威としての父親」への言及は後退することになるが、その後に残されたのは妻とのコミュニケーションのあり方に関する（やや皮相的にみえる）議論や、抽象的な教訓が示される程度に留まる育児論であった。

たとえば、一九八九年の著作では、「女房族の批判をどう聞く」かというトピックにおいて、「日常的にはいわせておくだけでいいが」、「時には一番、女房殿を躾けるつもりで、意見交換を深めて欲しい」として、以下のような会話（出すべき書状があることを妻に催促されている夫という状況における）が「ユーモアを含め」た好例として示されている。

「弁解するつもりはないが、会社の仕事は三人分こなしているくらいだ。疲れて帰って判りきったことをいわれたくないよ」「ムリとはいわんが、できなけりゃワイワイと騒ぐなよ。それに君は字が上手なんだから、こんな時こそ内助の功があってしかるべきなんじゃないのか？」（魚津 1989: 145–146）

今引用した著作では、「家庭生活をきちんと過ごし、女房や子供と喋ったり行動したり」（1989: 186）することも推奨されているが、それは上述したような会話のレベルに留まっており、夫が仕事と私生活のバランスを見直し、家庭生活により多くの時間と力を割くという選択肢はまったく考えられていない。二〇〇二年の著作でも、夫婦間では「なにごとも話し合って相互理解を深めることだ」、子どもには「自立心を植えつけること」だといった、いわば通り一遍ともとれる規範レベルの議論が繰り返されるのみであった（河野 2002: 217, 223）。

これらに対して二〇一〇年代の著作では、家庭生活や子育てへの積極的参加を促す主張が、そのハウ・トゥとともに示されるようになる。だがその主張は、参加の量を増やせというものではない。「かかわる時間の短さは関心の深さでカバー」（大塚 2011b: 193）、「時間は長さじゃない。『意味的な時間』が重要だ」（小倉 2012b: 76）とあるように、仕事に追われて家族と関われる時間が少ないことはそのままに、そのなかで関心や意味の「密度優先」を狙うこと、また「ちょっとしたひと手間」で限られた時間を「一〇倍演出」し、最大の効果を発揮するように振る舞おうというのである（大塚 2011a: 135–137）。

こうした家庭生活への志向は、多賀が「権威としての父親」に対置した、「父親と母親の役割の違いをことさら強調せず、乳幼児の世話を含めた広範な子どもへの関与を父親に求める」ものとしての「ケアラーとしての父親」（舩橋 1999; 多賀 2011: 130）にあてはまるといえるだろうか。あてはまる部分もあるとは考えられるが、単純に考えても、少なくとも二つの点でずれを指摘できるだろう。第一は、こうした主張は、多忙な仕事を抱える男性から、その多忙な仕事自体を見直すことなく示される折衷案という性格をもつものだと考えられる点である。「年代本」にみられる家庭生活への志向は、船橋恵子（2006: 151-152）が指摘した、育児は仕事と摩擦がない限りにおいて行われ、仕事優先の基本は貫かれているという「男性の二重役割タイプ」の限界が保持された状態で、そのなかで男性ができる家事分担に言及するという、父親にのみ固有の家庭関与スタイルの内部にほぼ留まっているのである[13]。

第二は、これは四〇代論にも共通にみられるものだが、より積極的に、家庭生活へのかかわり方について以下のような言及がなされている点である。

「家族と過ごす時間にも消費と投資の二種類がある。そんな発想を持てるようになることが重要です。たとえ、家族と一緒にいても、自分がくつろぎ、楽しむだけ。そんな過ごし方は単なる消費でしかありません。それに対して、その時間を通じて家族の絆を深めたり、奥さんや子どもに愛情を伝えるための時間、とするならば、それは投資になるのです」（小倉 2012b: 78）

「子育てにはたくさんのマネジメントのヒントが隠されています。（中略）親業とマネジメントの共通項から『人を育てる』ことを学ぶ」（大塚 2011a: 214）

「子育てを人材育成と考える（中略）家庭では、子どもにどうやって接すればいいのかわからないあなたも、勤務先では『新人教育』や『人材育成』という名前で部下を教育してきたはずだ。会社の人材育成プランをわが子の育成用プランにアレンジできないだろうか」（佐々木 2011: 106）

プライベートを消費と投資という発想から捉えようとすること。子育てをマネジメントや人材育成と共通するものと考え、仕事とプライベートの発想を相互に流通・発展させようとすること。他にも、ワーク・ライフ・バランスをとるために「パートナーをマネジメントする」（小倉 2012b: 92）という言及、「私生活にPDCAサイクルを」（清水 2011: 178）とする言及もある。さらに、短い時間で最大のコストパフォーマンスを求めようとする育児観は、時間管理の発想を家庭生活に取り入れたものと解釈することもできる。このように、遊びに関する主張と同様、家庭生活全般に関しても、仕事とプライベートを地続きのものとすることが推奨されているとみることができる。特に家庭生活に関しては、仕事上の発想が応用される対象として据えられているようにみえ、こうした発想もまた父親にのみ固有の家庭関与スタイルという向きが強いといえるように思われる。このように、現代における文化的母型たる自己啓発書にみられる父親（夫）イメージを眺めてくると、そこには仕事におけるマネジメントの発想あるいは仕事術を家庭生活に応用しようとする、「マネージャーとしての父親（夫）」とでも表現すべき独特な志向が看取できると筆者は考えている。(14)

4 「自分らしさ」の再文脈化——四〇代論

(1)「勝敗」が決した時期としての四〇代

四〇代論の分析に進もう。四〇代も他の年代と同様、「最も価値のある人生を送らなくてはならない期間」（鈴木 1980a: 17）、「人生の充実期」（川北 2010b: 1）等、その重要性が論じられたうえで、不惑ならぬ「多惑の歳」（中郁 1997: 14）かつ「分かれ道」（大塚 2011a: 17）でもあるとされ、自らの現状を見直すことがまず促されている。「みじめな四十代」は現状に満足してしまうのだ（鈴木 1980a: 37）、多くの人はこの年代に守りに入って「つまらない人」になってしまうのだ（大塚 2011a: 18）、だから今こそ自らを変えねばならない、というわけである。

だが四〇代において促される自己啓発は、三〇代のように、部下や家族ができ始めたことから生じるもの、キャリアとライフコースの進展に伴われるものではない。端的にそのポイントを示すなら、「あきらめ」（清水 2011: 2）という言葉を用いるのが最適だろう。すなわち、以下のような状況に対しあきらめるか否かをめぐって、読者に新たな焚きつけがなされているのである。

「社内における到達ゴールは、四〇歳でだいたい見当がつく」（小川 1978: 12）
「今の会社に勤めていても、たいして昇進は期待できず、昇給だって望み薄なのに、どうにも次の手が打てないでいる人たちが大多数なのである。果たしてそれでいいのだろうか」（清水 2011: 3）
「会社人生は、四五歳が分かれ道です。四五歳というのは、出世の早い会社なら部長になる人、取締役になる人が出てくる年齢です。ここで昇進の道を絶たれると、五〇歳以降は窓際に追いやられます」（植田 2013: 1）

一九七八年の著作にしても二〇一三年の著作にしても、四〇代における新たな焚きつけは、自らが組織内で到達できる地位・役割の最終地点が垣間見えてくるなかで生じる、いわばキャリアの行き詰まりに伴ってなされているものだといえる。四〇代論はこの行き詰まりへの対応において、以下のように大きく二つに分化することになる。

「四十代は、競馬でいえば、第三コーナーを回ったあたりだろう。だが、そろそろムチが入る頃合。この時期に大切なのは、決して脱落しないことだ。脱落さえしなければ、まだ先にいろいろな可能性が残っている」（川北 2010b: 123）

「四〇代は、三〇代とはまったく異なるステージであるとはっきり認識し、頭をがらりと切り替えることが必要です。（中略）有り体にいえば、老後の幸せはすべて四〇代が決めるということです」（井上 2011b: 25-26）

このまま出世をめぐるレースに乗るのか、人生の後半へと頭を切り替えるのか。一九八〇年代の著作では、「休憩は定年後にすればいい」（鈴木 1980b: 52）として出世レースへの継続的参加は自明視され、並ぶ見出しも「上層部が変わって職場の人間環境が根こそぎこわれた」「ナント、年少の上司がやってきた！」「ついに出た転勤命令」「ついに出た配置転換命令」等、逃れられない出世レースにおける各局面での立ち振る舞いに関するものが多かった（魚津 1988）。

だが近年の四〇代論では「勝ち残れそうな見通しがあるなら、このまま社内で成功することに賭けるのもひとつの選択です。一方で、もう出世コースからは外れていて、ほぼ逆転の見込みはないと思うのであれば、転職や起業、副業などの選択肢も含めて、今後の身の振り方を改めて考える必要があります」（和田 2011b: 59）として、組織に居残ることが必ずしも自明とはされず、上述したような分岐のいずれを進むのかが読者に突きつけられている。二〇代論や三〇代論と同様に仕事術や仕事上の対人関係論が主に扱われ続けるのか、あるいは家庭生活、健康問題、余暇・趣味、（以下、図表2-3には掲載していないが）地域参加、介護、老後、死といったトピックがより多く扱われるようになるのかは、この分岐次第で大きく変わってくることになる。

（2）ヘゲモニックな男性性と「自分らしさ」

ところで、男性向け「年代本」とは一体何について語っているメディアなのだろうか。当然、男性の生き方や働き方について語っているわけだが、もう一歩踏み込んで、どのような男性の生き方・働き方について語るメディアだと考えるべきだろうか。

ここまでの知見を整理しつつ考えてみよう。同僚に対する仕事上の卓越を目標として、仕事に自ら進んで没入し、時に仕事に没入しない人々を非難すること。プライベートさえも仕事の論理によって貫こうとすること。出世レースの行方に一喜一憂すること――。おそらくこうした各志向は、雑駁にいえば「サラリーマン」、もう少しいえば、第一章で啓発書購読者について言及した大卒、正規雇用、特に男性においては「体育会系」と括れるような人々においてより多く分け持たれているような感情的ハビトゥスだと改めて考えられないだろうか。

ロバート・コンネルは、「さまざまな男らしさの中で優位を占める男らしさの形」を「ヘゲモニックな男性性」と呼んでいた（Connell 1987＝1993: 265–266）。また中河伸俊（1989: 21）は、「サーヴィス化・消費社会化とフェミニズムの攻勢を受けとめて手直しされたアッパー・ミドルクラス（専門職・管理職）の男性像」こそが、今日において「新たにヘゲモニーをもちつつある男性のモデル」ではないかと述べていた。「マッチョ・タイプの男が、フィクションやスポーツの世界や『下層』の下位文化の外で、広く支持されることはありそうにない」（同上）という中河の指摘を踏まえつつ書店のビジネス書・自己啓発書の棚を眺めてみれば、確かにその種の男性性を前面に押し出す著作は、皆無ではないがほぼみることはできない。そう考えるとき、男性向け「年代本」とは、前章で述べたミドルクラス・カルチャーの母型として、またそれが実際に言説空間のうちで文化的優越を獲得している「ヘゲモニックな男性性」の表出メディアとして改めて定位できるのではないだろうか。

このように定位するとき、先に述べた出世レースからの離脱をどう考えることができるだろうか。ここで、組織における出世レースからの離脱を考え、転職や起業、副業、あるいは「第二の人生」に目を転じようとする著作に偏ってみられる、以下のような言及に注目してみよう。

「一個しかない自分の首を大切にするということだ。立身出世というが、『立身』と『出世』を切り離してしまうということだ。（中略）自分らしく生きなければ、人間として生きている価値がないではないか。私なら、すげ替えられない首のほうを大切にする」（斎藤 1998: 37）

「相対的な幸福などない。絶対的な自分だけの幸福に向かって進もう」（田中 2010: 128）

「皆さんもまず、少しだけ自分と向き合い、自分という鉱脈を掘り、『何が得意か』『何が好きか』を掘り起こしてみてはどうだろう」（清水 2011: 15）

自分らしさ、自分だけの幸福、自分という鉱脈。就職活動の「自己分析」において求められるような、自らの内面をまず重視しようとする態度――以下ではこれを「自分らしさ志向」と表現することにしたい[15]――が、組織における出世レースから離脱しようとする著作に偏って推奨されているのである。二〇代論にしばしばみられた、「正直、二〇代にとって『何をしたらいいんだろう』なんて、迷っている時間はありません。仕事の面白さに出合うために、今は『スタートダッシュ』をかけましょう」（小宮 2011: 29）、「『でかい夢』なんていらない。いま、目の前の仕事に『夢中』になれ」（吉山 2011: 122-123）といった、自らの内面よりもまず目の前の仕事をこなせとする言及とは対照的である。[16]

男性（性）にとって自分らしさとは何なのだろうか。論じられる年代に関係なく、組織で働き続けることを基本線とする著作では、「自分のテーマは、『自分の外』にあるといえます。考えているより、まずは行動する。行動してはじめて『正しく』考えることができるのです。他者と深く触れ合ったり、社会や組織と関わることで逆に自分が見えてくる。そうした『自分』こそが、世の中で生きていくテーマにつながるのです」（大塚 2011b: 44）、「『ねばならない』の先に、『やりたいこと』が待っている」（吉山 2011: 40）というように、自らの内面を注視することに優先的な意義は与えられていない。[17] むしろ「仕事を通して、自分を高める」（小宮 2011: 194）、「いい手順が仕事を楽しくする」（秋庭 2011: 80）といった言及にもあるように、与えられた仕事のなかで自らの流儀や考え方を確立・実現し、また成果をあげていくことが、こうした著作において推奨される存在証明のあり方である。[18] これらに対して、組織で働き続けること、そのなかで卓越することを自明視しない四〇代論では、上記引用のように自らの内面それ自体に注目がなされ、その探索の技法がしばしば紹介されることになる。

筆者がこうした対比から示したい解釈は次のようなものである。二〇代および三〇代において、正社員として組織内での卓越を志向する「ヘゲモニックな男性性」に乗る場合、自分らしさ志向は第一に目指されるべき賭金＝争点とはみなされていない。いいかえれば、今日、二〇代・三〇代の男性が、生き方や働き方について考えようとし、自己啓発書にその手がかりを求めるとき、仕事における卓越によってその存在を証明せよという以外の選択肢が示されることはほぼないのである。だが四〇代になり、組織内での卓越を実現できないことが予感され、「ヘゲモニックな男性性」の獲得失敗すなわち「従属的男性性」（Connell 1987＝1993: 265-269）の側に転落しそうになる際、自分らしさ志向という代替的な賭金＝争点が配備されることになる。つまり男性（性）において自分らしさ志向は、二次的なアイデンティティの証明資源という位置づけになっているのではないだろうか。より精確にいえば、男性（性）における「自分らしさ」とは当初、仕事における卓越に伴ってもたらされる、仕事を通した自己実現や「やりたいこと」の実現と渾然一体のものとなっており、それが果たせなくなるとき、仕事から脱文脈化されたかたちで再定義され、浮上してくるものなのではないだろうか。

5　細分化される人生

やや重複する部分もあるが、第一章で示した四つの分析課題に即して、本章での知見を整理しておこう。その概要を示したものが図表2－5である。

まず第一の課題である「賭金＝争点」に関して。「年代本」でまずもって促されるのは、仕事に積極的に没入し、仕事における微細な場面に能力の差異を読み込み、同僚からの卓越を企図し（二〇代）、プライベートや新しく築き始める家庭を仕事と地続きのものとして捉えようとし（三〇代）、会社組織における出世レースに食らいつける限りで食らいついていくという（四〇代）、仕事における卓越という賭金＝争点をめぐるゲームへの参入だったといえる。この賭金＝争点について別言すれば、ア

図表 2-5　第二章での知見の整理

分析課題	概要
賭金＝争点	①仕事における卓越（ヘゲモニックな男性性）、②自分らしさ
差異	（根拠なき）凡庸さからの卓越
闘争	企業勤務経験・世代・専門性を資本とする中核的主張・著述スタイルの棲み分け
界の形成	先駆的には 1960 年代における散発的著作、1980 年代以後ジャンルが成立し始め、1990 年代以降は刊行数が一定化、2010 年代に活性化

ッパー・ミドルクラス男性に主に占有されている「ヘゲモニックな男性性」の獲得だともいえる。だがそのような「ヘゲモニックな男性性」の獲得が見込めなくなる場合、自分らしさ志向が仕事における卓越とは切り離されたかたちで用いられ、つまり新たな賭金＝争点として配備され、「従属的男性性」への転落が回避されようとしていた（特に四〇代）。このような意味で、男性向け「年代本」における賭金＝争点は二段構えの構造になっているということができる。

また、逆にいえば、各年代における男性の生き方を説く「年代本」では、この三〇年間ほどの間、部分的には変容――やや強迫的な仕事への没入志向の浮上など――しつつも、いかにも男性的な「優越志向」「権力志向」（伊藤 1993: 166-167）が基本的には保持され続けており、そこから観察された「ヘゲモニックな男性性」の感情的ハビトゥスが本章における発見だということもできるだろう。前著では、女性誌『an・an』を事例に、「非常に『ベタ』な『女らしさ』の追求」が基本線として維持されていることを指摘したうえで、自己啓発メディアはそのような自明視された通念の枠内で――男性なら男性なりの、女性なら女性なりの、学生なら学生なりの――「自分探し」や「自分磨き」を促し支援するメディアなのではないかと指摘を行ったが（牧野 2012a: 181-182）、男性向け「年代本」においても同様に、「ベタ」な「男らしさ」という基底的参照項自体は疑われることなく（あるいはそのような参照項があえて保持され、押し出されつつ）、その正当化や微調整が促されているといえる。

次に第二の課題である「差異」について。「年代本」では、現状に満足する人々、仕事に没入できない人々、仲間内で群れる人々、積極的に自らに投資しない人々（かつては逆に散在する人々）、仕事のオンとオフを分けてしまう人々等、さまざまなかたちで各年代における「凡庸さ」が設定され、そうした凡庸さから勇ましく卓越することが男性にとっての存在証明になるのだと述べられている。だが第2節で述べたような客観的根拠の曖昧さを考えると、こうした凡庸さと卓越性についての主張は「ためにする」ものという向きが強いように思われる。つまり後藤和智（2013: 14）が若者論一般について述べたように、「客観的なデータや、あるいは信頼性の高い調査や研究を参照すること」なく、「自らの主張を押し通すためのお手軽なツールとして」、若者やサラリーマン、日本人一般といった対象が貶められるという、差異化のための差異化という性格を有する主張であるようにみえるのである。とはいえ、自己啓発書における客観的根拠の不在を論難することにさしたる意味はないだろう。確認しておきたいのは、根拠が曖昧であってもそのことに気を払うことなく凡庸さを対岸におき、貶め、上に立とうとする、男性向け啓発書における差異化・卓越化への欲望の強さである。

第三の課題である「闘争」について。幾度も述べてきたように、「年代本」は基本的には「ヘゲモニックな男性性」のあるべき姿を説き続けてきたメディアだといえるが、当然著作間には主張や著述スタイルの相違が存在する。たとえば、まず男性向け自己啓発書の王道でもある、民間企業で一定期間働いた経験がある人物による「年代本」の多くは、その経験にもとづく具体的事例を豊富に用いいながら、仕事についての考え方、効率の良い仕事の進め方、対人関係のあり方、ビジネスマナー、プライベートの過ごし方等を、理路整然と説いていこうとするものである（小宮 2011; 大塚 2012; 植田 2013など）。これが、より若い世代の手になる著作の場合、仕事への没入志向や自己責任志向がより強まり、読者の目を引く「名言」が多投されるなど、情感的な著述スタイルが採用されることになる（吉川 2011; 午堂 2012など）。

一方、もう一つの王道といえる、作家やマスコミ関係者による「年代本」は、彼らの多くが一九二〇年代から三〇年代生まれであることが関係しているのかもしれないが、歴史上の偉人（戦国武将がかなり多い）、立志伝中の人物、文学作品などを事例に用いながら、人格を磨くこと、努力すること等——概していえば修養主義的といえそうな——精神性を備えるべしという規範が、特段のハウ・トゥなしにただ掲げられることが多い。また彼らの著作では、人生は思い通りに必ずしもならないものだ、人生にはそれぞれのペースがあるのだから今周りをみて焦る必要はない等の主張が散見され、著作の性格はしばしば、酸いも甘いも噛み分けてきた年長者から示される精神論的人生訓という類のものになる（秋庭 1995; 河野 1997; 川北 2010a など）。

心理学者や精神科医、キャリア・コンサルタント等の、雑駁に括れば「心の専門家」（小沢 2002）による「年代本」は、その専門知にもとづくライフプランの設計、心理的駆け引きの技法、能力開発法などを主張の中心としている。ときには、常識的にはおかしいと思えるかもしれないが、心理法則からするとこうすべしだというかたちで主張が展開されることもあり、その極端さが彼らの主張の独自性ともなっている（国司 1990; 内藤 2011; 和田 2011a など）。

自己啓発書を専門とする、あるいは啓発書を次々と量産する人物による「年代本」には少なくとも二つのタイプがある。一つは、「名言」を多投しながら、仕事からプライベートまで幅広く、望ましい考え方や行動のあり方を小気味よく説いていくタイプの著作である（中谷 1997; 千田 2010c; 本尾 2012など）。もう一つは、年代にかかわらず自らが心底から望むことを実現することを訴え、その実現に向けた内的世界の取り扱いを説いていくタイプの著作である（本田 2010b; 井上 2012など）。両者に共通して強くみられるのは、「九九％の人は、準備だけで人生を終えてしまう」（千田 2010c: 26）、「人生は情け容赦なく、成功者とそうでない者とにわけられてしまいます」（井上 2011a: 10–11）といった、世の人々を二つのタイプに画然と切り分けようとする志向である。第一章でも述べたように、二分法的思考は啓発書一般に広くみられるものだが、これは啓発書を専門とする、あるいは量産する人物による著作において、より多くまた端的にみることができるものである。また、彼らの著作では著名な啓発書著者のエピソードが登場し、望ましい考え方や行動の範とされることも少なくない。

こうした主張や著述スタイルの整理は、あくまでも概略的なもので、すべての著者がこのような枠組にそのまま収まるわけではない。たとえば一九二〇・三〇年代生まれの著者ではなくとも、歴史上の古典を読むべしと主張する著者もいる（本尾 2012など）。また、「心の専門家」ではなくとも、ライフプランの立て方を微細に論じようとする著者もいる（久恒 2003など）。その他にも例外は多数あり、各著者間での相違や棲み分けはより複雑なものだと考えるべきだろう。だがいずれにせよ、各年代における「ヘゲモニックな男性性」のあるべき姿を定めるというゲームには乗りつつも、そのより微細な構成要素や啓発のスタイルをめぐって、それぞれが自らの正しさを喧伝する「象徴闘争」が、「互いに関係も持たず検証もない関係」（後藤 2013: 34）ではありながらも展開されていることは確かめられたように思える。

最後に第四の課題である「界の形成」について。先に論じておくべきだったかもしれないが、ここまでの分析を経たうえで「年代本」のルーツについて考えてみることにしよう。かつて、一九五〇年代から六〇年代にかけて、日本の出版界では「人生論」のブームが起きていたといわれる（宮城 1955; 柳田 1955; 樺 1957; 山下 1968など）。だが、このブームの中核をなしたといわれる阿部次郎『三太郎の日記』（1914）、倉田百三『愛と認識との出発』（1921）、武者小路実篤『人生論』（1938）、三木清『人生論ノート』（1941）等の著作群をみるかぎりでは、人生を時期によって区分するという発想はみることができない。

一九六六年、「年代本」のルーツだといえそうな著作が刊行されることになる。著述業の倉科信介による『人生勝負は三十代だ――やる気一本槍の勝利』である。[19] 同書は「中だるみしていることは許されません。（中略）人生の敗北者になりたくないならば、三十代を積極的に生き抜く決意を固め」（倉科 1966: 4）ようと始まり、主にサラリーマンとしての「出世・成功への道」（1966: 22）に読者を誘おうとする著作、つまり「年代本」の基本構造が既に備えられた著作であった。六九年には倉科とほぼ同内容の阿部満『30代の挑戦』（1969）も刊行され、こうして人生や生き方を総体的に論じるのではなく、人生の各局面を切り分け、局面ごとに自己啓発を行なおうとする着想が世に示され始めることになる。

だがこのような着想を引き継ぐ者は即座には現れず、一九七〇年代末から八〇年代前半になってようやく、本章でも幾度か言及したアナウンサーの鈴木健二（1980a, 1980b, 1982）をはじめとした幾人かの著者が「年代本」という着想を採用することになる（竹村 1976, 1982; 斎藤 1976; 小川 1978; 加藤 1981）。これらの著作のうちに、先の倉科の先駆的な主張は多く引き継がれ、本章で示した「年代本」の系譜が以後紡がれていくことになる。八〇年代までは細々とした刊行ペースながらもその基本的志向を内に育み、九〇年代になって一定の刊行数を保持するようになり、より近年になってベストセラーを輩出し、書店の棚にもそれぞれ独自の場所を占めるまでになる、というように。

このような系譜をたどってきた現在の「年代本」の周辺には、『入社1年目の教科書』（岩瀬 2011）のような、ターゲットを絞った「働き方本」のような書籍群もある。「年代本」を含む、人生のある局面にターゲットを絞った自己啓発書群の浮上を俯瞰するなら、それはまず各出版社による読者開拓の戦略だといえるが、それだけでなく、人生の各局面を細分化して切り出し、その局面ごとに調整を図るべしとする、分節化されたライフコース観の浮上あるいは強化を示しているといえないだろうか。そう考えるとき、私たちは各年代、あるいは各年齢にかつてないほどの意味を読み込み、またもたせようとする社会を生きているということになるのかもしれない。

注

（1）とはいえ、この件名に振り分ける基準は公開されていない。ここでは先に述べた特化に際して、その手続きの開明性および再現可能性を第一に企図してこのデータベースを採用している。

（2）検索語は「20代（二十代・二〇代）」「30代（三十代・三〇代）」「40代（四十代・四〇代）」を用いて

いる。また、タイトル・サブタイトルが同一である書籍の文庫版、新装版、図解版は集計から除外している。ただ、当初別のタイトルで刊行されたものの、後に「20代（二十代・二〇代）」等の語をタイトル・サブタイトルに冠して改題された文庫版は含んでいる。最終検索日は二〇一三年九月一日。なお、同基準で「10代（十代・一〇代）」を検索・集計すると二四冊、「50代（五十代・五〇代）」は二三冊であった。その意味でも、「年代本」のボリュームゾーンは二〇代から四〇代にあるということができるだろう。

（3）このような区分けを行ったのは、特に基準を設けずに「年代本」「年齢本」のプレ分析を行った際、明らかに女性の著者によるもの、およびタイトル・サブタイトルから女性向けであることが判断できる著作は、そうでない著作と比して主張内容に明確な違いがみられたことによる。翻っていえば、タイトルからして特定の性別に宛てられていないとみることができる著作は、ほとんどが男性を基本的読者として想定していることが明に暗にみてとれたことによる。

（4）組織代表者とは、研究所の所長、リサーチセンターの代表者等を指す。

（5）既に行ってきたことだが、本書におけるより詳細な論点および引用箇所の抽出基準は、前著と同様に、「反復性」（Fairclough 2001 = 2008: 64）におくこととする。つまり、メディアの効果は同種の表現の反復・累積によって発揮されるとする批判的言説分析の主張を本書では採用し、以下における論点・引用箇所抽出の基準とする。また、第一章の自己啓発書読者インタビューにおいて、読者は反復される中核的なメッセージを情報摂取における一つの手がかりとしていたことからも（Simonds 1992: 26においても同様の言及はみられた）、複数の著作で同様にみられ、また幾度も反復される、いわば紋切型の物言いに注目することには積極的な意義があると筆者は考えている。

（6）むしろ「平成の世でも『滅私三年』」（大塚 2012: 60）というような、基本線が変わっていないことを殊更示す表現もみられる。

（7）資料から複数の箇所を引用する場合、各引用についてそれぞれ引用ページを示すべきであると考えるものの、可読性の低下を考慮し、以下では複数の引用を終えた後に、一括してページ数を示す場合が幾度かあることをあらかじめ断っておきたい。

（8）東野充成（2011: 59-60）は、このような自己責任論に親和的な認識を示すサラリーマンが少なくないことを、インタビュー調査の結果から報告している。

（9）資料では直接言及されることはほぼないものの、特に二〇一〇年代における強迫性の高まりについては、いわゆるリーマン・ショック以降の急激な景気後退が、自己啓発書の制作（あるいは読者による強迫的な主張の支持）に影響を及ぼしていた側面があるのかもしれない。

（10）ただ、三〇代論になると、自己投資も行いながら、戦略的に貯蓄を行おうとする議論も登場するようになる（大塚 2011: 200-210）。

（11）たとえば、スポーツ関係者による指導者論でも同様に、最近の若者は云々、という議論が著者の経験をもとに展開されたうえで、その主張が展開されていることがしばしばある（渡辺 2008: 19-20; 落合 2011: 12-14など）。

（12）前著と同様、本書でもスチュアート・ホール（その着想をもたらしたのはエルネスト・ラクラウだが）による「節合とは、特定の条件下で、二つの異なる要素を統合することができる、連結の形態なのです。しかし、そのつながりは、いかなる時も常に、非必然的で、非決定で、非絶対的かつ非本質的なものです。いかなる状況下であれば、ある種の連結をつくり出しうるのか、構築しうるのだろうか、と問いかけなければならないのです」（Hall 1996＝1998: 33）とされる節合概念を活用したい。同概念から省みれば、本書の営みは、各章における資料から再構成された自己啓発書の世界観がいかに偶有的に節合され、今日に至っているのかを問うていく営為だともいえる。ただ本書の場合、第一章の脚注で述べた理由により、問われる「状況」は、主に言説の布置に重心をおいたものとなっている。

(13) 折衷案とすらいえないような言及、たとえば「男は仕事に全精力を傾けていますから、妻にすべてがのしかかってきます」(赤根 1996: 117)、海外駐在の打診があったら「ここは妻に辞めてもらって、二人で海外へ行けばいい。妻に働く気があれば、向こうでも必ず仕事は見つかるはず」(川北 2010c: 193) といった言及も男性向け「年代本」においてはしばしばみられる。このような言及も含み考えると、天野正子 (2006: 29) の、サラリーマンという人々は「『男は一家の大黒柱』を大義名分に、生きるうえで不断についてまわる家事労働の負担を女性に転嫁した、『特殊な人生行路』なのではないか」とする指摘、またその代替案は「まだ当事者の男性から出されていない」とする指摘に「年代本」はほぼ収まるメディアだといえそうである。もう少し踏み込めば、「年代本」はある群の男性に特殊な人生行路を保持し続けようとし、裏を返せばそのパートナーに下支えを当然のように要求しようとし、さらにそのことに居直ろうとする言語資源を提供するものだとみることもできる。

(14) 多賀 (2011: 137, 140) は、学校選択や受験勉強の支援を通じて子どもの教育上の卓越を企図する父親像を「チューターとしての父親」と呼んでいる。実際、「年代本」のなかには「子どもの進学を私立から公立に変更しなくてはいけない」とすれば問題だとするような言及もあり (井上 2011a: 112)、「マネージャーとしての父親」はやがて「チューターとしての父親」になっていくのかもしれない。「年代本」では受験を含む、子どもの勉強に関する細かなハウ・トゥは示されていないため、以上の議論は現時点では類推に留まる。しかしながら、職業上の卓越志向、消費におけるセレブリティ志向、私生活におけるマネジメント志向が、子どもの進学におけるチュータリング志向と結びついている可能性はかなり高いように思える。今後の検討課題としたい。

(15) このような傾向については、実に当たり前だと思うかもしれない。実際、一九九六年の時点で、中高年男性において「自分探し」が企図されるようになることは君塚洋一 (1996) によって言及されていた。

(16) こうした著作でも、自らの内面を偽ってまで仕事に向かえという主張はみられない。これらの著作にみられるのは、後述することでもあるが、自らの仕事をこなした先にこそ夢や「やりたいこと」がみえてくる、また実現できるとする態度である。

(17) 同書では「組織にそれが認められるか否かでないところで、『やりたいこと』を考える習慣を持ちましょう」とあるように、「やりたいこと」への言及もあるが、それは「いきなり『やりたいこと』を考える」のではなく、「時間ができたらやることリスト」を作る、「自分自身のフィードバック」を行うために時間管理を行う（「走りながら振り返る時間」）など、日々の仕事術として落とし込まれており、ここでも純粋に内面を注視することが称揚されているわけではない（大塚 2011a: 151-153, 184-186）。

(18) 会社に残ることを選択する場合でも、「蓄積された経験」や「仕事の過程でつかんだ人脈」を元手にして、今こそ「もう一度夢を追い始める」ことができるのが四〇代だと語られることもある（佐々木 2011: 22）。その意味では、どのような男性（性）においても、四〇代になってようやく、周囲からの負荷が少ないかたちで「やりたいこと」の追求が許されるということなのかもしれない。

(19) 同じく一九六六年、「二十代のはじめは、人生の夜明けだ。燃えるような太陽の輝きを待つ夜明けだ。何もかも期待につつまれた夜明けだ。出発だ。出航だ」（加藤 1966: 12）と始まって、情感を込めて若さ・青春・愛を賛美する、著述業の加藤日出男による『二十代――愛と自信を育てよう』が刊行されている。だが同書は読者に規範やハウ・トゥを示す著作ではなく、仕事に関する言及もほぼみられない。そのため、二〇代を無限の可能性を秘めた時代だとする点以外は、仕事における卓越を志向する「年代本」の直接的なルーツといえるものではないのだが、人生のある年代を切り出して論じようとする点では先駆的な著作だといえるかもしれない。

第三章　「自分らしさ」という至上原理
——女性向け「年代本」の分析

1　迷い・悩みのメディアとしての女性向け「年代本」

（1）本章の分析対象について

男性向け「年代本」においては、その仕事への専心志向が家庭生活に対しても貫かれ、そのなかで男性ができる家事分担の「密度最大化」が図られていた。また、その志向は当の仕事における挫折（四〇代論にみられた）をもってはじめて問い直されるようなものであった。これらから看取できるのは、男性向け「年代本」の読者たる男性の人生展望において、パートナーの人生への配慮がほぼ何もみえてこないということである。

このような態度を、実に男性に都合のいいものだと非難することもできる。だがその前に、女性向け自己啓発書ではこの点がどのように扱われているのかを考えてみてもよいだろう。本書全体の目的からすれば、男性向け啓発書においては主に、日々の仕事の各局面に引かれていた存在証明の区分線が、女性向け啓発書の場合どのような局面に、どのように引かれているのかを明らかにする必要もある。

そこで本章では、前章における男性向け「年代本」の対応物として、女性向けの「年代本」を分析していくことにしたい。対象資料の抽出手続きは前章と同様で、以下のように行った。まず、「国立国会図書館サーチ」の件名「人生訓」内で、「二〇代」「三〇代」「四〇代」という言葉および「二〇歳」から「四九歳」までの各年齢をタイトル・サブタイトルに含む四一九冊のうち、女性の著者によるもの、およびタイトル・サブタイトルから女性向けのものと判断された一三〇冊をピックアップした。次に、この一三〇冊のなかから、著作が二冊以上ある著者（一七名、刊行点数は延べ五九冊）をピックアップした。そして、これら一七名による五九冊の著作のうち、二〇代、三〇代、四〇代ごとに、①同一著者で「年代本」と「年齢本」の双方が刊行されている場合は「年代本」を優先して選び、②「年代本」内および「年齢本」内で著作が複数ある場合は刊行年の最も早い一冊を選定した。その結果、一七名の著者による、二九冊の著作が抽出された。

だが二九冊という資料数は、前章の分析資料数からするとやや厚みに欠ける。また刊行時期も一九八〇年代が八冊、九〇年代と二〇〇〇年代がそれぞれ九冊、一〇年代が三冊と、特に近年の資料を捕捉することができていない(1)。そこで、二〇代・三〇代・四〇代それぞれについて、資料調査時点から(2)

さかのぼって直近に刊行された一〇冊の著作を追加してピックアップし、資料のバランスをとることにした（なお、各年代において既に著作が抽出された著者のものは除いている）。こうして抽出された、四七名の著者による五九冊の「年代本」が本章での分析対象となる。内訳は二〇代論が二三冊、三〇代論が一九冊、四〇代論が一七冊であり、八〇年代刊行のものが八冊、九〇年代のものが九冊、〇〇年代が二二冊、一〇年代が二〇冊である。

著者の平均年齢は五一・九歳で、男性向け「年代本」より三歳ほど若い。二〇代論では四七・四歳、三〇代論では五〇・〇歳、四〇代論ではやや高く五八・七歳となっている。また、四七名（グループでの執筆も含む）の著者の肩書として最も多いのは、作家、エッセイスト、ライターといった「文筆業」（二一名、四三・八％）、ついで「コンサルタント」（九名、一八・八％）、心理学者、心療内科医、精神科医といった「心の専門家」（八名、一六・七％）、「会社経営者」（五名、一〇・六％）と続く。

前章と合わせて考えるなら、「年代本」の著者職業の傾向は、前著において示した「権能複合体」（牧野 2012a: 248）、つまり自己啓発メディア上で語ることが許されている諸職業集団の布置にほぼ重なっているといえる。仕事への専心を基調とする男性向け啓発書では会社経営者が、一方女性向け啓発書では作家に限らない文筆業がそれぞれ主要な書き手の位置を占め、またいずれの場合でも「心の専門家」やコンサルタントは執筆可能な存在とみなされ（企画が依頼され）、実際に著作を手がけている、というように。このように、改めて権能複合体という観点から著者の傾向を把握することができるわけだが、そこから進んで本書で考えたいのは、そうした複合体の内部でどのような主張の相違、棲み分けが起きているかということであった。この点は前章同様、資料の特性をみたうえで考えるこ

図表 3-1　女性向け「年代本」のページ構成

	平均値			中央値		
	頁あたり行数	行あたり文字数	頁あたり最大文字数	頁あたり行数	行あたり文字数	頁あたり最大文字数
1980 年代以前	17.0	41.5	705.8	17.0	42.0	722.5
1990 年代	16.1	40.0	645.2	16.0	40.0	640.0
2000 年代	15.1	38.4	580.1	15.0	38.0	565.0
2010 年代	15.2	38.3	583.8	15.0	38.0	574.0

注：ここでは，横組みの著作 1 冊を集計から除外している．

とにしよう。

もう一点、前章（図表2－4）で示したページ構成の推移について先にみておこう。男性向け「年代本」と同様に女性向け「年代本」でも、一九八〇年代から二〇〇〇年代にかけて、ページあたりの文字数が減少傾向にあることがわかる。またやはり〇〇年代以後になると、重要箇所を太字にする著作、図表やイラスト（マンガ含む）が多用され読み物性の向上が企図される著作、一文ごとに改行する著作などがみられ、「ライト化」の傾向を再確認することができる。

(2)　終わりなき問い直しのメディア

女性向け「年代本」でも、男性向けのそれと同様、今ここそが分岐点なのだ、ターニングポイントなのだ、それまでと同じように生きていこうとすることは許されない、といった物言いがしばしばみられる。たとえば、「二〇代は、自分を考えるラスト・チャンスといえます」（鴨下 1990: 45）、「ただただ年齢を重ね、三〇代を漫然と過ごすだけでは」その年代を謳歌することはできない（岸下 2000: 11）、「四〇代の生き方次第で、オーバーにいえばその人の一生が決まるといっていい」（下重 1988: 16）、等々。

だがそのこと以上に女性向け「年代本」において特徴的なのは、著作の導入部でほぼ必ず言及される、ある感情（群）である。いくつか例を挙げてみよう。

「二八歳はまさに女性にとってのターニングポイントであり、女のわかれ道――。仕事に恋愛に、お金、転職、結婚、美容、健康など、ライフスタイルもそろそろリアルな選択を迫られる時期ですね。そして二八歳のほとんどの女性が、漠然とした不安を抱え、焦りを感じているといいます。〝今がいちばん楽しい時〟だけではないようです」（角川 2007: 1）

「『仕事にやりがいは感じているけど、ずっとこのままでいいのかしら』『今までは年齢なんて意識したことはなかったけど、最近気になってきて……』『仕事も恋愛も楽しんできたけれど、気がつけばひとり』うまくいっているときはいいのですが、何かうまくいかないことがあると、つい消極的になったり、またはそんな自分を認めることができずに、必要以上に頑張りすぎてしまったり……。『これから先の人生を、どんなふうに生きていけばいいのか』ふとそのようなことを考え、不安や焦りを覚える人は多いようです」（浅野裕子 2011: 1–2）

「三〇代は不安の芽生えだす季節でもある。自分の〝場〟が見つからないままに日々が過ぎていく。（中略）家庭でのお父さんという役割り以外にも夫には外に仕事があり、子供にも学校という場があるのに、主婦には家庭という場しかないと思うと、自分自身の生き方に自信がもてなくなってくる。奥さん、お母さんという立場から外れた時に『自分は何なのかしら……』と」[3]（下重 1986: 24）

不安、焦り、そのなかでの迷い。どの時期に刊行されたどの年代向けの著作であっても、女性向け「年代本」の出発点はこのような感情にある。概して一九八〇年代までの著作であれば、妻や母という役割と自意識との葛藤のなかで、それ以降の著作であれば、ライフコースの選択肢との葛藤のなかで、皆が不安や焦りを抱えているのだという状況認識から各著作は書き出されている。男性向け「年代本」では、仕事における卓越に向けて読者は常に煽られていたといえるが、女性向け「年代本」では、こうした不安や焦りを鎮めるという志向がその基調となっているのである。

では、こうした感情はどのように鎮められるのだろうか。その対処法は、著作の主題や刊行年代、著者の職業や性別にまったくかかわらず、著作間で驚くべき一貫性をもって示されている。そこで以下では、前章のように二〇代・三〇代・四〇代と節をわけて記述していくのではなく、女性向け「年代本」の一貫した世界観を再構成すべく、扱われるトピックごとにその志向を記述していくことにしたい。

2 「自分らしさ」という賭金＝争点

(1) 一貫した「自分らしさ」の追求

今述べたことはいいかえれば、女性向け「年代本」には少なくとも三〇年間揺らぐことのない、確固たる賭金＝争点が存在するということでもある。その賭金＝争点は、端的に一つの言葉で示すことができる。それは「自分らしさ」である。著作の目的が直接的に「もっと自分らしく生きたい、という人に何かのヒントになればと思います」（奥谷 1987: 7）、「『いつも自分らしくある自分』をつくる」（高梨 2005: 41）、「〝自分らしさ〟をもっともっと、とことん成長させよう」（八坂 2010: 8）として示されることもあれば、その内実がより具体的に、自らの人生は自らが主役のドラマなのだから「自分の思ったとおり、自由にのびのびと生きよう」（酒井 1987: 4）、「自分軸」を立ててもっとうまく生きよう（伊東 2004: 187）、「内なる声だけに耳を澄ませて」「ほんとうの自分」と対話してみよう（下重 1986: 18）、「自分探し」を始めよう（井上 1994: 206; 横森 2006: 1）、といった物言いで示されることもある。いずれにせよ、自分らしさという表現を通して求められるのは、また女性向け「年代本」において一貫して推奨されているのは、自分自身の内面を何よりも重視しようとする感情的ハビトゥス――本章でも以下、これを「自分らしさ志向」と表現する――の習得および徹底である。そして、女性向け「年代本」は一九八〇年代から二〇一〇年代までの間でほぼ変わることなく、その習得および徹底を読者に訴え続けてきたのである。

この自分らしさという賭金＝争点の獲得によって、上述したような不安や焦りは解消できるというのが女性向け「年代本」の基本的スタンスである。たとえば「もし、あなたが自分の未来に漠然とした不安を抱えているなら、原因をまわりに求めるのではなく、自分自身と徹底的に向き合ってみることです」（浅野 2003: 18）というようにである。

自分自身の内面を何よりも重視するにあたっては、次の二つの下位的な感情的ハビトゥスの習得が前提条件となる。第一は、「自分のことは、誰よりも自分自身が認めてあげなければ！（中略）ありのままの自分を受け入れ、好きになることでしか、私たちは幸せになることはできないのです」（小倉・神宮寺 2004: 168）ともあるような、自分を認め、好きになることである。今おかれている自分の現状、あるいは性格、容姿について、他人はどうあれまず自分自身でそれを認めること。嫌いなところがあったとしてもそれを「チャームポイント」や「個性」として捉えること。他人を妬む心があるとすれば、それを自らの積極的な欲望として解釈し、今後自らが実現する夢へと捉えなおしていくこと。このようにして自らと「ありのまま」に向かい、それをすべて自らの肯定的な解釈のもとに受け入れることが、自分自身の内面にしたがって生きていくことの下準備となる。これが女性向け「年代本」における自分らしさの正統的な獲得に向けた第一歩である。

第二は、「自分以外」の事項についてどう考えるかについての感情的ハビトゥスである。いくつか引用してみよう。

「自分の人生のすべての責任は自分にある。人のせいにしない生き方は、潔く美しい。潔い女は、文句なくかっこいいのだ」(吉元 2005: 55)

「誰もあなたに強制はしていない。あなたが誰とつきあうか、何を選んで何をやめるか　すべて自分の意志で決めていること。『選択』それこそが『自分らしさ』ではありませんか」(青山 2012: 115)

「自分の人生ですから、自分で責任をとりましょう。彼のいない人生を選んでいるのも、ダメ男を選んでいるのも、モテるのもモテないのも、すべてはあなたの責任。したがって、自分が望むとおりの愛情と信頼に満たされた恋愛だって、本当は選べるのです」(小倉・神宮寺 2004: 22)

嫌いなところも欠点も自分らしさとして引き受けるという考えは、当然、これまでの自分の人生に起こったこと(および今後起こること)を、それが望ましいものであるか否かにかかわらず、自分自身で引き受けることを要請する。仕事、人間関係、恋愛、結婚(あるいは未婚、離婚)まで、あらゆる人生の出来事は、自分自身の選択の問題だったのだとされ、自分以外に原因を求めることは積極的に否定される。そもそも何が正しい選択肢だったのかを確認する方法などないのだから、「とにかく自分を信じるしかない」（高梨 2005: 166）のだ、と。

こうして、すべては「その人がいま自分の生きている状況を『どう思うか』」（横森 2006: 2）という問題に縮減されることになる。「つまらなく生きることも、楽しく生きることも。自分が置かれている条件にかかわらず、心のもち方しだいで変えることができる」（松原 2000: 3）のだとして、自分自身の内面のみに専心する境地へと読者は誘われるのである。

さて、こうした感情的ハビトゥスを我が物とすれば、あとは自分自身の内面に専心して日々を過ごしていけばよいということになる。残される作業は、ただ自分自身を変えることで世界が変わるという「ひとり革命」（八坂 2010: 25）への終わりなき従事である。

（2）自分らしさを求める理由

ところで、なぜ自分らしさがこれほどまでに重視されるのだろうか。女性向け「年代本」で繰り返し示される二項対立図式から、その「理由」を汲み取ることができるように思われる。いくつかみてみよう。

「母や妻といった役割り《ママ》でもない、自分という人間がどう生きていくのか」（下重 1988: 26）

「なぜ、三〇歳すぎたらできないのでしょうか。なぜ、家族があるとできないのでしょうか。なぜ、自分の

したいことに世間体などを気にするのでしょうか」（井上 1994: 219）
「『女の道は一本道』じゃない。方向転換も、脱線もあり。（中略）だれからも決められていない道を、おもしろがって歩いていきましょうよ」（有川 2010: 211）

母や妻としての役割に収まるのではなく、世間の目を気にするのではなく、より敷衍すれば自分以外が敷いたレールに乗って生きるのではなく、自分自身で人生行路をすべて決めていくことが女性向け「年代本」では称揚されている。「こうあらねば」「こうあるべき」「誰かのために」「子どものために」「夫のために」「みんながするから、私も……」といった他者を優先する発想はやめよう、「いい人・優等生」になることもやめよう、成り行きに任せてなんとなく生きていくのもやめよう、等々。さまざまな物言いを通して、他者や世間ではなく自分自身が心から望む人生をこれからは送っていこうと促されている。それこそが「本当の人生」（下重 1988）なのだから、と。

自分らしい人生の対立項としてしばしば言及されるのが「おばさん」である。「安逸をむさぼっていると、たちまちだらけた豚のおばさんになってしまい、見るも無残にふけこんでしまう」（酒井 1987: 38）、「『このまま、私、オバさんになっていくのかな?』という漠然とした不安を感じるようになっていきました」（角南 2009: 20）等、他者から与えられた人生のレールに無自覚に流された結果のネガティブな表象として「おばさん」なるものは対置され、差異化・卓越化の対象となっている。(4)「所帯じみている」「生活臭がつく」という言葉もまた同様に、主体的な生き方と対置されて退けられている（下重 1987: 210）。整理すれば、自覚なき日常生活への埋没が批判され、そこからの離脱、いわば「自分らしさへの脱出」が企図されているのである。

ただ、この自分らしさへの脱出を企図する文脈は、一九九〇年代中盤を境として異なっているようにみえる。九〇年代前半までであれば、「時代は、私たちの上をおおっている雲か、もともと私たちを取り巻いている空気ではなく、あなたの吐く息が上空に立ち昇ってつくられていくものだし、あなたの吐く息は、時代を染め上げていく一つの色になるのだから」（小室 1991: 212）という言及に端的に表われているような、「女の時代」（奥谷 1987: 7）を自分たちの世代が新たに作っていくのだとする気概とともに示されていた。つまり、母親や妻として（のみ）の人生から、強い意志をもって自分らしさへと離脱するという態度が、この時期の自分らしさ志向が位置する文脈であった。実際、この時期の著者たちは、自らが開拓者となって女性たちの「道なき道」を切り開いた人物でもあった。

だが一九九〇年代半ばになると、そうした開拓者たち自身が「女性の社会進出という時代の流れ」（塩月 1995: 15）を過去のものとして突き放すような言及がみられるようになる。すると、「結婚か仕事か、仕事を続けるにしても本当にこの仕事でいいのか、違う別の生き方もあるのかもしれないなどいろいろと迷いが生じる」「自分で勝手に線を引いてあきらめてしまうことほどもったいないことはありません。それよりも自分のエネルギーをいかに高めることができるかに、集中しましょう。自分の可能性は、自分で信じた分だけ与えられるのですから」（島村 2013: 22-23）とあるような、以前よりも開かれた人生の選択肢に対して、自分自身の基準を打ち立てて選び取っていくべしという文脈において自分らしさ志向が主張されるようになる。強い意志を持って桎梏から脱出しようという文脈から、無数の選択肢のなかで戸惑う人々を勇気づけようという文脈へ、自分らしさ志向の所在が変容しているようにみえるのである。

いずれにせよ興味深いのは、男性向け「年代本」の基本的志向が、正社員として組織内での卓越を目指す「ヘゲモニックな男性性」への積極的埋没へと向いているのに対し、女性向け「年代本」では、妻として、母としてといった、従来的な女性のライフコースからの積極的離脱へと向いている点である。タイトルだけをみると同じジャンルに括れそうな書籍群ではあるが、その志向はほぼ真逆なのである。

とはいえ、共通する志向もある。ここで本章冒頭の言及に立ち返るならば、女性をあくまでも男性の伴走者とみて特段の配慮を示さない男性向け「年代本」に対して、女性向け「年代本」でもまた、今みてきたように人生のパートナーとしての男性——母親や妻としての人生を直接、間接的に要請してくる他者の一角——の存在は積極的に遠ざけられており、まず自分自身の展望を優先させようとする点では性別による違いはないように思われるのである。

また、第一章で棚上げにした論点についてもここで引き取っておくと、中年女性において、正規雇用、非正規雇用、専業主婦といったカテゴリー間で自己啓発書購読経験率が大きく異ならない理由は、ここまで述べてきたような、どのような状況にあろうとも、自分自身の考え方こそが重要だとする女性向け啓発書（女性向け「年代本」とその論理が通底すると仮定して）の主張が、読者を選ばない訴えかけをしていることに由来しているのではないかと考えられる。

（3）自分らしさにもとづく差異化

既にここまでの分析からその片鱗を窺うことができるが、自分らしさ志向についての主張は、自らの内面をよく理解し、それに従って人生を過ごせているか、望ましい感情的ハビトゥスが習得できているかによって、人々を切り分ける主張を伴うことになる。

「自分との対話のできる人は少ない。たいていの人は毎日起こるさまざまなことに目をうばわれ、自己と対峙することなく生きている」（下重 1987: 195）

「黄金期の輝きは、誰にでもみんなに等しく訪れます。ただ、それに気づく人と気づかない人はあるのかもしれません。あなたは、どちらですか？（中略）たとえ気づいていないにしても、黄金期の輝きは確実にあなたのなかに隠れています。もし、気づかなかったら、ぜひ、探してみてください」（金盛 2011: 155-156）

「自分というものをしっかり把握し、どの方向に向かっていくかをしっかり決めているか、それともものほほんと何も考えていなかったかの差は、それからの人生のあり方に大きな影響をおよぼすでしょう」（鴨下 1990: 12）

「三〇歳から伸びていく女性は、自分で人生を選んでいける人。三〇歳で止まる女性は、人の選択を受け入れなければならない人」（有川 2010: 135）

自分自身をよく知り、自分らしさを我が物としている人は少ないとして、希少資源としての自分らしさをめぐる差異化・卓越化の区分線が人々の間に引かれる。しかしその萌芽は自らの探求によって必ず発見できるとされる。そして、もし自分らしさを発見することができたのならば、その後の人生において大きな差がつくとして、再度区分線が未来に向けて引かれる。男性向け「年代本」における人々を分かつ区分線は、「仕事における卓越」と「凡庸」との間に引かれていたが、女性向け「年代本」におけるその区分線は、「自分らしく生きているか否か」に引かれているといえる。

自分らしさは希少なものだが、実は誰にでも獲得することができるとするゲームに魅入られたならば、あとはハウ・トゥの領域になる。既に述べたような、ありのままの自分自身を認め、人生で起こる出来事はすべて自らの責任によるものだと自覚することをはじめ、不満を口にしないこと、他人と自分を比べないこと、結果のことを考えずに今の自分の気持ちをまず大事にすること、自分で自分の可能性を閉ざすような考えをしないこと、子どもを育てるように自分自身を可愛がること、等々。これらの感情的ハビトゥスの習得もまた、それ自体が目指されるべき賭金＝争点になるとともに、人々を分かつ差異化・卓越化の基準となっている。

さて、みてきたとおり、女性向け「年代本」は、自分らしさの獲得（法）をその賭金＝争点とする点において強い一貫性をもっている。ここまでの議論は、改めて整理する必要がないほどに単純である。だがおそらく重要なのは、こうした論理を整理すること自体ではなく、それらが具体的に、日常生活のどのような事項に、どのように適用されるかというその様態であるだろう。次節ではその様態について記述していくことにしよう。

3　自分らしさ志向の際限なき適用

(1) 仕事と自分らしさ

自分らしさ志向の適用例について論じる前に、前章と同様、女性向け「年代本」の構成要素を概観しておこう（図表3-2）。最も多くの著作で扱われているトピックは男性向け「年代本」と同様に仕事なのだが、女性向け「年代本」ではそれに偏って紙幅がとられているのではなく、仕事に限らない対人関係・マナー、恋愛、結婚、結婚後の生活（家事・育児・夫婦関係・親戚づきあい等）、余暇・趣味（料理・暮らし一般を含む）、ファッション、美容（メイク含む）・健康といったテーマがそれぞれ四割以上の掲載率となっている。というより、こうしたトピックを並列的に網羅するのが、女性向け「年代本」の基本的な構成、いわば王道的な構成だといえる。

対象年代ごとに傾向をみていくと、恋愛は二〇代と三〇代で、結婚は二〇代で頻繁に扱われる一方、四〇代では大きく掲載率が低下していることがわかる。その代わりに四〇代では、結婚後の家庭生活に議論の重心が移っていく。また、仕事についての議論は四〇代でやや減少するが、一方で四〇代論では美容・健康（主に更年期や老いをめぐる問題）が扱われる確率が九割近くにまで達している。

また、表には掲載していないが、刊行年代ごとの傾向をみていくと、一九八〇年代においては恋愛を扱った著作が二五・〇％だったのが、九〇年代では四四・四％、二〇〇〇年代以降は五四・八％と上昇の一途をたどっている。一方、八〇年代においては結婚後の家庭生活を扱った著作が八七・五％

図表 3-2　女性向け「年代本」の構成要素

	仕事	対人関係・マナー	恋愛	結婚	結婚後の生活	余暇・趣味（料理・暮らし）	ファッション	美容・健康
20 代論	18	16	14	17	6	9	9	10
n＝23	78.3%	69.6%	60.9%	73.9%	26.1%	39.1%	39.1%	43.5%
30 代論	17	11	11	9	6	10	9	12
n＝19	89.5%	57.9%	57.9%	47.4%	31.6%	52.6%	47.4%	63.2%
40 代論	10	15	4	2	12	8	9	15
n＝17	58.8%	88.2%	23.5%	11.8%	70.6%	47.1%	52.9%	88.2%
全体	46	42	30	29	24	27	27	37
n＝59	78.0%	71.2%	50.8%	49.2%	40.7%	45.8%	45.8%	62.7%

あったのが、九〇年代は五五・六％、〇〇年代以降は二八・六％と減少を続けている。サンプル数は少ないが、こうした変化には恋愛および結婚についての時々の価値観が反映されているようにもみえる。

さて、以下ではこうした構成要素の主なものをとりあげ、自分らしさ志向が応用される様態についてみていくことにしよう。まず、男性向け「年代本」のメインテーマだった仕事についてみると、自分らしさ志向の発現は端的には次のように示されている。

「さあ、心を静めて、自分に語りかけましょう。『あなたの好きなことは何ですか』と。あれこれ考えないで、素直に好きなことを思い浮かべよう。そして、出てきたら、実行しよう。二〇代、それは、自分の好きなことに邁進するとき。好きなことを仕事にすることをあきらめないでね」（松原 2002: 107）

「大好きなことは、人間いくらでも楽しめます。そしてまた、楽しめることを仕事にしなければ、それはつらいものになります。ただお金を稼ぐためだけに、好きでもないことをするというのは、自分に対して不貞を働いているのと同じです。（中略）

だから『大好きなことを見つけて、それを仕事にする』のが、正しい生き方なんです」（横森 2006: 25）

「自分が『面白い』『やりたい』と思うことをひたすらやり続けてきた結果、振り返ってみたら成功していた、というのが本当のキャリア・アップだと思うのです。（中略）まさに、『好きこそものの上手なれ』です。キャリア・アップの方法を頭の中で考えているよりも、自分が面白い、楽しいと思う感覚を信じて、ひたすら目の前にある仕事をやり続けましょう」（島村 2013: 34）

好きなことを仕事にしよう、あるいは目の前の仕事のなかに「面白い」「やりたい」「好き」と思える感情的な手がかりをみつけよう——。程度の強弱はあれ、女性向け「年代本」の仕事論は、基本的にはこのような主張が繰り返される場となっている。自分自身がこう生きたいという観点から仕事を選ぼう、どのような労働環境でもつねに自分の気持ちと相談しながら自分らしく働こう、将来のキャリアも「こうあるべき」という現実的な観点からではなく「こうありたい」という自分の気持ちを優先しよう、自分自身が成長したかどうかという観点から自らのキャリアを積み上げていこう、というように。自分自身の内面を何よりも重視する態度を仕事についても貫こうというのである。

このような考え方は、「主婦という仕事の中に、自分の〝存在意義〟を見出しているかどうか」が「輝いている主婦」と「輝けない主婦」を分ける区分線だとする言及にあるように、専業主婦についても同様に適用される（高梨 2005: 108）。また、好きなことを仕事にできなかった場合でも、仕事は自己実現のためではなく生活のために行うのだと割り切らせたうえで、副業や趣味の領域で「面白い」「やりたい」「好き」をみつけていこうという方向転換が促される。働いていようがいまいが、好

きなことを仕事にしていようがいまいが、自分自身の内面を重視したライフワークをみつけようというわけである。(5)

だがこのような内面を重視した仕事への態度は、その一方で実際の労働環境の複雑性を過度に平板化させてしまうことになる。そもそも本章における対象資料のうち、今日の労働環境それ自体について、一ページ以上——つまり、紋切型の説明以上——の言及がみられる著作はたった三冊に過ぎない。その一方で、仕事における成功や、好きなことの実現についての可能性が、まさに自分次第で可能になるとする、およそ実情とはそぐわないようにみえる楽観論が語られるのである。

「たとえ、簡単な事務の仕事でも、確実に仕事をマスターしていけば、その会社だけでなく、業界でも、あなたの存在は、やがて貴重なものになると思う」(小室 1991: 90)

「あなたの好きなことは何ですか。洋服？ だったらオリジナルの服をつくってコンクールに応募しよう。歌が好きなら、個人レッスンを受けてクラブ歌手になろう。紅白に出るだけが歌手じゃないわ。アマチュア歌手でも、いいバイトになるわよ。昼は会社員。夜は歌手。週末はお花の先生。なんてどうかしら」(松原 2002: 91)

「まずは自分、そして家族に負担がかからない範囲で、パートやアルバイトを始めてみてはいかがでしょうか。もしかしたら、そこから新たな才能が花開いたり、正社員への道が開けていくかもしれません」(浅野裕子 2011: 82)

「『この給料でやっていく』は結局、自分にリミットを強いる考え方にも通じる。そうではなくて、『この生活をしたいから、これだけ稼ぐ』という意識を持ったら、自分の可能性を、いくらでも引き出せるものな

のである。自分の給料の額は、自分で決められるのだ」（和久井 2008: 123）

もちろん、女性向け「年代本」の出発点となる不安や迷いという感情から離脱するために、あえてこうした楽観的な啓発がなされているとみることもできる。というより、女性の就業についての客観的状況を考慮するような著作は、自己啓発書然とはしないタイトルで、啓発書ではない書棚に並べられることになるのだろう。だがいずれにせよこうした楽観性は、不安や迷いからの離脱と引き換えに、自分らしさを仕事（副業含む）において実現する可能性の算定から目を背けさせてしまう危険性を孕んでいるようにもみえる。

（2）恋愛・結婚と自分らしさ

仕事論を基本線とする男性向け「年代本」ではあまり多くとりあげられない一方で、女性向け「年代本」において特に重要なトピックとなっているのが恋愛・結婚である。ではこれらの議論においてはどのような主張が、と問いかけるまでもなく、恋愛や結婚もまた自分らしさ志向のもとに語られている。ここでは主に恋愛論についてみていこう。

「恋愛は誰のためにするか、それはまず〝自分自身〟です。重要なのは『自分がどうありたいか』が、しっかりしていること。人に恋愛経験を自慢するためでも、彼氏自慢をするためでもありません」（高梨 2005: 82-83）

「恋においては、賢くなんか振舞わなくていい。自分に正直になってほしい。それが自分を見つめるということ。恋は自分の内部を見つめる最高のチャンスなのだ。（中略）時にはどろどろと自分の気持と顔つき合わせたり、日常からは考えられないほど冷静さを欠いたり、狂気にとらわれたり、それもこれも自分自身なのだ。恋人を鏡にすることによって正直な自分自身が見えてくる」（下重 1987: 34）

「恋愛感情というのは、女性を磨き上げる究極のエッセンスです。恋をすると目が輝き、肌もツヤめき出して、幸せのオーラに包まれます。自分を磨くことが楽しくなり、同じようにくり返す日々さえもバラ色に見えてくる。そんな不思議な力を持っています」（浅野裕子 2011: 186）

自分自身のために恋愛をしよう。恋愛は自らをみつめることにつながり、そのプロセスにおいて自分を磨くことができるのだ。逆にもし恋愛をしないのならば、それは「トランクに何も詰めないで人生の旅に出るようなものである」（松原 2002: 51）、「恋をしなければ、愛されたいという切実感も、愛を得た歓喜も、すべてのことを許せるような寛容の精神も、知りたいと思う意欲もこの世のむなしさも、何もかもわからずじまい」（酒井 1987: 42）となってしまうのだ――。こうして恋愛は、女性の人生やアイデンティティに深く結びついたものとして語られ、読者は恋愛へと否応なく駆り立てられることになる。

このような恋愛観からすると、自分をみつめられない、あるいは自分を成長させることのできない恋愛は「正しい」恋愛ではないとみなされることになる。たとえば「恋愛には、〝自分を豊かにする恋愛〟と〝自分を貧しくする恋愛〟があります。前者の恋愛をしている人は、たとえ彼がそばにいなくても、毎日を自分らしくイキイキ過ごせる人。だからこそ、彼と一緒のときは楽しさも倍増します。

これぞまさしく、私たちが目ざすべきホンモノの恋愛」（小倉・神宮寺 2004: 14）ともあるように。恋愛のあり方をめぐって人々の間に区分線を引こうとするまなざしは、男性向け「年代本」にはほぼみることのできないものだった。

自分自身をみつめ、成長させるプロセスとして恋愛を捉え、その実現の程度によって人々を切り分けようとするまなざしは、恋愛のプロセスあるいは各場面にも適用される。自分のことを弄ぶような男性ばかりに出会うとしたら、それは自己評価の低さによるものなのだ。別れを乗り越えられるか否かは、自分自身を十分に癒し、相手に感謝できるかどうかにある。どんな失恋であろうともそこから恩恵を汲み取り自分自身の糧にできるかどうかが重要だ。倦怠期は自分自身が成長することで防止できる。セックスは自分を豊かにするかどうかという観点から考えよう。恋愛が成就しないのであれば自分自身について反省し、それを受容し、自己改革しよう。そもそもいつでも人を好きになれる心の準備ができているだろうか、等々。恋愛もまた、自己受容と自己責任という感情的ハビトゥスが貫かれる対象になっているといえる。

結婚についてはどうだろうか。母親や妻に収まらない人生を、という結婚後の展望については既に紹介しているので、ここでは結婚そのものについての言及をみていこう。これについても基本的論理は同様である。つまり、「結婚が逃げ道」（下重 1987: 75）、あるいは「結婚で一発逆転」（角南 2009: 132）として受動的に考えるのではなく、「私が私を幸せにしてあげる」（伊東 2004: 44）、あるいは「自分が彼を幸せにする」（浅野 2003: 147）として結婚を自らが主体的に関わる問題として考えるべきだとされる。「結婚した女が勝ち組とか、結婚していない女は負け組とか」、他人と比較するのではなく、自分自身のタイミングで、「自分なりのマイ・ラブ・ストーリー」を育んでいくこと（小倉・神宮寺 2004: 129, 139）。女性向け「年代本」全体を貫くスタンス、つまり他者や世間ではなく自分自身が心から望むことをしようとするスタンスがここでも貫かれていることがわかる。

ただ、「本当に自分が結婚を望んでいるかどうか」（吉元 2005: 131）とまで進んで、結婚という事項を掘り下げて捉える著作は少数派である。つまりそもそも結婚はするべきなのか否かという点については、必ずしなければならないとまでは語られないものの、基本的には「まだまだチャンスはいくらでもやってくる」（高梨 2005: 101）という焚きつけの方向に多くの著作が向いているのである。そしてこの焚きつけはときに、女性向け「年代本」の内部にある大きな陥穽を生むことになるのだが、この点については次節で扱うこととしたい。

（3）美と自分らしさ

もう一つ、女性向け「年代本」に固有といえるトピックが、美しさ、ファッション、老いといった、外見に関するものである。特に多くの著作で言及されるのが、美というトピックである。女性向け「年代本」における美についての議論はまず、以下のような、読者をすべからく美という賭金＝争点をめぐるゲームへ誘うことから始まる。

「あなたが女性で、『キレイになりたい』『美人と言われたい』という欲望を持っていないとしたら。はっきりいいましょう、あなたは幸せをほとんど捨てている人です、と。では美に対して、『その気がないわけではないけれど、ま、キレイな方がいいけどお……』くらいの漠然とした願望だとしたら。そのような人は、私には幸せを半分くらいはないがしろにしているように思えてならないのです。女性として生まれたからには、キレイになることは使命だとさえ思っています」(三浦 2004: 8)

「美しさに関してはかなりの誤解が蔓延していることも事実。その元凶ともいえるのが、『キレイを左右しているのは生まれつきの美醜』だという思い込みです。(中略) おそらく、そうした超絶美人の比率は一%(いや、もっと少ないかも)。逆に、この顔では人生どうにもならないという超アグリーもせいぜい一%(憶測ですけどね)。そのほかの九八%は、美人とブスのはざまにいます。いわば『ちょいブス』。でも少し手をぬけば美人とブスのグラデーションは、たちまちブス色濃厚に染まっていくのです」(2004: 9–11)

「普通の顔立ちの貯金通帳をもらった私たち(勝手に決めてゴメン)は、じっくり美人度を増していくことである。まあ、先の彼女と違ってちゃんと努力する『もともと美人』もいるから、長期戦を覚悟して、美おばーちゃまのところまで決着がつかないかも、なんていうのも悪くない」(中山 1997: 40)

「『美しくなりたい』という気持ちを失わず、努力をすれば、人はどんどんきれいになっていくことができます。誰でも、自分を磨くことさえ忘れなければ、本当に美しい人になることができるのです」(宇佐美 2005: 31)

女性は美しさを追わねばならないが、その美しさとは生まれもった美醜の問題ではなく、女性すべての自分自身の努力にかかった、終わりなき探求課題なのだ、だから皆美しくなるための努力をしよう——。このようにして、読者を美の探求という終わりなきゲームへと誘うところから美をめぐる議論は始まる。すると当然、美とは以下のように定義されることになる。

「本当に美しくなるということは、年を重ねるごとに起こる変化も受け入れた上で、自分の個性を磨いていくということ。そうした個性があなたの最大の魅力となり、人を惹きつけていくのです」（浅野裕子 2011: 135）

「私は、美人の三原則とは『顔』『スタイル』『若さ』ではなく、『フェロモン』『センス』『知性』だと思っています。前者はいずれ衰えるもの、後者は成熟によって磨かれるものです」（三浦 2004: 11）

「ある程度、人生のキャリアを重ねてきた人には、そのキャリアからにじみ出てくる『美しさ』があります。この美しさは『もって生まれた』ものとはまったくちがうものなのです。三〇歳になってからの勝負は、（中略）どのようなオーラを発散できるかなのです」（宇佐美 2005: 20）

美しくなるということは外見のみを気にすることではなく、自分自身の個性や「オーラ」を磨いていくかどうかにある、つまり生き方の問題なのだとして、美の定義が拡張されるのである。こうなれば、あとはここまでの議論で述べたとおりである。自分をよくみつめて自分の個性を発見しよう、一見して欠点だと思えても自分自身の容姿を個性としてすべて受け入れよう、そうした個性をもとに自分らしい美しさを磨いていこう、磨き上げの方法を探すのも自分次第である、だからこそ美しさとは自己管理の証明なのだ——[6]。自分自身の発見と成長、自己責任といった自分らしさ志向の原理がここでも適用されるのである。

ファッションやメイクについてもやはり同様の原理が適用される。流行やブランドに流されるのではなく、自分自身と向き合い、その個性や好みをよく認識したうえで、自分自身の個性に合った服を身につけよう、自分に合ったメイクを選ぼう、まさにそのなかで自分らしさが育っていくのだから、というように。四〇代論で特にみられる「老い」についての言及も、若さとは年齢ではなく生き方の問題なのだ、心のあり方こそが「本当の若々しさ」（浅野裕子 2011: 131）なのだとして、同様の論理のもとに展開されている。

さて、美しさをめぐる議論が女性向け「年代本」に固有のトピックであるということは、非常にわかりやすいかたちで、美をめぐる規範がジェンダー非対称に配分されていることを示している。渡辺恒夫（1986）や上野千鶴子（2009: 17–20）が述べたように、女性の「美への疎外」と男性の「美からの疎外」が、人々の願望を先取りして応えようとする自己啓発書においてなぞりかえされているわけである。このなぞりかえされた非対称性こそが次節の論点なのだが、あと少しだけ、自分らしさ志向の適用例についてみていこう。

(4) 自分らしさ志向の際限なき適用

さて、本節の知見が繰り返しばかりで退屈だと感じる人もいるかもしれない。だがいずれにせよ、人生全体への展望から、仕事、恋愛、結婚、美しさ、ファッション、メイク、老いといった事項まで、驚くべき一貫性をもって、自分自身の内面を何よりも重視する感情的ハビトゥスとしての自分らしさ志向が貫かれていることは確認できただろう。最後に、このような志向は今述べたような女性向け「年代本」の重要トピックに限らず、あらゆる対象に適用されているということをみておきたい。

端的な例として、ここではダイエットカウンセラー・伊達友美による『30歳から食べ方変えて結婚できる方法』（2012）における、食についての事例をとりあげてみよう。まず伊達はこう述べる。

「『恋愛や婚活がうまくいかない』と嘆く人は、どうすればうまくいくのでしょう？　私の意見としてはとてもシンプルに、みんな〝食べ方がちょっとヘタ〟なだけ。それだけなんです。幸せになりたいなら、今までより〝ちょっと上手に食べられる〟ようになりさえすればいいんです」（2012: 3）

なぜ、食べ方（伊達が述べるところの「食べ方」とは、主に「何を食べるか」という意味で使われている）が恋愛や結婚につながるのだろうか。伊達はこう説明する。女性のなかには食事をダイエットや健康のためにと考える人が多いが、それは「好きでもないもの」（2012: 21）で体を作っていることになる。だとすれば、好きではないもので作り上げられた「自分のことを好きになれなくて、当たり前でしょう」、と（2012: 22）。そしてこうも述べる。

「自分のことを好きでもない人が、人のことを好きになるのは、順番が間違っているような気がしませんか？（中略。自分のことが好きでないなら：引用者注）彼があなたのことを好きだと言っても、『私のことが好き？　は？　どこが!?』ということになるでしょう。（中略）じゃあどうしたら、自分のことを好きになれるの？　どうすれば今の自分をありのまま認めて、自信をもつことができるのでしょう。そのためにはまず、〝食べものを変えること〟なんです」（2012: 18–19）

「ちゃんと好きなものを食べること」（2012: 24）、それは好きなもので自分を作り上げることにつながり、結果として自分を認め受け入れることにつながるのだ、そしてそれが前向きに生きることにつながるのだ、というのである。そのため同書では、「好きな食べものを探る」(2012: 87) ことが促される。あるいは、「人生最後の食事には、何が食べたい?」(2012: 96) と考えてみることも促される。このとき、「食べたいものがすぐに思い浮かぶということは、五感がきちんと働いている」(2012: 97) 証拠だと称揚されるが、それに対して、好きな食べものが思い浮かばないことや、「なんとなく」で選んでしまうと、「食べるものなのに、あなたの体をつくるものなのに、意識がなさすぎませんか!?」(2012: 91) として叱責を受けることになる。

重要なのはここからの「拡張」である。伊達は、この「なんとなく」食べるものを選ぼうとする感性は、人生全般の選択に通底すると述べる。「いつもいつもそうやって選んでいると、洋服も、バッグも、家具も、つき合う男性も『なんとなく』で選んでしまうかもしれません」(2012: 91) というのである。これが伊達の主張の核心である。つまり、好きな食べもので自分を作り上げて自分を好きになり、また好きな食べものという選好が明確になった状態で「改めて彼氏や結婚相手を探せば、以前よりもずっと、好みの合う相手を探しやすくなるでしょう」(2012: 35-36)、さらに実際にその恋愛は成就しやすくなるのだ、と。

ある対象を「好き」という感情的手がかりから切り取って、そこに自己の発見・変革・向上のきっかけが、あるいはすべてを開く鍵がみつかるとする考え方は、食に限らず、旅、映画、小説、勉強、掃除、インテリア、スポーツ、フィットネス、ガーデニング、料理、文房具、日記、アロマテラピー、ホメオパシー等々、女性向け「年代本」に登場するありとあらゆる事項に適用されている。「人、場所、食べもの、着るもの、景色、香り、聴くもの、触感など〝好き〟との出逢いをこころゆくまで愉しもう。自分だけの〝好き〟を尊重しよう」（八坂 2010: 9）という直接的な言及もある。これらすべてはいまや、それ自体を享受するのみには留まっていない。これらは自分らしさを実現する素材としても想定され、またそれらを自分らしさの獲得に向けて活用する際の注意書きで覆い尽くされている。男性向け「年代本」では、日々の仕事上の振る舞いに対して微細な差異化・卓越化の網の目が張り巡らされていたが、女性向け「年代本」では仕事を含む日常生活全般が、自分らしさという原理のもとに包摂され、また人々を分かとうとする微細な差異化・卓越化の網の目そのものになっているのである。

4 「女らしさ」からの離脱？

ところで、なぜ女性にはつねに自らの内面を重視することが求められるのだろうか。ごく単純に考えれば、男性に比して女性の方が、結婚や出産等のライフイベントによって人生が分岐する度合が強いためだとまず考えることができる。だがそもそもなぜ分岐の度合が殊更高まるのかという点も合わせ考えるために、次のようにもう少し議論を敷衍してみよう。なぜ男性にはそのような内面の重視が第一に求められることはなく、「ヘゲモニックな男性性」の獲得失敗時にそれがより強く求められるようになるのだろうか。あるいはまた、なぜ就職活動に向かう学生には、自己分析による内面の発見がまず求められるのだろうか（牧野 2012a）。

女性のそれを含む、自分自身の内面を何よりも重視しようとする感情的ハビトゥスの位置価について包括的に考えてみるならば、それは明らかに経済「界」からのアイデンティティの未配備状況、もう少し精確に述べておくと「生産関係」を（その単純な反映ではなく）一つの起因として重層的に決定された「主体位置」（Laclau and Mouffe 1985＝1992: 184-194）の相違にもとづくものだと考えないわけにはいかない。つまり、自分らしさという心理主義的アイデンティティ資源は、それを探求課題とする（される）人々がおかれている主体位置の非優位性とセットになって充当されている側面が強いと筆者は考えるのである（ただ、逆にいえばこれは「ヘゲモニックな男性性」のみが、経済「界」からのアイデンティティ備給を当て込むことのできる、ある種特異な状態なのだとみることもできるのだが）。

では、女性向け「年代本」における議論は、そのような主体位置に対してどのようなリアクションをとるメディアだと考えるべきだろうか。ここで、前章におけるコンネルの議論に接続してみよう。コンネルは「ヘゲモニックな男性性」への対応物として、男性に対する女性の「従属にともなう柔順さとの関係で定義され、男性の利益や欲望に自らをあわせる方向に向けられ」たものとしての「誇張された女性性」という概念を提示している（Connell 1987＝1993: 266）。男性向け「年代本」は基本的には「ヘゲモニックな男性性」の獲得を目指すメディアだと考えられるが、では女性向け「年代本」はこのような「誇張された女性性」という対応物を手に入れようとするメディアなのだろうか。

既にここまでの分析からもわかるとおり、単純にはこれは否である。第2節でみたように、従来的な母親役割・妻役割を否定して自分らしさへと離脱する主張から始まる女性向け「年代本」の志向は、性役割の押しつけを単純に助長するようなものではない。また、たとえば外見に関する議論において、

「男性の目をセルフチェックの鏡にする」（三浦 2004: 135）という、一見して「男性の利益や欲望に自らをあわせる」ようにみえる振る舞いが推奨されていたとしても、それは決して媚びではないとする次のような言及もみられる。

「男性から『キレイだ』と思われることを、男の欲望の対象になるようで居心地が悪い、媚びではないかと言うなら、それはまったく違うと言いたい。だって、自分を殺して無理にセクシャルなものを相手に売りつけようというわけではないんだから。この場合の〝異性の目を意識する〟とは、自分がいまフェミニンな外見やふるまいや心遣いをしているかどうかのチェック機能に利用しているだけだ」（三浦 2004: 136）

ほかにも、「キレイ」だとほめてくれる男性の存在が大切だとする一方で、男性に媚びるような女性は同性からの評価を下げることになるとする言及もみられる（宇佐美 2005: 17, 120–121）。こうした言及の意味は、米澤泉（2010）が述べる「私萌え」についての議論から解釈することができるだろう。つまり、自分のために美しくなるのだ、おしゃれをするのだ、男性の目線の取り入れは決して自らを男性に従属させる振る舞いではないのだ、「女らしく」振る舞うことは何よりも自分自身を喜ばせるためなのだという「私萌え」の感覚についての指摘である。本章での分析結果は、外見だけではなく、恋愛や結婚、子育てもまた「私萌え」という感覚にいまや貫かれていると論じる米澤の議論にまさに沿うものであり、雑誌メディア(7)における動向から導出された米澤の知見を、書籍メディアにおいて検証したものとも定位できる。このような観点からしても、女性向け「年代本」とは決して従順に「誇張された女性性」に積極的に寄り添うようなメディアではないといえる。

だがまったく無縁というわけでもないだろう。そもそも、男性向け「年代本」で扱われるトピックとの明らかな相違からもわかるように、女性向け「年代本」にはジェンダー非対称性がはっきりと残存している。特に、かつて駒尺喜美（1985: i-ii）が述べた、「日頃『女らしさ』の枠にとらわれずに自由に生きたいと考えている人でも、また性別モラルとか性別役割に疑問をもつ人でも、美意識におけるダブル・スタンダードは、わりに軽く見過ごしていることが多いのではないか」、また女性にとって美とは「強迫観念」であり「強い社会的要請であり拘束」なのではないかという指摘から、女性向け「年代本」はほとんど進んでいないようにみえる。むしろ、女性向け「年代本」、あるいは女性向け自己啓発書は、自分らしい美しさというレトリックをもって、いわば一種の快楽への誘導をもって、そのダブル・スタンダードに積極的に荷担した側面があるといえないだろうか。いやそれだけではないだろう。自分らしい仕事、自分らしい恋愛、自分らしい結婚、自分らしい暮らしといった観点から日常生活全般を再組織化しようとするまさにその瞬間に、また「私萌え」の感覚を発現するまさにその瞬間に、それは決して従順さを身にまとうものではなくとも、自分らしさ志向を第一の目的とはしないヘゲモニックな男性との非対称的な主体位置を（再）生産することになるのではないだろうか（牧野 2012a: 244-245も参照）。

また、「誇張された女性性」にあてはまるような事例もないわけではない。これは、本章の対象書籍となる五九冊中七冊にあたる、男性（うち一冊は男性と女性の共著）の手になる著作においてみられるものである。これらの著作においてはほぼ共通して、恋愛や結婚に関して、自分らしい恋愛・結婚をしようという規範的メッセージから先に進んで具体的なハウ・トゥに議論が進むとき、自分らしさ志向が「誇張された女性性」によって食い破られているような箇所が散見されるのである。ここでは作家・マーチンの『30歳すぎて、別れちゃったあなたへ』を事例にしてみていこう。同書では以下のような言及を頻繁にみることができる。

「男性は『女らしい女』が好きなのです。だから、女っぽくなりましょう！（中略）『自分のキャラじゃない』と言っても、今の自分のキャラでは友だち止まり。それはもうわかっているはずです。でしたら、キャラを変えるしか、ないじゃないですか。もっと、『女』になっていいのですよ」（マーチン 2010: 95-96）

「たとえば、あなたが、これから恋人をつくる、とした場合を考えてみてください。これからあなたが好きになる男性が、どんな女性を好きなのか、知る術はありませんよね。当たり前のことです。でしたら、

1　なるべく多くの男性にウケのよい見た目をつくること。（お化粧、ファッションなど）
2　なるべく多くの男性にウケのよい対応ができること。（話し方、受け答えの仕方など）
3　なるべく多くの男性に『いい子だなぁ』と思ってもらえること。（気づかいなど）

こういう自分をつくって異性に出会うことが大事だ、ということになるのです」（2010: 202）

「男性にウケのよい」自分へと、自分自身の思いを省みず「キャラを変える」べし、そうすることが男性心理に対して最も効果的なのだ、というわけである。ここまで端的ではなくとも、同様に男性著者が男性心理を語り、女性はそれに合わせた行動を行うべきだ、行う方が効果的だと語られるケースはままある。たとえば、「男性は、自分の夢の話をニコニコ笑って聞いてくれる女性にホッとする」のであって、そのような振る舞いができることが「いい女」なのだとする言及（中谷 2002: 108-112）。

あるいは、「しっかりしていて、情緒豊かで、守ってあげたい気分にさせ、一緒にいると心がなごむ女性が、男にとっての〝いい女〟」なのだから、こうした男性心理を理解したうえで「女性が男を操縦」できるようにしようとする言及（伊東 2004: 83）、等々。

繰り返しになるが、男性著者による女性向け「年代本」の基本線もまた、前節までにみてきたような、自分自身の内面を何よりも重視し、それを充たすべく日々を生きていこうというものである。だがその議論が、恋人をつくろう、結婚に持ち込もうといった類のハウ・トゥに踏み込むとき、自分自身の内面はどこかへ消し飛んでいるようにみえるのである。つまり男性の手になる「年代本」ではときに、「誇張された女性性」の希求が露呈しているようにみえるのである。(8)

このような傾向を単純に男性著者の欲望が露呈していると結論づけても特に意味はないだろう。むしろ、人々の願望を先取りして応えようとするのが自己啓発書であるならば、上記のような傾向は、権威ある男性に諭されて「誇張された女性性」へと積極的に埋没していく関係性こそが、一部の読者に欲されていることの証左なのだと考えるべきではないだろうか。いずれにせよ女性向け自己啓発書は、「女らしさ」からの離脱と再埋め込み、自分らしさの獲得と放棄がときに入り混じる、両義的な（活用をされる）メディアだといえるのではないだろうか。(9)

5　自分らしさ志向の系譜

(1) あらゆる人生に対応する女性向け自己啓発書

前章と同様に、本章での知見を四つの分析課題に即して整理していこう(図表3－3)。第一の課題「賭金＝争点」については、幾度も繰り返しみてきたように、自分らしさの獲得という非常に一貫した傾向がみられた。それは、自らを認め受け止め好きになり、自分を変えられるのは自分だけだと感得し、また自分の人生における出来事はすべて自分が責任をとるしかないといった感情的ハビトゥスを自ら確立していく側面と、仕事、恋愛、美容等、日常生活を構成する各場面について、それらの感情的ハビトゥスにもとづいた再編成を行っていく側面とがあると考えられた。これらは合わせていえば、自分自身の真正なる内面を発見し、発現することこそがアイデンティティの証明になるとする態度だといえるだろう。この点、つまり何をもってアイデンティティの証明とするかということについての態度は、男性向け「年代本」においてはほぼ真逆であったように思える。男性向け「年代本」においては、仕事へと意識的に没入し、そのなかで経験を重ね、自らの仕事のやり方を確立し、また成果をあげていくことがアイデンティティの証明だと考えられていた。アイデンティティの資源が自らの内にそもそも秘められているとするのか、仕事を通してアイデンティティが作りあげられるとするのか。一見して同種にみえるジャンルであっても、その想定される読者層(とその主体位置)の違いによって賭金＝争点はこのように違ってくるのである。

図表 3-3　第三章での知見の整理

分析課題	概要
賭金＝争点	自分らしさの獲得、および自分らしさの日常生活における発現
差異	自己および日常生活の主体的再解釈／日常生活への反省なき埋没
闘争	人生経験・専門性・性別を資本とする力点の棲み分け
界の形成	ジャンルの成立は近年だが、女性の生き方をめぐる言説の長い系譜の上に「年代本」はある

第二の課題「差異」について。自分らしさの獲得あるいはその日常生活における発現は、日々の自らのあり方を反省的に捉え直すところから始まっていた。そこで対置されるのは、他者からの期待や世間体といった、自らへの問い直しを妨げ、今ある日常生活への反省なき埋没を強いてくる諸力であった。埋没の象徴として描かれるのが「おばさん」であり、上述したように「所帯じみている」「生活臭がつく」ことは何よりも忌避されていた。だがこれは専業主婦といった特定の状態が忌避されているわけではない。「輝いている主婦」と「輝けない主婦」といった区分が示されていたように、どのような状況であれ、それに対して自らが主体的に意味を見出すことが何より重要だとされている。その意味で、この賭金＝争点をめぐるゲームには、男性向け「年代本」のような勝ち目のなさといった視点はありえない。その代わり、ただひたすらに、汲み尽されることのない「無限の資源」としての自分らしさの獲得へと焚きつけられ続けるのである。

第三の課題「闘争」について。女性向け「年代本」には、みてきたような自分らしさ志向がほぼ一貫して観察できるのだが、前節でみた著者性別による主張の部分的変調をはじめとして、著者属性による主張の相違・棲み分けもまたいくつか観察することができる。たとえば、ごく近年になるまでの女性向け「年代本」では、第3節でみたような仕事、恋愛、結婚、外見等のトピックを総ざらいするような著作が多くを占めていた。だが近年になって、男性向け「年代本」の主題と言える仕事術に専ら焦点を定めた著作が登場し始めている（有川 2010; 田中 2012; 門田 2012; 島村 2013など）。これらの著作では、商売を成功させたいならば「『自分が求めていること』よりも、『人が求めていること』を軸に考えたほうが、商売はうまくいく」（有川 2010: 18）という言及や、「女性は男性の一・五倍の力を出さないと認めてもらえない」のだから「人が遊んでいる間に努力」しようという言及など（島村 2013: 49,180）、他の女性向け「年代本」にはみられない、自分らしさ志向を相対化するあるいはそれに優先するような志向――こうした主張は男性向け「年代本」とあまり変わらないものになっているといえる――が時折示されている。また、著述スタイルの別様の相違としては、礼儀作法の専門家、美容の専門家、食の専門家等による、著者の専門性を手がかりに一点突破・全面展開型の議論をするというパターンもある（たとえば第3節で紹介した伊達など）。

だが女性向け「年代本」において、主張の相違に大きく影響を与えるのは、非常に単純な話だが、著者自身の人生経験であるようにみえる。たとえば三〇代後半の未婚女性および同じ状況にあった自らのエピソードを「三〇代を生きる、あなた自身に重ね合わせて読んでいただければ幸いです」とするエッセイスト・中山み登りの『女が35歳になったら読む本』（2006）。それぞれ結婚と離婚を経験した二人の著者が、覚悟を決めルールを守って楽しむならばという条件をつけたうえで「不倫もただの恋愛の一つ」（小倉・神宮寺 2004: 23）等の恋愛・結婚論を説く編集者・小倉若葉とライター・神宮寺愛による『25歳からの〝自分だけのｈａｐｐｙ〟をつかむ本』。「私自身が、食べることですごく変わった」結果、結婚することができたとする自らの経験から着想された先述の伊達友美『30歳から食べ方変えて結婚できる方法』(2010)。また、一旦家庭に入った後、このままではいけないとして仕事を始め、やがて夢を実現していったという経験談を綴るパターンは女性向け「年代本」における一つの王道ともいえる(奥谷 1987; 角南 2009; 佳川 2013など)。こうした人生経験と完全に連動しているわけではないにしても、女性向け「年代本」の主張の相違点は主に、著者の人生経験にもとづいて示されたライフイベントの選択のあり方、たとえば結婚を自明とするか否か、不倫を是とするか否かといったところに多くみられるように思われる。

女性向け「年代本」のトピックが仕事論だけではなく恋愛・結婚等をはじめとした人生全般にわたっていることを考えると、また著者の人生の物語に「化粧」を施しつつ書籍制作が進行していくことを考えると(第一章参照)、このような相違点の所在は不思議なことではないというべきだろう。だがいずれにせよ興味深いのは、本章で抽出されたたった五九冊だけをみても、どのような人生を歩む人にもほぼ対応できるように女性向け「年代本」のターゲッティングが行き届いているということである。つまり、著作ごとのターゲットはあると考えられるものの、総体としては、仕事をしていようがいまいが、結婚していようがいまいが、どのような恋愛経験をしていようがいまいが、どのような生活水準であろうが、自分らしさ志向への誘いは分け隔てなく行われているのである。

(2) 自分らしさ志向の系譜

最後に第四の課題「界の形成」について。特定の年代あるいは年齢を論じる書籍の系譜は前章で述べたとおりだが、特に女性に向けられた「年代本」となるとその系譜はより浅い。一九八〇年以前に遡ると、本章で幾度か引用しているエッセイストの下重暁子による『ゆれる24歳――私に語ったOLたち』(1977)、『女性24歳からのライフ学』(1978)、『女性24歳からのキャリア学』(1979)のほかは、作詞家・安井かずみによる『大恋愛――女、20歳からどう生きるか』(1976)、批評社編による『女・31歳』(1979)と、一九七〇年代後半における五点の著作が確認できるのみである。

だが、ここで追跡すべきは女性向け「年代本」それ自体のルーツというよりは、それらを貫いている自分らしさ志向の系譜であるだろう。しかしこの系譜を徹底的にたどることは、女性の生き方をめぐる言論それ自体の包括的な検討を必要とする、別稿を期さねばならない非常に大きな課題である。そこで以下では、自分らしさという言語資源の出所と使用法に論点を絞って考えてみたい。

自分らしさという表現の使用は、少なくとも昭和初期まで遡ることができる。たとえば、一九二八年に刊行された詩人・宮崎丈二による詩集『太陽の娘』に、「自分らしい生活」という詩が収録されている。ここでの「自分らしい」という表現の意味は非常に単純なもので、仕事や友人との語らい、日々の暮らしの楽しさを「だんだん自分らしい生活が開けて來た氣がする」(宮崎 1928: 109)とのみ綴るものだった。だが管見の限りでは戦前においてこれ以外の使用例を発見することができず、自分らしさという表現を使用する者は戦前期においてはさほど多くなかったのではないかと考えられる。

戦後、一九五〇年代から六〇年代にかけては、主に雑誌記事上で散発的に自分らしさという表現が用いられるようになる。たとえば、いい学校や有名な会社、結婚といった形式にこだわることや、メディアが作り出す流行に囚われることなく、「自分を解放して、自分の可能性を追及」することを若者に説く「自分らしい生き方を」(勅使河原 1957)、「自分らしい自分」(恩地 1966)といった小論。あるいは、自らの青春記や半生を綴った「自分らしい生き方をしたい」（今 1959）、「自分らしく平凡を生きる」（田中 1962）といったタイトルのエッセイやインタビュー。その他、画家の伝記（栗原 1956）、育児の指針（五藤 1964）といった文脈で自分らしさ（あるいはあなたらしさ、私らしさ）という表現が用いられていた。だがどのような文脈においても、まだ自分らしさ等の表現はかなり散発的にのみ用いられるものだった。

一九七〇年代になると、著作の主題あるいはキーワードに自分らしさという言葉を用いる書籍が登場し始めることになる。たとえば、七二年に刊行されたデール・カーネギーの『道は開ける』『人を動かす』の抜粋翻訳版『カーネギー人生論』（Carnegie 1970 = 1972）において、それ以前は「自分は自分であれ」（1944 = 1959: 168）と訳されていた箇所――原文では be myself/yourself と表現されている、「自己を知り、自己に徹しよう」と題された章の重要箇所――が、「自分らしく振舞う」（1970 = 1972: 5）と訳出され、以後のカーネギーの著作における定訳になっていく。

また、一九七四年には日本国内で初めて、自分らしさという言葉を書名に冠した『心の実感　自分らしく生きられる』（藤本ほか 1974）という小論集が刊行される。同書は、各界の著名人八八名が「心の英知」を記す、「生きる才覚　心の本」という六巻シリーズの第四巻として刊行されたもので、「いま全世界の人々は《近代化》の中で苦しみ抜いている。機械文明の進歩と、精神文明の歩みがアンバランスになっている」という巨視的な展望が示されたうえで、「《自分らしく》生きる、個性を発揮する」ことの重要性を論じようとする人生論集であった（藤島 1974: 4-5）。さらに七六年には、混乱に満ちた現代、不安の時代、病める時代といった状況診断を下しつつ、そのなかで「人生を自分らしく生き抜くための処方箋」（小野 1976: i）を提示しようとする産業労働研究所長・小野浩三による『生き下手生き上手――自分らしく生きるには』という著作も刊行されている。

このように、自分らしさという表現の位置価が上昇する兆しが見え始める一九七〇年代から一九八〇年代にかけて、女性向け「年代本」にみられた自分らしさ志向の諸要素が、実際に自分らしさという表現に牽引されて出揃ってくることになる。ここでは三つの観点から動向を整理していこう。

第一の観点は、女性の主体的な生き方に関してである。戦後から一九七〇年代までの女性向け人生論[10]を紐解いても、管見の限りでは自分らしさという表現の使用を発見することは、後述する一点の著作を除いてできなかった。だが、女性の解放、愛、いのち、青春、幸福といった主題を掲げることの多かった当時の女性向け人生論において、女性の生き方というトピックが論じられる際には、現代の自分らしさ志向と少なくとも表面上は類似する、主体的な生き方を説こうとする物言いが散見された。筆者は、それらの物言いに伏在する自己へのまなざしの変化のさなかにおいて、自分らしさという表現が用いられるに至る文脈が形成されたのではないかと考えている。まず、五〇年代の女性論における言及をいくつかみてみよう。

「社会的に、経済的に、女は閉め出されていた。この重い扉を開けることは、いったいだれがやってくれるのであろうか。（中略）未来の女の歴史をつくるのは、女の責任であり、新しい幸福を築くのも、女が自分の人生を生きることにある」（石垣 1957: 246）

「男性が家庭生活をもって、その上生涯の仕事をもつのと同じように、女性もそういう生き方をしたいので

ある。そうして、人生に、積極的に生きる自己をつくりあげてゆくのである」（田中 1957: 212）
「生活を、そのつど切りかえて、自分に合ったものに作りあげていく。その切りかえが、どれほど自分にとり入れられるかは、人によってちがうが、もっと、女が、自由に、勝手に生活をきりかえて、自分のものにしていく。私たちにとって、こういうことが、大事だと思う」（森 1958: 144）

これらの物言いから看取できるのは、自己の内面に分け入ろうとするまなざしの不在である。自分の人生、自己をつくりあげる、生活を自分のものにしていくといった表現こそなされているが、それらは上記引用にあるとおり、女性一般の生き方あるいは解放という問題系に結びつけて論じられており、それより進んで自らの内面を掘り下げようとする態度はみられない。これが一九七〇年代の著作になると、次のような表現が散見されるようになる。

「『自分のことは、自分で見つめる』――これからの女性は、そういう習慣をつけなければいけないのではないでしょうか。（中略）他人のせいにしたりしないで、自分で悲しみを見つめること。失恋や、他人の中傷で傷ついても、自分ひとりで癒す――その他、うれしいこと、楽しいことも、すべて自分でしょいこむクセをつけなければならないと思うのです」（安井 1976: 166）
「ありのままの女、もともと自分だった女に戻ろうじゃありませんか？　それこそがいい女で、それは、男に都合のいい女じゃない、あなた自身になることなのです」（犬養 1976: 5）
「自由で、意志的である女は、未来を選ぶ。困難ではあっても、たった一度だけの自分の人生なのだから、自分にふさわしくありたいと望むから」（小池 1978: 129–130）

自らをみつめ、ありのままの自分、あるいは理想的な自分と現在の自分との距離を推し量ろうとする態度がこの年代の物言いにはみられるのである。つまり、女性の主体的な生き方をめぐる言論において、自分自身の内面それ自体をみつめ、またそれをいついかなるときも重視しようとする感情的ハビトゥス――自分らしさ志向――がかたちをなしてきたのである。

このような文脈の変容のさなかで、一九七八年、上述の下重の『24歳からのライフ学』において、いよいよ自分らしさという表現が女性の生き方を論じる同書全体のキーワードとして採用されるに至る。恋愛、結婚、夫婦関係、仕事、人間関係、四〇代の人生等、まさにのちの「年代本」で扱われる諸トピックについて、「どんな場合でも自分を捨てずに、自分を見つめ根気よくつきあって」いくという自己受容の観点と、「自分が決めたことならどんな結果になろうと諦めもつき後悔はしない」という自己責任の観点をそれぞれ踏まえたうえで、ついに「自分らしく生きるという事は自分の判断を最後まで捨てないことなのだ」とあるように、自分自身の内面を何よりも重視しようとする態度を示すべく自分らしさという表現が用いられるに至ったのである[11]（下重 1978: 3-5）。そして下重自身がこの表現を「年代本」へとそのまま持ち込んでいくことになる。

第二の観点はファッションや化粧といった、女性の外見に関してである。この文脈における自分らしさという表現の使用（主題化）は、書籍上では「私は、化粧というものが……高度に知的に洗練された、あなた自身の心を表現する〝自分らしさ〟を主張するものであってほしいと願っています」（橋本 1984: 4）と書き出される橋本紀久子『あなたはもっと美しくなれる――〝自分らしさ〟を主張する』まで待たねばならない。だが、このような系譜はさらに雑誌メディアにおいて遡ることができる。ここでは、浅野智彦（1998）およびそれを受けた筆者（牧野 2012a）による女性誌『an・an』のレトリック分析に幾分の補足をしながら若干の遡行を試みたい。

一九七〇年の創刊以来、『an・an』におけるファッションやメイクを語る際の基本的レトリックは「変身」であった。「もうひとりの私」[1974.1.5: 22]、「あなたがなりたい、あなたになれる」[1974.4.20: 49-58]、「顔 あなたのイメージは自由に変えられる」[1974.6.20: 23-29]、「あなたの顔から『もうひとつの意外な顔』を引出す」[1980.2.11: 6-7] といった記事では、コーディネートやメイクによって「もっとちがうあたし」「新しく発見した自分」へと変身することがファッションやメイクの効用だと述べられていた。またこの際、変身を「指導」するのはスタイリストや美容家といった専門家であり、読者（モデル）はその指導に従属するのみの立場におかれていた。

一九七〇年代末から、新しいレトリックが登場し始める。それは「発見」である。たとえば「あなたは自分の色を持っていますか？」[1979.12.11: 6-39] では、「似合う色」ではなく「好きな色」を大事にすべきだ、自分のことを好きになって自分の個性や雰囲気を大事にすればその色はおのずとみえてくるはずだ、メイクも自分のいいところをうまく利用していくべきだとして、専門家主導ではなく自己反省と自己受容にもとづいたファッションとメイクのあり方が推奨されている。同様に、「八〇年代は個性の時代 あなたのよさをどう発見するか」[1980.1.1/11: 36] では、「自分に対する明確なイメージがないかぎり、個性的な着こなしなどはできない」としてファッションに関する自己反省の必要性が説かれていた。また、「自分の顔を表現するのは、なんといっても、『自己流化粧法』」[1982.11.12: 59] でも「素顔から、気分も自然な普段の〝自分の顔〟を作っていく。（中略）手順も違えば道具もメーカーも違う、それぞれの化粧法。自己流に共通法則はなし。自分をどう表わすかだけです」として、専門家主導のメイクからの脱却が説かれていた[12]。こうした記事の登場を経て、一九八三年に「『自分らしさ』に気付いたら、お洒落も楽になりました」[1983.9.30: 37-44]という記事が登場する。ファッションにおける「自分らしさ」「自分らしいスタイル」にこだわる人々へのインタビュー記事である。こうして、専門家を含めた他者によって指導されることなく、自分自身の感覚にもとづいてファッションを選択し、また楽しもうとする態度を表わす言葉として、自分らしさという表現が用いられ始めることになる[13]。

第三の観点は、日常生活全般に関してである。これについても書籍上ではその使用（主題化）を一九八五年まで待たねばならないのだが、さらなる遡行の対象として再度『an・an』を参照することにしよう。というのは、そもそも同誌の創刊において、建築家の黒川紀章が次のような祝辞を寄せており（第一の引用）、また数号を経て同誌編集部から次のようなメッセージが読者に対して届けられていたためである（第二の引用）。

「自分らしく生きることほどむずかしいことはない。自分自身のまわりの流行と事件の中から自分なりの発見をすること。頭の中で考えるのではなく、肌で感じ目で見られるものから、発見をしてゆくことなのである。『アンアン』こそ肌と目に刺激を与える雑誌になってほしい」[1970.3.20: 25]

「『アンアン』は新しいファッション・マガジンですが、昔からある洋裁学校向けの、実用服飾誌や美容専門誌ではありません。むしろますますはんらんするプレタポルテ、アクセサリー、インテリア・デコレーション、メークアップなどを、どういう風に、あなたの個性と感覚が、キャッチし、セレクトしてゆくかという〝あなたのフィーリング〟をみがくための雑誌なのです。布をまとうことだけが、おしゃれではありませんものね。脱ぐことも、またおしゃれです。リズムをとること、踊ること、話すこと、どんなものをどんな風に食べるかということ、住むこと、旅すること、みんなファッションです[14]」[1970.6.5: 21]

当初から『an・an』は自分らしさの追求を期待されて出発していたこと、また編集部の側でもそれを、ありとあらゆるものごとを素材にして実現していこうと自覚されていたことがこれらからみてとれるように思われる[15]。実際、このような企図を抱えて出発した同誌の影響の大きさはしばしば言及されるところだが（斎藤 2000: 234-235など）、ではより具体的に、同誌においてはどのようなものごとが、どのように自分らしさの実現素材としてとりあげられてきたのだろうか。

『an・an』の創刊号から既にとりあげられていたインテリアをはじめ、旅行、料理、雑貨等、さまざまな事項が同誌ではファッション情報として扱われてきた。しかしそうしたファッション情報の蓄積が進むなかで、たとえば旅行に関しては「旅行ガイドをうのみの名所めぐりは、もうやめました。（中略）この目で、この足で、長崎だけのスバラシサを見つけたい！」[「長崎　わたしの坂道をさがして…」1972.11.5: 139-146]とあるような、自分の感覚にもとづいた旅行への誘いがときに示されていた。あるいはインテリアに関して、「とにかくいっしょに暮らす相手ですから、厳しく選ぶべきです」[「anan インテリア」1974.10.20: 169-179]としてやはり自分の選好にもとづいたルームアクセサリーや雑貨の取捨選択が推奨されていた。

これらの記事には、『an・an』が一方では紹介する旅行、インテリア、雑貨等の情報に対して、もう一方にそれらから自立した個々人の選好が対置されるという構図がほの見えるわけだが、より端的にその構図が示されたのは、一九八二年の「インテリアブームの悲惨な現状　もう、これ以上家具はいらない！」［1982.1.29: 8-16］であった。同記事では、「家具や雑貨の洪水の中であえいでいる自分」や「商業主義に踊らされて、余計な家具までを買ってしまうような、人間不在のインテリア」といった、他者から与えられた数多の情報のなかで主体性を失ってしまうことが論難され、それに対してスタイリストの吉本由美が、「自分の部屋のメインカラー」を決めるなど、統一感を基調とした「シンプルなコーディネート」をなすべきだとコメントを寄せていた。

この吉本が一九八五年に著したのが『吉本由美のこだわり生活――雑貨とインテリアがんこに選んで、自分らしく暮らす』であった。同書は『an・an』の記事をかなり引き継ぐようなスタンスで著されている。つまり、インテリアや生活雑貨、暮らし方についての「多種多様な情報と物資が渦巻いている」なかで、「何かにこだわることで自分を守る」必要があるとして、著者自身の「自分らしい暮らし方がしっこく」示されるというスタンスがとられているのである（吉本 1985: 4）。同書において吉本は、家具や食器から、キッチンスポンジ、茶こし、詰め替え容器等々まで、「本当にこれを自分は好きなのだろうか」と考えるなかで、その「好き」の蓄積を通して「いつのまにかそれぞれに自分らしさが表現されて、ひとつの〝自分のスタイル〟ができあがる」のだと述べていた（1985: 48）。ここに示されているのは、まさに第3節で述べた、ある対象を「好き」という感情的手がかりから切り取って、そこに自己の発見・変革・向上の鍵を見出していくという考え方であり、まさにそのことが自分らしさとして表現されていたのである。

さて、ここまでたどってきたのは、自分らしさという表現の系譜を織りなす細い糸のいくつかにすぎない。しかしながら、人生全体への展望から、仕事、恋愛、結婚、美しさ、ファッション、メイク、さらには日常生活全般を自分らしさ志向によって貫徹する女性向け「年代本」の要素は、一九八〇年代中頃までにほぼ出揃っていたということはいえるように思われる。そして本章でみてきたように、こうした諸要素は「年代本」のうちに取り込まれ、また三〇年来ほぼ揺らぐことなく、それらのうちで保持され続けてきたのだった。

自分らしさ志向の系譜の素描を踏まえて、ここで改めて興味深く思えるのは、男性向け「年代本」も女性向け「年代本」も、この三〇年における激しい社会状況の変化にもかかわらず、その基本的主張をほぼ変えることなく発信を続けてきたということである。筆者は「はじめに」において、自己啓発書とは最大公約数的な価値観・願望・不安を取り扱うメディアだと述べたが、その最大公約数が、近年における啓発書の活況以前からほぼ変わらずに保持されてきたということは驚くべきことであるように思える。各年代や各年齢に、また日常の仕事の各場面や日常生活の些細な事項にますます濃密な意味が付与され、そこに数多の細密な技法や規範がますます新たに放り込まれるようになっていることとは対照的である。「基本」が疑われずに保持されているのか、啓発書が人々の願望に期待通りに応えようとするなかで「基本」が意識的に保持されているのか、おそらくその双方であるように思われるが、いずれにせよ「基本」が不動であるからこそ、啓発書に残された展開は細部への意味付与や、技法や規範の細密化しかない、ということなのかもしれない。

（3）論点の再設定

さて、前章と本章から明らかにしたのは、敷衍していえば、一つは自分らしさという言語資源の社会における偏在とその系譜であり、もう一つは男性向け自己啓発書と女性向け自己啓発書の基本的フォーマット（理念型）であった。後者について再度整理すれば、男性向け啓発書では仕事上の卓越が賭金＝争点とされ、また人々を分かつ区分線となっていた。一方、女性向け啓発書では、自分らしさが賭金＝争点とされ、日常生活は自分らしさとの節合の度合いによって評価されていた。そしてこうした賭金＝争点および差異化・卓越化の形式は、対象資料の収集範囲となるここ三〇年ほどの間では、基本的には揺らぐことなく保持されていた。

日常生活と自己の啓発が節合されるフォーマットを導出したところで次に考えてみたいのは、そのような節合の進展プロセスである。つまり、従来の自己啓発書においては賭金＝争点とはなっていなかった、自己啓発の素材とはなっていなかった対象が、ここ一〇年から二〇年ほどの間に自己啓発界に取り込まれ、また多くの著者がその新たな賭金＝争点の正統な獲得法をめぐるゲームに参入するようになった事例を追いかけてみたいのである。やや議論を先取りしておくと、第四章で扱う事例（手帳術）は第二章で析出した男性向け啓発書の理念型により近しい志向を有し、第五章（掃除・片づけ）で扱う事例は本章で析出した女性向け啓発書のそれにより近しい志向を有している。その意味で以下の章は、これまでの分析結果の一般化可能性を、限られた事例と側面についてではあるものの、検証しようとする試みでもある。

注

(1) 男性向け「年代本」に同一の基準を用いると二〇一〇年代の著作が多く抽出されたことを考えるならば、「年代本」の流行自体が男性による、男性向けの書籍を中心としていたともいえるだろう。

(2) 資料抽出を行ったのは二〇一三年九月二日。

(3) 同書のタイトルは『女が30代にやっておきたいこと――不安と焦りに揺れるあなたへ』であった。

(4) 後述する、美しさの探求を諦め、「女らしさ」を捨てた存在の表象としても「オバサン」なる言葉は用いられている（宇佐美 2005: 138）。

(5) これは小倉千加子（2003: 37）が述べるところの「趣味的仕事」に近しいといえるかもしれない。これに関して小倉が、新たな性別役割分業の形態だと指摘していた点には留意しておく必要があるだろう。

(6) こうした美しさについての主張自体は、自分らしさという言語資源と不可分のものではないようである。井上章一の『美人論』によれば、「みんな美人になりうる」のだから自分自身に自信をもつようにしようとされる「美人の拡散化」（1991: 105）、またたからこそ美人になるためには努力が必要であるとし、また心のあり方に美人の本質を求めようとする「美人という言葉の定義変更」（1991: 196）が一九五〇年代から六〇年代にみられることを指摘している（定義変更に関しては、一九二〇年代にまでその萌芽が追跡されている）。その意味で、自分らしさという言語資源が差し込まれる美しさ、および仕事、恋愛、結婚等をめぐる言説の布置形成こそが本来は追跡されねばならないのだろう。

(7) だが米澤の雑誌記事分析をみる限りでは、各トピックにおける「私萌え」志向の浮上は二〇〇〇年代後半と考えられているようにみえる。一方、本章における書籍メディアの分析では、必ずしもまったく斉一ではなくとも、自分らしい仕事や結婚、ひいては人生への志向は、一九八〇年代には既にみられるものだった。これは米澤と筆者のいずれが正しいのかということではなく、米澤が分析対象とする各雑誌上の言説と書籍における言説の間で「タイムラグ」が存在すること、およびこの場合は書籍メディアの方がより先行した経過をたどったことを推察させる。特に後者については次のように考えることができる。雑誌の（特集）記事の構成においては、話題の書籍から企画を案出することや、記事が扱う分野において定見をもった、かつ一定の知名度をもった人物が挙げられることがそれぞれ多くみられるという（ビジネス誌編集者へのインタビューから。実施日は二〇一二年四月一九日）。当該分野に関する書籍の刊行の有無が、その分野における定見や知名度を測る有力な基準になるだろうことを考えると、書籍メディア上での活動は概して、雑誌メディア上での活動に対してより先行するとみるのが妥当だろう。もちろん、雑誌の連載記事等が書籍化されるパターン、定見をもつことが書籍の刊行と連動しない分野（会社員、あるいは後述するファッション業界など）もありえるわけだが。

（8）ただこれは五九冊というサンプル、さらにいえばたった七冊の男性著者による著作にもとづいての指摘に過ぎない。よりサンプルを拡充していけば、異なった傾向がみられる可能性は大いにある。

（9）あるいは、「誇張された女性性」への埋没こそが自分らしさだと感得される場合があるということなのかもしれない。

（10）ここでは、一九四五年から七九年までの間に、「国立国会図書館サーチ」のカテゴリー「人生訓」内に含まれる書籍を執筆した三六名の女性著者の著作を順次あたっていくという方法をとった。そのため、他の著者（男性含む）において自分らしさという言葉が使用されている可能性は十分ありうる。だが、三六名の著作をあたってもまったく自分らしさという言葉が発見できなかったことは、当時の女性の生き方をめぐる言論において、その言葉が未だ多く流通していなかったことを類推させる。

（11）同書が刊行されたのは一九七八年だが、筆者の手元にあるのは八二年の三二刷である。同書の好調が、女性の生き方を語る文脈における、自分らしさという言葉の使用を普及させた側面もあるかもしれない。

（12）この記事に先立つ「ナチュラル・メーク派ｖｓメークアップ派　自分を生かすか、自分を変えるか」[1982.2.5: 20] では、「自分の持ち味の素顔を生かしたメーク」か、「素顔の自分とは違う、まったく別の表情をした、もう一人の自分を演出する」のか、つまり『an・an』におけるメイクの二つの立場が対置されるという、ある種メタ的な反省に立った記事が掲載されている。

(13) このような使用法は、専門家主導に対抗しうるほどの、読者側の知識・情報・スキルの蓄積（の想定）があって初めて可能になるものだろう。つまりこのような使用法は、『an・an』が読者に対してファッションについての啓発を行い続けたことの産物でもあると考えられるのである。

(14) このような言及については、斎藤美奈子（2000: 235）の「ファッション革命」についての解説も参照。

(15) このような先進性の自覚において、『an・an』と並び称される『non・no』はやや後塵を拝するようにみえる。また、『non・no』において女性の生き方やライフスタイルに関する言及がないわけではないが、『an・an』に比して、ファッション、メイク、インテリア、雑貨等についてどう考えるかということに関する言及、いわばメタ的な言及が乏しく、議論の文脈の把捉がより難しい傾向がある。いわば、『non・no』は『an・an』に比してより純粋なファッション誌だといえるように思われるのである。もちろん、逆に『an・an』こそがそのようなメタ的言及を内包した記事構成をとるという点で特異な雑誌だと考えるべきなのだが、ここで行いたいのはメタ的言及の観察を通した、自分らしさという言語資源の使用をめぐる文脈の把捉であるため、『non・no』を退け『an・an』を選択することとした。

第四章　「今ここ」の節合可能性
――手帳術本の三五年史

1　「日常」に特化したジャンルとしての手帳術

　自己を啓発しようという意識が殊更なくとも、私たちを自己啓発（書の世）界へ、あるいはその境界近くまで誘おうとする、あるアイテムがある。手帳である。手帳の最も基本的な機能として、さしあたっては日々のスケジュール管理や備忘用のメモといったものが考えられるが、もしこれらの機能をよりうまく活用したいと思うならば、そのような人々には手帳術、あるいは時間管理術やノート術、メモ術といった自己啓発書の諸ジャンルが、また同種の内容を扱う雑誌の特集記事が待ち構えている。より単純に、今より使い勝手のいい手帳がほしい、好みに合う外観の手帳がほしいと思うような場合も、「手帳の選び方ガイド」から始まり、その後に多少の手帳術が織り込まれたムック本、カタログ本が待ち構えている。もちろん、こうした思いを抱かずに手帳を使い続けることは可能だが、もし少しでも手帳やその使い方に反省が向けられるとき、自己啓発界は私たちのすぐ傍らに、気づくと忍び寄っている。その意味で手帳（術）とは、私たちにとって最も身近な自己啓発界への入り口をなしているのだと考えられる。実際、第一章で紹介した読者インタビューにおいても、最も多く「読んだことのあるジャンル」として言及されたものの一つが手帳の使い方に関する書籍（以下、これを「手帳術本」とする）であった。

身近であるというだけでなく、手帳術本は注目に値する、ある独特な性質を有するジャンルだと筆者は考える。それは実に単純な話なのだが、手帳術本の主張が具現化されるメディア――もちろん、手帳のことである――を伴っている点である。つまり手帳術本とは、ただ日常的行動を対象とするだけでなく、そのハウ・トゥが日常的に具現化される固有のメディアを有する、いってみれば「日常」に最も照準を合わせたジャンルの一つだと考えられるのである。そのような観点から本章では、手帳術本の分析を通して、日常生活に自己啓発が侵入する様態について考えてみたい。

分析の論点についてもう少しいえば、天野正子（1992: 208）は、一九七〇年代から八〇年代以降に多くの女性が、妻や母としてではなく、「自分自身の世界」を切りひらくためのツールとして手帳をもつようになっているとし、女性たちには「いまや、自分の流儀で手帳を使いこなす『哲学』」が求められるようになったと述べていたが、手帳術本とは、まさにこのような「手帳哲学」を先回りして読者に提示するものだと考えられる。手帳を使って何をしたいのか、どこにたどり着きたいのか、手帳を活用して日々にどのように向き合おうとするのか。このような手帳哲学の変遷を追うことから、日々の過ごし方そのものと自己を啓発しようとする営みがどのように節合されてきたのか、その様態の推移を捉えていきたい。

数は少ないものの、手帳に関する先行研究からもう一つ論点を析出しておこう。まず加藤秀俊（1987: 30-38）は、予定で埋められたビジネスマンの手帳を、時間を細かく分断し、頭を切り替えて多様な場を次々と渡り歩く、現代人の時間感覚の象徴として挙げていた。また天野（1992: 205-206）は、手帳が普及することによって人々の時間的展望が変化する可能性を論じていた。つまり、多くの日本人がまず手にとっていた記録媒体が、「ふりかえり」を主な志向とする日記から、「予定する」ことを主な志向とする手帳へと置き換わっていくなかで、人々の生活の重心が「過去」から「未来」へと移動し始めているのではないか、と。そして大久保孝治（2013: 164-166）は、従来的とはいえない「九月始まり」や「一〇月始まり」の手帳が多く売り出されるようになった背景には、「『時間管理』というゲームをリセットして一から始めたい」とする人々の願望が、さらなる背景には人々が抱く時間的展望の短期化があるのではないかと論じていた。また、手帳を使うなかで人々は「明日」「来週」「来月」「来年」という「手帳サイズの未来」の内に押し込められ、またそのスケジュール欄を埋めることが自らの有能さや、私生活の充実を証明するものだと思うことになるのではないかとも述べていた。

これらの先行研究はいずれも、手帳そのもの、あるいはその用法と時間感覚との関係性をその論点としている。自己啓発書を現代における有力な文化的母型とする本書の立場と、こうした先行研究の立場を接続するならば、手帳術本には現代における時間感覚の母型が示されているということになるだろう（先行研究は実際そのように手帳を論じてきた）。そこで、本章の分析は基本的には手帳哲学の系譜を追うものとなるが、資料の解釈や考察にあたっては、このような時間感覚という論点に引きつけて行っていくこととしたい[1]。

本章での分析対象について述べておこう。ここまでの章では「理念型」を抽出するという企図のもとに、主にバランスや重複性を考慮した対象資料の縮減作業を行ってきたが、系譜を追跡しようとする本章ではそのような縮減を行わず、非常に単純に資料を定めている。つまり、「手帳」という言葉がタイトル・サブタイトルに冠され、手帳の使い方を主内容とする（と、タイトルや書誌情報から判断される）書籍数は「国立国会図書館サーチ」上では二一二冊抽出できるが（内訳は、一九八〇年代以前が二二冊、九〇年代が三一冊、二〇〇〇年代が八三冊、一〇年代が七六冊である[2]）、これらのうち、閲覧・入手できる限りでそのほとんどにあたったのである。手帳そのものを分析しなかったのは、手帳術本に比して手帳そのものの種類があまりに多いために――「驚愕の八〇〇アイテム」（ワールドフォトプレス 2012）を掲載したと謳う手帳カタログ本もある――網羅的な入手が困難であることも理由の一つだが、何より、そのように膨大な種類があったとしても、そうした数多の手帳を何のために、またどのように使うべきかをより直接的に記載しているのは手帳術本だと考えられることによる[3]。本章で行おうとするのは手帳の分類学ではなく、手帳を用いて日常をどう過ごそうとするのか、何を果たそうとするのか、またそれらによってどう自他への存在証明を行おうとするのかという、手帳哲学の分析なのである。

2 手帳語りの始まり——一九七九年

(1) 手帳語りの前史

系譜をどこから書き始めるべきだろうか。そもそもの系譜、つまり日々の出来事を書き留めようとする「随筆」や「雑記」という書法の系譜までには立ち至らず、私たちが現在書店や文具店で目にし、また実際使っている西洋式手帳の系譜に話を絞るならば、その端緒は幕末から明治初頭まで遡るといわれている。福沢諭吉が一八六二年（文久二年）の渡欧時にパリの文具店で購入した手帳を持ち帰った、渋沢栄一は一八六八年（明治元年）の時点で洋式手帳を用いていた、等々（後藤 1979: 131）。

現在の手帳の核となるスケジュール機能を搭載した洋式手帳が日本で初めて製造されたのは、大蔵省印刷局から一八七九年（明治一二年）に発行された「懐中日記」だといわれる[4]（紀田 1988: 13-14）。以降、徐々に民間でも手帳の製造が始まり、また需要も増大していくなかで、昭和初期には各企業が宣伝媒体として、あるいは得意先へのサービスとして年末に手帳を配布するようになる（1988: 14）。これは「名入手帳」「年玉手帳」と呼ばれるもので、予定欄、日記欄、メモ欄、住所録、本支店の連絡先、出納表、七曜表、度量衡、路線図、そしてところどころに社名が印刷されている手帳を意味している（田中 1972: 138; 後藤 1979: 133; 舘神 2007: 4など）。名入手帳は戦後に広まり、一九七一年に行われた日本事務能率協会のアンケート調査によると、この当時、手帳利用者が使っている手帳の五七%は名入手帳であり、市販品の三三%を大きく凌駕していたと報告されている（後藤 1979: 138）。

しかしこのように手帳そのものの使用に長い歴史がある一方で、手帳の使い方が論じられるようになったのは比較的近年のことである。管見の限りでは一九六九年、生態学者・民族学者の梅棹忠夫が『知的生産の技術』で示した、手帳を着想の記録に用いるという「発見の手帳」の項が最初期の手帳用法論だと考えられるが、これはやがて「京大式カード」と呼ばれるカードを用いた手法へと進展する。「ちいさな発見、かすかなひらめきをも、にがさないで、きちんと文字にしてしまおうというやり方」（梅棹 1969: 26）は、より簡素化されたかたちで後の手帳術本にも登場するものの、同書は手帳の使い方そのものに照準した書籍とまではいえないように思われる。

手帳の使い方を主内容とする国内初の著作は、『能率手帳』の発売三〇周年を期して日本能率協会によって募集された懸賞論文（テーマは「手帳と私」「私の情報整理術」）を素材として編まれた、日本能率協会常務理事・後藤弘の編著による『誰も教えてくれなかった上手な手帳の使い方』（1979）であった。では、懸賞論文に綴られたさまざまな手帳の使い方と選び方、そして編者による手帳の歴史を主な内容とする同書を紐解くことから、手帳術の系譜をたどっていくことにしよう。

（2）手帳語りの始まりと賭金＝争点の未確立

系譜をたどるとは述べたものの、「手帳に関する本が、私の知る限りでは、いままで一冊も出ていません」（後藤 1979: 3）と始まる同書から現在に至るまで、手帳に関する著作や雑誌記事では、基本的に同じことが語られ続けている。それは以下のようなものである。

「手帳の使い方に、こうでなければならないという使い方はない。各自、自分の好きな使い方をしていいのである。しかし、物にはうまく使いこなしている人と、そうでない人がいる。手帳の場合もそうである。うまく手帳を使いこなし、自分の時間管理や、趣味や、思索に大きく益するようにしている人もあるし、また宝の持ちぐされのような使い方をしている人もある。手帳のうまい使い方を知って、そのような使い方をしているのであればよいが、そうではなく、うまい使い方を知らないため下手な使い方をしているのであれば、その人自身にマイナスだし…（後略）」（1979: 90）

「手帳を上手に使う第一のポイントは、自分に合った手帳を選ぶことである。（中略）手帳は使うためのものだから、自分の使用目的や好みに合わせて、いちばんピタリとしたものを選ぶことである」（1979: 144, 146）

「〝手帳にきまった書き方なんてあるのか〟と皮肉を言う人がいるが、私は小さな手帳といえ、工夫された使い方と、そうでない使い方とでは、時間管理のうえで、日程調整のうえで、大きな差を生ずると思う。（中略）手帳のうまい使い方は、手帳記入の基本をふまえたうえで、自分でいちばんいい利用の仕方を自分で編み出すことである」（1979: 148）

手帳の使い方に正解はないが、いい使い方とそうでない使い方がある。いい使い方をするポイントは、自分の使用目的や好みに合わせて選ぶこと、そして自分で使い方を創意工夫することである――。実に単純だが、一九七九年から二〇一〇年代に至るまで、手帳をめぐる基本的主張は三五年来大きく変わらない。第二章と第三章で扱った「年代本」がそうであったように、ある一つの書籍ジャンルが発するメッセージは、そう変わりはしないのである。

では系譜をたどる意味がないかというと、そういうことではない。手帳術をめぐる基本的主張は

「表面上は」上記のとおり変わることがないのだが、その主張の「意味するところ」が変わってくるのである。もう少しいえば、正解はないのでいい使い方を自分で選び考えようとされる際の、「いい使い方」として示される用途・技法のバリエーション、「選び考える」ことのできる範囲がそれぞれ変容することで、手帳術をめぐる風景が変わっていくのである。このような風景の変貌をたどっていくことが、手帳という日常的なアイテムにどのような意味が込められてきたのかを、つまり日常に自己啓発がどのように侵入してきたのか、その様態を明らかにすることになると筆者は考える。

さて、では追跡を始めよう。一九七九年のこの著作において興味深いのは、同書が懸賞論文からなることに由来すると考えられるが、さまざまな手帳の用途と技法が、重みづけなく羅列されている点である。議論を先取りすると、八〇年代以降の手帳術本はビジネスの文脈における、特に時間管理と情報管理に手帳の用途を焦点化して主張を展開していくことになる。それに比して、職業性別に関係なく集められた懸賞論文を素材とする七九年のこの著作では、スケジュール管理、着想の記録、業務日誌、会社の営業方針といったビジネス文脈での使用が紹介される一方で、人生の目標、日記の代用、スケッチブック、人間観察メモ、歌帳や句帳、英語のレッスン帳、借用証書の代用、健康管理、天候の記録、読書録、美術展の情報メモ、いただきもののメモといった用途が、いずれも並列的に称揚されている。懸賞論文にはこのような用途もあったと羅列的に報告されたものとしては、テレビや新聞等の情報メモ、試験の時間割、車のナンバー、写真のシャッタースピード、買い物や約束等のメモ、昨晩みた夢の記録、怒り、悩み、反省、流行歌、方言の意味、映画の上映館、列車や飛行機の時刻、パチンコ店のよく入る機械のナンバーなどもあった。

本書の分析枠組から同書の傾向を解釈してみると、同書では、正解はないがいい使い方はあるとまでは語られるものの、特に何がいい使い方なのか、何を選び考えるべきなのかを焦点化する向きが弱いようにみえる。「こんなにも素晴らしい手帳の使い方があったのかと、感心したり感銘させられたりしました」(1979: 3) ともある感心・感銘のもとにさまざまな使い方が一様に称揚されるのみで、特定の用途や技法を正統化することがないのである。これは、目指されるべき手帳の使い方、賭金=争点が定まりきっていないのだということもできる。また、手帳の選び方についても、丈夫さ、大きさ、奇をてらわないもの、一日の欄がどの程度大きいか、自由欄があるか、住所録がついているかといったほぼ外形的なポイントが挙げられるに留まり、後代に比べると表層的な水準、限定的な範囲で「自分の使用目的や好み」の選択が促されていた。

後代との比較として、この時期における手帳と時間感覚との関係についてみておこう。上述したようにさまざまな用例が同書では挙げられており、その時間的展望は過去、現在、未来の各方向に無造作に伸びているように思われる。だがこのうち過去志向とおそらくいえる以下のような用法は、これ以後の手帳術においては当面みることができないものとなってしまう。

「ちょうど今まで、日記がやってきた働きを手帳に持たせようとする。一日が終って、机の前にすわり、一日の出来事を振り返り、それを材料にして考える。これが日記である。けれど、一日の仕事が終ったあと、そういう精神的作業を行なう余裕さえなくなり、日記をつける回数はしだいに間遠になる。また、一日の出来事は、あわただしく過ぎ去り、『私は、今日何も見なかった』という結果になることも多い。しかし、そういうことは必要なはずである。そこで、日記帳を手帳にかえ、それを背広のポケットにでもしのばせ

ておいて、材料を見つけ次第に書いていく」(1979: 36)
「仲よくしている女友達はいたが、なぜかそのときは話すことができなかった。昼休みに手帳を拡げたわたしは、そのときの悲しかった気持ちを、書きなぐったことがある。書きながら、涙がポタポタ手帳の上におちて、それがシミになってひろがっていくのをみていると、不思議に悲しみがうすらいで、洗われたようなさっぱりとした気持ちになっていく。そして文章とも詩ともつかないその文面のはじめに、大きく『ひとり』とテーマを書きおわると、あんなに悲しかった気持ちがうそのように晴れて、もとの元気のいい自分になっていったことをいまでも憶えているのである。そんなことがあってから手帳は、わたしの心でもあるようになった」(1979: 37)

天野(1992: 206)は、日記から手帳への移行に伴って、「ふりかえる」から「予定する」へと人々の生活の重心が移行するだけでなく、仮に自らを振り返るにしても、内面的な世界を映し出すのではなく、行動の記録や業績の記録を綴るというように「ふりかえりの『質』」が変化するのではないかとも指摘していた。引用箇所は「日記より手帳へ」という項からのものだが、第一の引用では天野が指摘したような振り返りの質的変容(簡素化)を看取できそうな一方で、第二の引用では内面的な世界を手帳に綴るという用法も残存していたようにもみてとれる。だが手帳術において、後者の用法は一旦立ち消えてしまうことになる。

(3) システム手帳論と賭金=争点の確立

一九八〇年代、名入(年玉)手帳の優勢が大きく揺らぎ始めることになる。それはイギリス発の

「ファイロファックス」が八四年に日本に上陸して以後起こる、システム手帳のブームによってである。手帳評論家の舘神龍彦（2007: 23-24）によれば、七〇年代までの手帳は年玉手帳か市販の綴じ手帳が主で、サイズはシャツのポケットに入る小型版、中身もスケジュール欄と便覧で定まっており、値段も年玉手帳であれば無償、市販のものでもせいぜいが千数百円以内で購入できたという。これに対しシステム手帳は「バイブルサイズ」とも呼ばれる大きなサイズ、リフィル（スケジュール欄やメモ欄）を出し入れできるバインダー構造、そしてファイロファックス一式三六〇〇〇円（「タイムシステム」は三八〇〇〇円）という価格設定によって、手帳についての「常識をことごとく覆し」、またその価格にもかかわらず「熱狂的に支持され、一大ブーム」を形成したという。

この「システム手帳ブーム」（福田 1987: 14; 斉川 1989: 20）のなかで、システム手帳活用法を説く著作が多く刊行されることになるのだが、そのなかで各論者がシステム手帳の長所として特に主張したのはその自由度であった。ブームの「仕掛人」（斉川 1989: 20）ともいわれるジャーナリストの山根一眞（1986: 71-72）は、システム手帳論の先駆となった『スーパー手帳の仕事術』において次のように語っている。従来の手帳は「使う人間が自分にあった様式に自由に作り変えることができる手帳」ではなく、「おしつけ」の手帳だった。それに対して、バインダー構造を有するシステム手帳であれば、「自分の仕事、自分の生活、自分の時間にあわせたリフィル」を創造し、それらを配列・着脱することによって「理想の手帳」を自ら作ることができるのだ、と。アートディレクターの福田昭夫（1987: 2）もほぼ同様に「個人のニーズに応じて自由自在にシステムを設計できる拡張性」をシステム手帳の長所として挙げていた。

そのような長所が掲げられるシステム手帳論においては、一体何が目指されるべき到達点となるのだろうか。具体的な用途としては、ファイロファックスを推奨する著者たちは情報処理の効率化・一元化に専心し（山根 1986; 北村 1987など）、数は少ないがタイムシステムを推奨する著者は、優先順位の高い仕事をする時間の最大化に専心しており[5]（「知的生産の技術」研究会 1987; 山本 1988）、一見して情報管理や時間管理が目指されているようにみえる。だが、システム手帳論のタイトルとして最も多いパターンは『システム手帳の工作技術』（福田 1987）、『システム手帳のリフィル術』（北村 1987）、『リフィル作成術コツのコツ』（石井 1988）、つまりリフィルのカスタマイズに関連するものであった。そのことを考えると、情報管理や時間管理といった特定の用法はあくまでもカスタマイズの一帰結に過ぎないように思われる。おそらく、より根本的にシステム手帳論が目指していたのは、山根や福田が述べていたように「理想の手帳」を作ること、「個人のニーズに応じて自由自在にシステムを設計することそれ自体にあったと考えるべきであるように思われる。つまりリフィルの選択、配列、自作を通して、「すべてを一冊の手帳でこなすシステム」（山根 1986: 66）を創り上げること。これこそが、システム手帳論において目指されるべき到達点、つまり賭金＝争点だったと筆者は考える。

ただ、ブームを巻き起こしたとはいえ、システム手帳論が説くこのような世界への参入、いわば界への「入界金」（Bourdieu 1997＝2009: 170）は文字通り安価なものではなかった。システム手帳および付属品の価格、自作まで踏み込んで活用しようとする意欲、そしてシステム手帳が卓越化の象徴的資源として機能する圏域の限定性。このような入界金の問題が主因であるかは定かではないが[6]、一九九〇年代に入るとやがてシステム手帳（論）ブームは退潮していくことになる。より精確にいえば、システム手帳（論）はその後も出続けるのだが、手帳術本全体の関心がカスタマイズではなく、手帳にどのような意図をもって、何をどのように書き込むかという書法の問題へと移行したため、この時期のシステム手帳論に特徴的な議論は手帳術における位置価を下げていくことになる。そのため、カスタマイズを主眼とするシステム手帳論は、綴じ手帳の活用術が主流を占める今日の手帳術本に技法レベルでの系脈を色濃く残したわけではないと考えられる（システム手帳論を手帳術の前史に置いているのはそのような理由による）。だがシステム手帳論は、「手帳の中身は使用者自身が決めるという手帳の使用スタイルを確立し、一般化した」（福田 1987: 14）、あるいは年玉手帳の発行元たる企業の理念、社員としての行動規範、さらには時間感覚といった「共同体の影」（舘神 2007: 26）から人々を解放したと評されている。そして、このような解放を経て、今日に至る手帳術本の系譜が連なり始めることになる。

3　手帳術の発見――一九八〇・九〇年代

（1）手帳術の発見とビジネス領域への文脈化

一九七九年の『誰も教えてくれなかった上手な手帳の使い方』に続いて刊行された手帳関連書籍は、八二年の『武器としての手帳活用』であった。同書では会社員、学術研究者、評論家、弁護士、コンサルタント、編集者、精神科医等、各界二一名（すべて男性）の手帳観とその使い方がエッセイ風に綴られている。管見の限りでは、同書において初めて、「楽しみへのアイデア手帳術」（河原 1982: 23）、

「わが手帳術を公開しよう」（小尾 1982: 186）、「天文博士のわが手帳術」（堀 1982: 188）として「手帳術」という言葉が用いられている。

同書には編者がおかれていない。二二名の著者の主張はただ並列的に示されるのみで、それらをまとめ、整理し、水路づけるような言及もない。この点は一九七九年の著作の傾向を引き継いでいる。だが、大きくはビジネスの場面での情報管理・時間管理における「武器」へと、またその武器の持ち主も市井の人々から何らかの業績をあげた男性へと、手帳活用をめぐる文脈は切り縮められている。

一九八六年、かつて『誰も教えてくれなかった上手な手帳の使い方』を刊行した日本能率協会から、『能率手帳』の利用ハウ・トゥを網羅した『能率手帳の活かし方――仕事、時間、発想が2倍広がる』が刊行される。同書でも七九年の著作と同様、手帳の使い方に「こうしなければならないという決まりはない」（日本能率協会開発部 1986: 4）と冒頭で述べられるものの、市井の人々の使い方が実際散漫なままに紹介されていた七九年の著作に比して、この著作では実に体系的に手帳術が整理されている。各章のタイトルは「仕事が二倍はかどる手帳術」「時間を二倍生み出す手帳術」「もっと能率的に使いこなす手帳術」「ひと手間でぐんと使いやすくなる手帳術」「自分だけの情報源をつくる手帳術」「発想が二倍広がる手帳術」と並んでおり、総計一六八ものハウ・トゥが示されている。また、手帳は「ビジネスマンの秘書役」である、「自分の仕事を豊かにする〝情報源〟」である、「手帳の使い方で仕事の能率が大きく違ってくる」といった言及が冒頭に立て続けに登場し、手帳術がやはりビジネスの文脈に落とし込まれたうえで議論が始められている（1986: 3-4）。同じ日本能率協会の手になる手帳関連書籍であっても、使用する文脈や、使用する個々人の属性を限ることのなかったかつての著作とは、手帳へのまなざしが大きく異なっているのである。
以後、一九八九年には手帳メーカー社員の斉川賢一による『できる男の入門手帳活用術――情報整理から人生設計まで』が、九一年には手帳術という言葉を冠した初の書籍『究極の手帳術――ポストイットと能率手帳で十分』がマーケター・福島哲司の手によって刊行される。そしてそれ以降、手帳術関連書籍が毎年数点ずつ刊行されるようになっていく。以降二〇〇一年までに刊行された手帳術本のすべては、男性著者の手になる、主に仕事の文脈で用いることを目的とする、主に男性に向けられたものだった。さて、ではこのような文脈へと手帳術が落とし込まれるとき、先述した「正解はないので自分で選び考えよう」というメッセージはどのような意味を有することになるのだろうか。このことを考えるにあたって、以下のような言及を導きとしてみよう。

「手帳・メモは、ビジネス活動や私生活に欠かせないツールとなっている。それにもかかわらず、あまりにも日常的になじんでいるため、その機能や活用法を改めて深く考えないまま、日々の多忙さに追われているのが実情だ」（河合 1993: 1）
「毎日使っているわりに十分な使い方をしている人は、はたしてどれだけいるだろうか。『たかが手帳』だが、その使い方一つで能率が上がったり下がったりする。その意味で、本書は、能率を上げる使い方のきっかけになればという思いからつくられた、『されど手帳』の本。本書からヒントを得たうえで、さらなる自分流の手帳術を習得・実践してほしい」（梅澤 1996: 4）

『誰も教えてくれなかった上手な手帳の使い方』とほぼ同様に、手帳にはいい使い方があると言及されている。表面上は同様の言及であるものの、この言及の意味は一九七九年とは大きく変わっている。それは、既に一部述べているように、特定の用途や技法に焦点が結ばれ、正統化される向きが強まっていることである。そしてそのことが、引用箇所にあるような、手帳について深く考えている否か、十分な活用をしているか否かという分断線に技術的な「確証」を与えることになる。では、その技術とは具体的にはどのようなものか。何をもって手帳について深く考えたことになるといえるのか。何をもって十分な、また自分流の使い方を体得したことになるといえるのか。以下ではこの時期の手帳術本における主要な論点をみていくことから、今示した問いへの、また正解はないので自分で選び考えようという課題への「解答」について考えてみることにしよう。

(2) 時間を効率よくさばき、俯瞰する

「計画をムダなく能率的に遂行していくには、『スケジュールを大局的に見ること』だ。完成時のイメージを明確に描けないうちにスタートすると、失敗する確率が高い。にもかかわらず、ほとんどの人がこの大切な〝最終イメージ=完成図〟を持つことの大切さを認識しようとしないのは、大きな驚きである」(長崎 1995: 191–192)

「実際の『超』整理手帳では、八週間を一覧できる。(中略) こうして、手帳は単なる受動的な備忘録から、積極的なスケジュール管理の道具へと進化する。重要な仕事とそうでない仕事の区別、将来の不確実性への対処などが適切に行えるようになるのだ」(野口 1995a: 9)

この時期に限らず、手帳術における主要な論点は何よりも時間管理である。時間管理のポイントは単純で、効率よく、手際よくスケジュールやタスク、空き時間を管理していく手帳術の習得こそがまず目指される賭金＝争点である。そのためのハウ・トゥとしてはたとえば、「スキマ時間」を活用する、「今日のやるべき仕事（TODO）」を書き出して手帳の表面に貼っておく、仕事の優先順位をつけておくといったものがある（これらは現在の時間管理本でもほぼ必ず登場するものである）。ときには、効率よく仕事をこなしていくだけではなく、数多のタスクのなかで予定を「無理なく配置」して「忙しくしないための予定づくり」を行うこと（斉川 1989: 81）、「忙しいなかにもいかに自分の自由になる時間を見つけだし、自己啓発に精を出したり、あるいは趣味に打ち込む時間を創るか」（西村 1997: 31）ということ、つまり「時間の創出」が目指される場合もある。(7)

また、ただ効率的にタスクを管理するという以上に、より包括的な時間感覚の獲得が推奨されることもある。ここでは経済学者・野口悠紀雄による『続「超」整理法・時間編――タイム・マネジメントの新技法』（1995b）と、そこから派生した『「超」整理手帳オフィシャル・ガイドブック』（1995a）における野口の言を引いてみよう。野口は、「従来式の手帳では、スケジュールが一週間ごとに分かれているため、一週間を超える期間を連続的なものとして把握できなかった」（1995b: 29）と述べる。つまり、従来の手帳では「時間を一覧する」ことができず、現代における複雑なタスクを処理することができないため、「手帳革命」を起こしてより長いスパンを展望できる手帳を考案する必要があるというのである（1995b: 43）。そして実際に野口はオリジナル手帳「『超』整理手帳」を製品化するに至る。

時間を一覧的に展望するという「革命」――。このような主張は、実はそれほど珍しくはない。その日のスケジュールを、週間、月間、年間の各スケジュール、ひいては人生の目標から俯瞰して捉えようとする主張は、上述した山根（1986: 74-75）において既に示されており[8]、また野口と同時期に刊行された著作でもしばしばみられるものであった（河合 1993: 42; 総合法令 1994: 69など）。その意味でこのような主張自体の新奇性については評価を留保しなければならないが、野口がオリジナル手帳を考案するほどには、時間の展望は従来の手帳をそのまま用いる限りでは得られない、いわば稀少性のある賭金＝争点であったと考えられる。時間を俯瞰的に展望すること、そしてそれによって新しく入ってくる予定と既に決まっている予定との調整を中長期的に行い、またあえて予定の入らない時間帯を確保するなどして「将来の不確実性への対処」（野口 1995a: 9）を適切に行うこと。現在を絶えずこのような時間的展望へと開き、俯瞰的に統御しようとするハビトゥスが、手帳術本における時間管理のもう一つの賭金＝争点であると考えられる。このとき、かつてのような内面的な世界を綴り、過去を振り返るような手帳観は退潮することになる。天野が述べたように手帳は「ふりかえる」ものから「予定する」メディアへ、いやこの場合は特に「予測する」メディアへと変貌したのである。

（3）創造的発想を管理する

「先輩　アイデアの宝庫であり、情報の宝庫であるのだからね。メモのファイルはいつも持ち歩けないけれど、手帳はそれが可能なんだから、片時も手離さずにおくことだ。（中略）三郎　ひらめきは、その瞬間が

最高の旬となるというわけなのですね」（総合法令 1994: 88）

「手帳は『思考するフィールド』であり、最大限の力を発揮する場所だと考えよ！（中略）日々気が付いたことをこまめにメモしておくと、思わぬひらめきに出会えたりすることもあるだろうし、誰かと話をしていて、ふっと手帳にヒントを求めることもあるだろう」（竹島 1998: 16）

時間管理に次ぐ主要な論点といえるのが情報管理、特に引用箇所に見られるような創造的発想のための手帳術である。システム手帳論の場合は、最適なシステム手帳の構成によって、日々押し寄せる情報を十全に管理するという目的は成し遂げられると考えられていた。だが綴じ手帳においては、リフィルの構成によってその目的を達成することはできない。ではどのように情報管理は成し遂げられるのか。ここでは情報管理に議論を特化した例として、上述した『究極の手帳術』（福島 1991）をとりあげたい。

福島は同書の冒頭で、今日の人々は溢れる情報のなかで「消化不良」を起こしているのではないかと述べる。そして「これからは、よい情報をうまく食べ、栄養として取り入れている情報支配人間のみがうまく生き伸びる世の中であろう」、そうであるならば「情報とうまくやっていくためのひとつのシステム」を個々人が構築する必要があり、その手段こそが手帳術だと述べる（1991: 3-4）。

ではシステム手帳を使えばよいのではないか。福島は、「車内広告を見てアイデアを見つけメモをし、そのアイデアを昼食時間中に発展させ、そして、急ぎクライアントに電話をする」というように、仕事は情報処理の連鎖からなると述べるが、こうした日常的な情報処理に際してシステム手帳はその重厚さが逆に足枷となり、またリフィルの取捨選択に関心が向く代わりに情報の取捨選択自体が疎かになるために最適なアイテムではないと退ける（1991: 4）。

福島はそれに対して、常時携帯可能な『能率手帳』とポストイットの活用を推奨する。手帳に書き込む前にまずポストイットに情報を書き込み、ポストイットの整理統合を行って発展・取捨選択された情報を手帳本体に書き込み、不必要になったポストイットは捨てるという二段構えの方法を福島は推奨する。これによって、入ってくる情報の柔軟な処理と、整理された情報から生まれる発想の生産管理をともに可能にする、「理想的な情報処理システムとしての手帳」（1991: 32）が完成するというのである。福島はこのような手帳の活用によって、「情報を整理分類するための時間を、クリエイティヴな活動の他に分けて取る」ことなく、「情報処理中に自動的にアウトプットが出てくるような」システムが形成できると述べている（1991: 42）。

創造的発想に向けた情報管理のハウ・トゥは、福島以外にも多くの論者がさまざまに論じている。必要事項はすぐにメモをとる、その際必ず日付と時刻を入れる、メモを簡便にするために記号や略号を考案する、寸評をメモに付け加える、色分けして後でみやすいように情報を整理する、リスト化する習慣をつける、箇条書きやキーワードで書きつける、等々。これらは情報整理術、メモ術、ノート術とも連接するハウ・トゥである。そもそも梅棹がかつて言及した手帳の用途は発想に関するものだったわけだが、一九八〇年代以降の手帳術においても、日々押し寄せる膨大な情報をいかに創造的発想につながるよう処理していくか、その日常的な習慣を打ち立てることが賭金＝争点とされている。

（4）目標「それ自体」を発見する

「さし当たって、八〇歳までの年齢をライフ・スパンとして考えてみましょう。子供の成人や卒業、自分の定年など、事実（になるだろう事柄）を記入してみましょう。それから、やりたい事柄と年齢（何歳までに何をやるか）も書き入れてみましょう。これで、現在の位置を確認することができました。あとは、具体的に展開させるだけです」（斉川 1989: 112）

「何かをやろうとしたら、そのことを夢から現実におろしてこなくてはいけない。現実との接点をつけられた夢を『目標』といってよい。（中略）書いて表現しつづけることが、唯一、漠然とした夢を目標として具体化し、さらに、それを成しとげさせることになる。これを世間では成功というのではないだろうか」（福島 1993: 22–23）

「ほとんどの人は、夢や欲望を持ちながらもそれを実現する技術を持たない（したくない）ために、夢を自分の手から逃してしまっている。惜しいことだ。どんなささいなコトでも、自分の欲しいモノ、こうありたいなどを手帳に書き綴り、何度もそれを反復し、実現した時の自分の姿を明確にイメージできるなら、夢は必ず実現するのである。私は、仕事の夢、将来のあるべき自分の姿、欲しいモノ、行きたい国などをこの願望カードに書き綴っている」（長崎 1995: 208–209）

ところで、そもそも何のために時間管理と情報処理の習慣を身につけるのだろうか。多くの著作では、効率よく時間・情報管理を行うことそれ自体が目的とされている。これは第二章で示した「仕事における卓越」という目標の自明視、つまり仕事の生産性を上げ、結果として成果をあげることこそが男性ビジネスマンにおける疑われざる目標であるという価値観の伏在を推測させる。逆にいえばこの当時（以前のシステム手帳論においてもこれはほぼ同様だが）、目の前の仕事を首尾よくこなすことのほかに、目標を殊更自分で発見することは重要視されていなかったのである。

とはいえ、目標を自分自身で考えてみよう、その実現に向けた目標管理をしようと促す言及がみられないわけではない。引用箇所にあるような、人生の目標を描く作業、その際重要になる「書く」という営みの効用論、そして目標を反復的にイメージすることでその実現はかなうとする主張。そのほかにも、「欲しいものリスト」を作っておくことでその実現に日々向かうことができるようにする（日本能率協会開発部 1986: 195）、目標を達成する日付を手帳に書き、その目標を日々主体的に追いかけていく習慣をつける（長田 1995: 137）、目標から逆算して日々の行動計画を立てる（河合 1993: 22, 68）といった目標実現をめぐる諸技法は、手帳術という言葉が示された当初から存在し続けていたと考えられる。

しかし、後代の手帳術に比して注目すべきは、こうした目標導出についての言及が、この時期の著作においてはその一隅を占めるに過ぎなかったという点である。この時期の手帳術本においては、先述したような時間管理や情報管理のハウ・トゥが大部分を占めていた。「大切なのは、自分が人生でどう生きるか、本来へのヴィジョンや生きがい、自分の生き方への気づきである」（福島 1991: 24）、「人生を変える手帳術」（西村 1997: 12）といった物言いこそしばしばみられるものの、人生をそもそもどう生きるべきかが紙幅を割いて深く考え抜かれることはなかったのである。

ここで先の問いを引き取っておこう。この当時、何をもって手帳について深く考えたことになるのか、何をもって十分な、また自分流の手帳術を体得したことになるのかという問題は、手帳術本の主たる宛先であった男性ビジネスマンにとってほぼ自明視された前提である「仕事における卓越」という枠内での、主に時間管理と情報管理をめぐる習慣の獲得をもって「解答」だと考えられていたといえる。一九八〇年代後半から九〇年代にかけて、手帳術の望ましい用途が焦点化され、ハウ・トゥの整備が進んだものの、その風景は後代に比べると未だ広がりを欠くものだったのである。

4　手帳術と「夢」の節合——二〇〇〇年代前半

先述した舘神（2007: 3）は、「二〇〇四年頃から、手帳はブームといわれてきた」と述べている。「手帳ブーム」はつねに言及される類の議論であるため（福田 1987: 14; 斉川 1989: 20; 天野 1992: 201-202など）、ブームであることの真偽は評価しがたいところがあるものの、少なくとも「二〇〇四年頃からのブーム」に関しては、その震源を特定することができる。

それは、舘神の表現でいえば「夢手帳」（2007: 40）、つまり夢を実現するための手帳（術）である。舘神は夢手帳について、「目標は紙に書くと実現する」という、「成功本といわれる各種書籍がこぞって推奨する方法」を時間管理ツールに適用したものだと解説している(9)。まずは、こうした解説にあてはまる、代表的な手帳術本を概観することから始めよう。

（1）「最も大切なこと」を発見せよ——フランクリン・コヴィー・ジャパン『人生は手帳で変わる』

二〇〇二年、企業研修等でも用いられる手帳「フランクリン・プランナー」の利用ガイドが刊行される。それがフランクリン・コヴィー・ジャパン編著『人生は手帳で変わる――第4世代手帳フランクリン・プランナーを使いこなす』である。[10] もはや古典となりつつあるスティーヴン・R・コヴィーの『7つの習慣――成功には原則があった！』(Covey 1989＝1996) の思想を一つの軸としながら、『人生は手帳で変わる』では次のようにその主張が展開される。

従来の手帳(術)は、予定を単純にメモするだけの「第一世代」の手帳、細かな時間目盛りが導入されスケジュール管理の細密化が可能になった「第二世代」の手帳、目標設定と優先順位づけを行って行動を管理する「第三世代」の手帳として区分することができる。このように順を追って手帳(術)は進化してきたが、これらの手帳(術)には根本的な欠落点がある。それは、自らに押し寄せてくるスケジュールや予定に対して「十分納得しないままに」、「自分にとって『本当にやりたいことが何なのか』を明らかにしないまま」、それらを管理しようとする点である。そのため、効率的なスケジュール管理はさらなるスケジュールの追加を呼び込み、結果としてストレスの増加、燃え尽きといった事態に至ってしまう危険性がある(フランクリン・コヴィー・ジャパン 2002: 3-6, 46-52)。それに対してフランクリン・プランナーは、「自分自身にとって『最も大切なこと』を発見することに主眼をおく」。そして「『最も大切なこと』と自分自身の計画と行動を、一線化した上で、調和できるようにする」(2002: 58)。具体的には「スケジュール化された課題に自分の優先順位をつける」のではなく、「自分にとっての優先的な課題や事柄をスケジュールに入れる」という発想の転換とその実行をもって、「第三世代までの手帳では決して味わうことのできない、充実感と達成感を得ることができる」のだ、と(2002: 58-62)。

このように主張が展開されるならば、当然扱われるべきは「最も大切なこととは何か、どうすれば発見できるのか？」（2002: 6）ということになる。同書ではこの「発見」に多くの紙幅が割かれ、また巻末には「発見」を支援する自問自答のための付録まで用意されている。以下簡単にその手続きを概観しておこう。

「最も大切なこと」の発見には「三つの切り口」が用意されている。「その一つは、理想的な生き方に近づくための具体的な行動指針である『Value（価値観）』。二つ目は『Role（役割）』。すなわち、理想とする生き方を実現するために果たすべき役割である。そして最後が、あなた自身の理想とする生き方や生きる目的を表す『Mission（ミッション）』である」（2002: 142）。第一の切り口については、「これからの人生で、あなたがやりたいと思うことは？」「今、あなたに充分な時間があれば、誰と何をしたい？」等の自問自答を行いながら、あるいは「常に誠実であること」「何事にもチャレンジすること」といった自らにとって重要な価値観を書き出しながら、自らの価値観を明らかにすることがまず促される（2002: 78-79, 146-149）。第二の切り口については、自らが果たしている種々の役割の調和を企図するなかで、どの役割にも関連するより大きな重要事項を発見することが促される（2002: 152-157）。第三の切り口については、「自分が亡くなった場合にあなたの告別式で読み上げられる弔辞の内容」等を想像して人生の包括的テーマを考えることから、また人生において所有したいもの、やりたいこと、なりたいものについて考えることから、そもそも「あなたが何のために生きていくのかという『目的』」としての「ミッション・ステートメント」を明らかにしていく（2002: 174-179）。

ここまでたどり着けば、あとは「第三世代」の手帳、あるいは前節までに紹介した時間管理や目標管理のハウ・トゥとさして変わらない。フランクリン・プランナーの「目標」ページに、「最も大切なこと」を書き込み、それに沿った長期目標を設定し、その達成のために必要な中間ステップを、優先度と期限とともに書いていく。さらにそれは月ごとの主要課題、月間目標へとダウンサイズされ、さらにデイリーページの「今日の優先事項」欄に落とし込まれる。さらに優先事項のなかでも特に重要なA、ついで重要なB、できればいいという程度のCと優先順位をランク付けして振り分ける。これらの優先事項は「時間自由」の事項なので、あらかじめ入っている「時間固定」のスケジュールの隙間でそれらを処理していくという流れである（2002: 80, 98–99, 104–105, 184–197）。これらを実行することで目標に日々近づくことができ、その結果「人生は手帳で変わる」というのである。

（2）手帳、夢、自分らしさ――藤沢優月『夢をかなえる人の手帳術』

翌二〇〇三年、フリーライターの藤沢優月による『夢をかなえる人の手帳術』が刊行される。同書はまず、「この本は、自分らしい時間を見つけるための、手帳術の本です」と始まり（藤沢 2003: 1）、そして次のように続く。

「あふれる情報やできごとに振り回されて、わけのわからないままに時がすぎていく。そんな人生から抜け出して、自分の『心』が本当に望むことに時間を使い、夢をかなえて幸せに生きたい。もっと上手に時間とつき合いたい。この本では、そんなあなたに本当に役立つスケジューリングの方法を紹介します」（2003: 1）

「あなたが本当に満ち足りて生きたいと思うのなら、その答えは外ではなく、内側にあります。今こそ自分

の時間と心を見つめ直すときです」（2003: 3）

周りの情報や出来事ではなく、自分の「心」が本当に望むこと。第三章で幾度もみてきた、女性向け自己啓発書においてしばしば登場する二分法がここにはみられる。また、日々の暮らしを「自分らしさ」や幸せに結びつけるという発想も、第三章で扱った資料群において実によくみられるものであった。だがそれこそが重要である。つまり、同年の会社経営者・佐々木かをりによる『ミリオネーゼの手帳術』（2003）と合わせ、この年になって初めて（システム手帳論は除く）、女性の手による手帳術本が刊行されたのだから。[11] そのため藤沢らの手帳術は、これまでの手帳術のほぼすべてがそうだった「男性の時間」に対する「女性の時間」（伊藤 2003: 29）を提唱するものでもある。ではその主張はどのようなものなのだろうか。

『夢をかなえる人の手帳術』の「SECTION1」は「自分のリズムで時間を生きよう」である。ミヒャエル・エンデの『モモ』（Ende 1973＝1976）を導きとしながら、「しなければならないこと」に追われ、より早く効率的にと時間を過ごそうとする「死んだ時間」のなかで生きるのをやめ、その代わりに「自分らしいリズム」で時間を過ごし、「生きた時間」を取り戻そうとまず主張される。自分らしいリズムを生きるために促されるのが、「自分の過去を振り返る」ことである。過去に夢中になったこと、乗り越えてきた困難等を思い起こし、「大人のように複雑な思考にとらわれず、生まれ持った素質が素直にあらわれているこの時期を振り返る」ことで、自分に合った時間の使い方という「青い鳥」を自らの内に探ろうというのである[12]（2003: 12-21）。

「SECTION2」は「夢や目標をはっきりさせよう」である。この箇所は、人生は有限なのだからそれを使う価値があるところに使ったほうがいい、では自分にとって価値をもつものは何か、何が自分には大切なのかを明らかにしていこうと始まる。そして「心から好きなことは、何ですか?」「あなたが好きなこと、ワクワクすることは何でしょう?」といった質問が投げかけられ、「自分のしたいこと、夢、目標、チャレンジしてみたいことを、どんどんリストアップ」することが次に促される。そしてこのリストのうち「耳を澄ませて心の声を聴き、『しなければならないけど、本当はやりたくない』ものを、思いきって消して」しまう。この後にも細かな作業は続くが、概してこのようにして夢や目標は可視化される（2003: 28–33）。

「SECTION3」は「旬間表を使ってみよう」である。ここで、「夢をいよいよ時間の中に」おくことになるのだが、その手続きは『人生は手帳で変わる』と大きくは同様である。まず、スケジュール表には「いちばんしたいこと」を最初に書き込む。「心が動くものから順番に、時間軸に割り振っていく。「大きな予定」としてまず「したいこと」をおいたうえで、「しなければならないこと」をその隙間に織り込んでいく。こうすることで、「夢や目標に割く時間」がとれないことを防止しようというのである（2003: 50–57）。

同書において特に興味深いのは、「毎日一時間、純粋に自分のためだけの時間」をもつことを主張する点である（2003: 92）。これを藤沢は「灯台の時間」と呼び、「あなたを忙しさの大海から救う時間。押し寄せてくるスケジュールの波に飲まれそうなときに、きちんと立ち止まる時間です。（中略）いったんスケジュールの流れを止めて、今何が起こっているのかを観察するために、時間の灯台に登るのです」と解説している (2003: 90-91)。「うるさい声も急かす仕事もない、ただ自分の心とつながっている『灯台の時間』の中で、夢や目標とのつながりをとりもどす」(2003: 99) ともあるように、つねに自分自身の「心」を重視し続けることがその手帳術のポイントとされているのである。

(3) 夢への強迫的専心——熊谷正寿『一冊の手帳で夢は必ずかなう』、渡邉美樹『夢に日付を!』

経営者自身の成功譚とその手帳術が混交されたかたちで示される「夢手帳」もある。会社経営者の熊谷正寿による『一冊の手帳で夢は必ずかなう——なりたい自分になるシンプルな方法』(2004) と、やはり会社経営者 (当時) の渡邉美樹による『夢に日付を!——夢実現の手帳術』(2005) がその代表的なものである。[13] 主張はこれまでと重複するが、両著の内容について概観しよう。

「人生をマネジメントし、夢をかなえてくれる強力なツール」(熊谷 2004: 1)、「全身全霊で夢に向かっていける方法そのもの」(渡邉 2005: 19) とする手帳観、およびやりたいことを書き出し、目標と現在のギャップを明らかにし、ギャップを埋めるためのタスクを各年に割り当て、さらにそれを月、週、日へとダウンサイジングしていくといった技法は、これまでに紹介した二作と同様のものだといえる。だが、熊谷らの著作において際立つのは、夢という対象への非常に強いまなざしである。

まず熊谷の著作には、「夢を一時たりとも忘れないように、自分と一体化する」、「毎日・毎分・毎秒、常に夢を見失わずに」生きる、「人は夢で描いた自分の姿以上にはなれない」といった言及がみられる (2004: 3, 17, 34)。夢という対象と自分自身が、これまでのどの手帳術よりも近接するべきものとして提示され、また、自分がまずあって夢を描きかなえるというより、夢こそが自分自身でありその最大値であるかのような倒置がなされているのである。これ以前にも、「私たちとツールとのつながりは、相互に助け合い、高め合う関係にある」(河合 1993: i)、手帳はあなた自身を照らし出す「鏡」である(竹島 1998: 26)として、手帳と自己の相補的な関係性を説くような言及はあったものの、熊谷の場合は手帳(に描かれた夢)と自己との関係性が逆転するに至っているのである。

渡邉の著作においては、夢を実現することそれ自体よりも、「夢を持ち続けること、夢をあきらめないでいること」がより難しいと述べられている(2005: 17)。だからこそ、もし「自分で描いた夢に躊躇」せず、夢を持ち続けることができるのならば、必ず夢は実現するのだという[14]。夢に向かう精神的態度がより重要視されているのである。だからこそ渡邉は、夢を実現することのみが手帳術の目的ではないとする。夢を実現するというその結果だけでなく、「人間は夢を実現するプロセスのなかで、自分を高めていくために生まれてきた」とあるように、その実現に向かうプロセスそのものが重視されているのである(2005: 25-26)。

しかし、自分を高めるプロセスの踏破は容易なものとしては示されない。渡邉は、日々の課題は「毎日一二〇%のギリギリの努力を続けたら、どれくらいの期間で達成できるか」、「死ぬほどの努力を続けることができれば」いつまでに達成できるかという観点から割り振っていくべきだと述べる(2005: 119)。他にも次のような言及がみられる。夢はあきらめなければ必ず実現できるのだから、「絶対にやる、絶対にできるという信念」をもって日々働くべきだ(2005: 130)。「私はいつまでに、このことを絶対に成し遂げます。だめだったら死ぬ覚悟があります」といって初めて仕事だといえるのだ(2005: 133)。「ギリギリに追い詰められた自分と向き合うそのプロセスこそが、人格を高めるための修行」なのだ（2005: 134）——。夢を実現することだけでなく、それを描くこと、抱き続けること、それに向かって日々努力することが、強迫的な水準ともいえるほどに主張されているのである。

（4）夢の位置価浮上と人称性への引き寄せ

ここまで「夢手帳」とも呼ばれる、二〇〇〇年代前半に登場した手帳術本の代表的なものをみてきた。これらは一体何が新しいのだろうか。前節（4）で示したように、自らの夢や人生の目標を導出し、その達成期限を設け、そこから逆算して日々の課題を決めていくといった諸技法はまったく新しいものとはいえない[15]。筆者は前著において、一九九〇年代半ばに自己啓発メディア上で「内面の技術対象化」が起こったと指摘したが（牧野 2012a: 64）、その点からしてもこうした諸技法が二〇〇〇年代の手帳術本において初めて登場したとは考え難い。

では、何がこれらの著作において特徴的といえるのか。結局のところ「内面の技術対象化」のさらなる進展ということになるのだが、「夢の位置価の浮上」と、それに伴う「夢の作業化の進展」である。つまり、かつては手帳術本の一隅を占めるに過ぎなかった、夢や目標を自ら導出しようとする言及やそのための技法が手帳術の主目的として前面化し、またそれによって夢や目標の導出作業が多くの紙幅をとって読者に滔々と説明されるようになったのである。そしてこうした変化に伴って、今この日常は未来から逆算されてその意味を与えられるようになる。上述した時間の俯瞰よりも進んで、未来から逆算して現在を位置づけようとする、未来志向のさらなる加速をここにみることができるかもしれない。

本節では四冊を紹介したに過ぎないが、紹介内容とほぼ同様のメッセージを発する手帳術本はこの時期以降、陸続して刊行されるようになる。夢や目標を中核に据えた著作（土屋 2004; 手帳美人研究会 2007; 川崎 2008など）。著名人の手帳術を夢の実現という観点から紹介するムック本や雑誌上の特集記事（『THE21』編集部 2005; 季刊 Think! 編集部 2005）。時間管理や情報管理などと合わせ、手帳術を包括的に紹介する著作のなかでも、夢や目標を追うことの意義は多くの紙幅を割いて扱われるようになり、その技法も同様に詳細に紹介されるようになっている（弘兼 2005; 中島 2005など）。明らかにこの時期、手帳で夢が実現するという文脈がかたちをなし、また手帳言説における夢の位置価が大きく浮上したのである。また、手帳術本の刊行点数は二〇〇二年が一冊、〇三年が三冊、〇四年が五冊だったのが、〇五年には二一冊と劇的に増加し、以後一三年に至るまで毎年一〇冊以上発行され続けるようになる（年平均一五・〇冊）、この時期以降に刊行された書籍の内容からして、刊行の陸続を最も強く牽引したのが本節で紹介した「夢手帳」だと考えられる。

さて、こうした状況の変化は何を意味するのか。本書の分析枠組に即してまずいえるのは、手帳をめぐる分断線と賭金＝争点の再設定である。これまでの手帳術本において人々を分かつ分断線となっていたのは、手帳について深く考えているか否か、自分流の活用ができているか否かといった、手帳に対しての「自覚」の程度をめぐって引かれていた。だが「夢手帳」では、夢や人生の目標に対して自覚的であるか否かをめぐって分断線が引き直されることになる。最も端的なのは渡邉の主張だろう。手帳を活用しつつ夢を追うなかで人格を磨くことが人生の目的だとされるとき、手帳術の習得を放棄することは、夢を諦めるという精神的な弱さとして、また人格を磨くことの放棄という倫理的怠惰の問題として位置づけられてしまうのである。

「『やりたいことが、なかなか見つからない』という思考で止まっていて、『やりたいことを見つける日』を計画しない人がたくさんいます。そういう人は、いつまでたってもやりたいことを見つけることはできません。永遠に『何に対しても興味が持てない』と、ぼやき続けることになるでしょう。さて、あなたはどちらの人生を選ぶのでしょうか」（渡邉 2005: 43）

獲得が目指されるべき賭金＝争点もまた、時間管理や情報管理習慣の体得ではなく、夢を導出し、夢に近接し、夢を実現するための定型的技法を継続的に実践することに置き直される。その詳細は既に述べてきたとおりだが、ここで重要なのは、夢の位置価を極度に高めた手帳術本の陸続によって、手帳術における新たな「いい使い方」のバリエーションが増え、「選び考える」ことのできる範囲が広がり、正解はないので自分で選び考えようという言葉の意味が書き換わったということだ。まず用途の面においては、「仕事における卓越」という前提を踏み抜き、そもそも人生において何がしたいのかも考えられるという選択肢の拡大がもたらされた。さらに技法の面では、自分の好みに合わせて手帳（術）を選び創意工夫するばかりではなく、著者の提示する一揃えの手帳（術）をその通りに実践するというパターンが新たに示されたことを意味する。双方合わせて、手帳術へのコミットメントの程度における選択肢が広がったのである。

もう一点、「夢手帳」がもたらしたのは人称性への引き寄せ、より具体的にいえば、各著者の手帳術を具現化できるツールとして売り出されるオリジナル手帳との連動化である。手帳術と連動したオリジナル手帳の考案は、上述の野口「『超』整理手帳」が先駆としてある。だがこの時期以降、藤沢の「夢をかなえる人の不思議の手帳」、熊谷の「夢手帳☆熊谷式」、渡邉の「Date your dream」、さらには「アクションプランナー」（佐々木かをり）、「和田裕美の『売れる！』営業手帳」、「勝間和代手帳」、「レバレッジ・オーガナイザー」（本田直之）、「陰山手帳」（陰山英男）等々、多くの著名人の手になるオリジナル手帳が、著書や雑誌記事上での当人の手帳術語りとともに次々と制作されることになる。[16]つまり手帳（術）を選ぶ側にとっては、用途や技法だけでなく、人物から選ぶという選択肢が新たに浮上したことになる。手帳はそのとき、誰のように生きたいかを象徴するアイテムにもなる。またこれは、技法がただ示されるというだけではなく、著者・技法・その具現化ツール（手帳）が一揃えになって示されるようになるという、上述した「内面の技術対象化」の進展をやはり意味するような変化だといえるだろう。

5　手帳術の細密化と飽和——二〇〇〇年代後半以降

(1)「ほぼ日手帳」と権力の類似物

二〇〇〇年代の手帳術にはもう一つの注目すべき動向がある。コピーライター・糸井重里が主宰するウェブサイト「ほぼ日刊イトイ新聞」（通称「ほぼ日」）から案出された「ほぼ日手帳」である。[17]〇一年四月の打ち合わせ時にオリジナル手帳作成のアイデアが編集部スタッフの一人から示され、そこから、スタッフ自身はどんな手帳がほしいのかという話し合い、手帳の必要有無と必須事項に関する読者アンケート、手帳制作のプロジェクト立ち上げ、開発という経緯を経て、〇一年一〇月からウェブサイト上での予約販売開始に至ったオリジナル手帳である。同手帳の販売冊数は初年度の一万二千冊から、翌年は一万八千冊、その後三万冊、七万冊、一四万冊、二三万冊と順調に売り上げを伸ばし、一三年度版の売り上げは四八万冊にまで達している（ほぼ日刊イトイ新聞 2009: 4-5, 2013: 8）。「ほぼ日手帳」のコンセプトは、その制作プロセスにおいては「自分たちが使って楽しくおもしろい、かっこいい手帳」（ほぼ日刊イトイ新聞・山田 2005: 99）として捉えられていたが、より精緻化されたコンセプトが、二〇〇五年から毎年刊行されている同手帳のガイドブックにおいて種々に示されている。たとえば、〇五年に初めて刊行されたガイドブックは次のように始まる。

「なんでもない日、おめでとう
ただの一日も、なんにもなかった一日も、二度とこない、かけがえのない一日。一年三六五日、三六五の特別な一日。（中略）なにを書いても、書かなくても、なんでもない一日を特別な一日にする。自分が主人公になる手帳。それが、ほぼ日手帳です」（2005: 2-3）

このようにして宣言された「ほぼ日手帳」のコンセプトについて、糸井自身はガイドブックにおいて次のように語っている（2005: 20-38）。手帳に自分の目標を書くという最近の流行は一つの発見ではあるが、そのように手帳を使うことは自分を縛ってしまうことにつながりかねない。「手帳に記される日々が、目標への区切りみたいに見えてくる」と、「自由なんてもの」は減ってしまうことになる。だが本来「手帳の使い方に、正解もまちがいもない」のだから、手帳はもっと自由であるべきではないか。色々な記憶や考えを整理せず「生煮えのまま」放り込めるような、余白を多くとることで仕事のことばかり小さな余白に書いて終わらせてしまうことがないような、その日に何があってもなくてもいいというような「余裕」や「豊かさ」を大切にする手帳があってもいいのではないか。糸井はインタビューのなかで他にも多くのことを語っているが、こうした主旨のことを述べて、次のように話を締めくくっている。

「そういう考え方からすると、この、ほぼ日手帳の自由さとか、手帳でありながら軽い読み物みたいな、どうしても微量の遊びだけはやめないぞという部分とか、妙なおおらかさというのは、一日を一所懸命生きたり、一所懸命たのしんだりするうえで、とても大事なんです」(2005: 38)

なんでもない一日を大切に、楽しく、そして何より自由に過ごそう――。「夢手帳」の未来志向を退けて現在に(再)照準しようとする「ほぼ日手帳」の立場は、以降のガイドブックでも「あなたといっしょに、手帳が育つ。どうぞ、なんでも、この手帳に」(ほぼ日刊イトイ新聞 2008: 3)、「どの日も、どの日も、大切な日。なくてはならない、大切なわたしの一日」(2011: 2)、「ことしのわたしは、たのしい」(2013: 3)、などとして示されている。二〇一一年末に刊行された版においては、糸井が同年三月一一日の震災に触れたうえで「『なんでもない日』というものの大切さ」を改めて述べ直す箇所もある（2011: 10）。

このような手帳が登場するとき、手帳（術）の選択肢はさらに増えることになるだろう。仕事のために用いるのか、そもそもの人生の夢や目標を導出・実現するために用いるのか、それとも目標をあえて掲げることなく、今ここを豊かに生きるために用いるのか。種々の手帳術をつまみ食いするのか、一揃えの技法を自己適用することを選ぶのか、あるいはもっと自由な使い方を探求するのか。手帳術へのコミットメントのバリエーションはさらに広がったといえるだろう。

さて、このような「ほぼ日手帳」のコンセプトは、一見すると一九七九年の『誰も教えてくれなかった上手な手帳の使い方』に近しいように思われる。つまり、人々の自由な、ときにはささやかで細やかな情緒を込めた手帳の使い方を、特定の方向へ水路づけることなくすべて許容するような手帳観が「ほぼ日手帳」には再度みられるように思われるのである。実際、たとえば二〇〇八年版のガイドブックでは、多種多様な職業につく四七名の「ほぼ日手帳」活用術が、特段の重みづけや整理枠もなく「自由な使い方」として羅列されている。その用例を一部挙げると、スケジュール管理やキーワードのメモ帳から、スケッチブック、登山記録、写真日記、妊娠・育児日記、波乗り日記、ソフトクリーム一覧、植物標本帳、少年野球コーチの日誌、模型製作の記録、競馬手帳、宇宙ステーション観測、晩ご飯&お弁当日記など、七九年の著作における雑多な用例にかなり近いようにみえる。内面的な世界を綴り、のちに振り返るという用例もここで復活する[18]。このような焦点の拡散は、糸井の上記の手帳観とも相まって、手帳をめぐる賭金＝争点や分断線の解体ともとれるかもしれない。

だが一方で、かつてへの単純な回帰ではないと考えられる。というのは、身も蓋もない単純な話だが、「ほぼ日手帳」は人々の「自由な」使い方こそがそもそも企図され、またあらゆる「自由な」使い方を許容しうるように設計された一商品だからである。「〈ほぼ日手帳〉のなかに意図していないものはほんとになくなってきてる」（2013: 138）と糸井が述べるとおり、自由に使ってみようというコンセプトから、心地よく自由に使うことを後押しする各ページの構成やデザインに至るまで、「ほぼ日手帳」は先回りして設計された「自由」によって構成されているのだ。その一例といえるかもしれない、以下のような糸井の発言をみてみよう。

「人が、ひとりでいるときには、もっとこう、ぼんやりした、なんでもない、名前もつかないような時間があるものだ。（中略）そういう、名づけようのない時間を、名づけようのない気持ちを持っているということが、その人をつくる大きな要素だと思うんです。そして、ある日、そういう中に、ぽこん、と泡みたいに、ことばとして生まれちゃうものがある。そのことばを書き留められるものとして、〈ほぼ日手帳〉が役に立ったらいいいなぁ、と思う。（中略）だから、名づけようのない不定形のものをすくい上げる、いちばん目の粗い網として、ぼくにとっての〈ほぼ日手帳〉はあります」（2012: 122, 125）

一九七九年の著作においてはただ人々が綴るままに任せられていた内面的な世界もまた、それをすくい上げるべく先回りして網が仕掛けられている。上記引用の次のページには、「とはいえ、白いページも、ふつうにあるさ」とあるように、何も書かないことですら先回りされている（2012: 126）。

ここで、社会学的時間論の先行研究を参照してみよう。先述した大久保（2013: 166）は、手帳の予定欄が埋まっているという多忙な状況を充実と誤認してしまう可能性に触れ、「手帳の空白」こそが真の充実に近しいのではないかと示唆していた。伊藤美登里（1997: 191）もまた、エンデの『モモ』を引きながら、客観化・量化された時間の管理を基本的志向とする近代的な時間感覚が人間の生活を無味乾燥なものにしてしまう可能性に触れ、「質的な意味を担った『生きた時間』」をそれに対置して示していた。

だが「ほぼ日手帳」の構想を目にした今、このような見解はやや素朴に過ぎる二元論だと思わざるを得ない。「ほぼ日手帳」は、まさに「手帳の空白」を、「生きた時間」を手に入れるべく考案された手帳（術）なのだから。「ほぼ日手帳」は、利用者に何も強要はしない。ただ、手帳はもっと楽しく、自由に使うこともできるのだという発想を提示するのみである。だがこのような働きかけの様態こそがおそらく要点である。伊藤（1997: 183, 2008: 11）は、人々の根底的な水準での認識に枠を与えるという意味で、時間を組織化するということは権力性を内包するとも指摘していたが、自由に楽しく、かけがえのない今ここを大事にし、名づけようのない時間に網を張ろうとする手帳（術）こそ、より細密な水準で、人々の時間感覚に影響を与えるものだと考えられないだろうか[19]。

このような視点を、前節までの議論にも遡って検討してみよう。第3節でみたような手帳術は、時間と情報を効率よく一元的に処理しようとする点で、大久保や伊藤が批判的に捉える近代的時間感覚そのものといえるだろう。前節でみたような夢をかなえる手帳術も、熊谷や渡邉の著作について一見する限りでは、時間管理の志向がより強迫的になっているとして、近代的時間感覚の延長にあるものと捉えられるかもしれない。だが当の熊谷（2004: 2）は、「仕事に忙殺」され、「ただ浪費されていく人生に焦り」を覚えるなかで、自らの夢を見失うことのない手帳術の考案に至ったと述べている。つまり、フランクリン・プランナー、藤沢や渡邉らの手帳術と合わせ、「夢手帳」は他者に与えられるものではない、自分自身にとっての意味が充満した時間の創出を支援する側面ももつと考えられる。藤沢に至っては、エンデの『モモ』を伊藤と同様に引用し、「生きた時間」を取り戻すための手帳術を示していた。これらの点からしても、大久保や伊藤の示唆を近年の手帳術は先回りしている。「生きた時間」を手に入れるための、また誰から与えられるものでもない自分自身の夢をかなえるための技法とそれが具現化された商品（手帳）を目の前にするとき、時間をめぐるユートピアはもはや安易に設定できないと考えるべきだろう。今あるのは、夢を描きかなえることを支援し、また日々を自由に、楽しく、ささやかに生きることを緩やかに後押ししてくれる、権力のようには一見みえないが、しかし時間感覚に何らかの指針を与えようとする、近代的時間権力の先に展開された「権力の類似物 analogues of power」（Hook 2003）なのである[20]。

（2）手帳術のデータベース化

最後に、「夢手帳」および「ほぼ日手帳」以後の、今日に至る動向をみていこう。二〇〇〇年代後半以降も、効率的仕事術や情報整理術（発想術）のために手帳を活用しようとする著作（日本タイムマネジメント普及協会 2005; 蟹瀬ほか 2008など）、夢を実現するために手帳を活用しようとする著作（大田 2011など）、特に女性に向けられた著作（さとう 2008; 浅倉 2011など）、手帳の使い方に関する総合的ガイドブックやムック本（日本能率協会マネジメントセンター 2009; 学研パブリッシング 2011など）、「ほぼ日手帳」の活用を推奨する著作[21]（倉下・北 2012）というように、既に紹介してきた内容に関連した手帳術本が刊行され続けている。

近年に特有の動向としては、次のようなものがある。デジタルツールへの代替もしくはそれとの併用を促す著作[22]（戸田 2010; 幸田 2010; 晋遊舎 2011など）。その一方で、アナログに書くことの効用もまた改めて見直してみようとする著作（野口 2007）や雑誌記事[23]。紙の手帳を二冊使い分けようと主張する著作（石川 2010）。色の使い分けや「未来完了形」といった書き方に重点をおく著作（さとう 2008, 2010; 村瀬 2012）。貯蓄やダイエット、就職活動、恋愛、主婦生活、子育てといった特定の目的に特化した著作（浅倉 2011; 野呂 2012; 倉持 2012; さとう 2011, 2013; 渡邉 2013）。第1節で示したような、手帳のカタログ本（ワールドフォトプレス 2012a, 2012b）。手帳のカスタマイズ本（舘神 2011）。もはや手帳術が全体としてどこへ向かっているのかが判然としないほどに、その用途と技法は多様化に向かっているといえるだろう。この点について、別の資料を参照してもう少し考えてみよう。

ビジネス誌『日経ビジネスアソシエ』（以下、『アソシエ』とする）では、二〇〇四年から毎年末に手帳（術）特集が組まれている。特集で扱われる用途はスケジュール・情報・アイデアの管理から、夢の実現、ポジティブシンキング、強みの発見、優先順位の高い仕事への集中、自己分析、金銭管理、モチベーション向上、チームワーク向上、ダイエット、育児への活用等、実にさまざまである。記事内容としては、各界著名人に聞く手帳の使い方、読者による独自のノウハウの紹介、その年によく売れた手帳、著名人がプロデュースする手帳の紹介、手帳の選び方ガイド、手帳の付属品・アクセサリーの活用法、読者の手帳利用状況調査、デジタルツールとの併用法等、やはり非常に網羅的である。

こうした多様な用途、網羅的な内容の特集記事をみていくなかで、年を追うごとに特に目につくようになるのは、技法の際限ない増殖である。二〇〇四年の特集では一一人による「メソッド」が紹介されたにすぎなかったのが[24]、〇九年の特集では「達人の最新テクTIPS45連発！」という記事の後に、「読者29人の手帳TIPS75」「文化人・経営者・アスリート…総勢27人　私の手帳、お見せします！」という記事が続く[25]。一〇年と一一年の特集ではそれぞれ「達人40人の厳選ワザ100に学ぶスゴ技」「達人に学ぶ『実践ワザ』１００」が掲載され[26]、一二年と一三年の特集記事のページ数は一〇〇ページを超すまでになっている[27]。こうして、仕事、私生活、人生目標の実現等、上述したようなさまざまな用途と、各人の手帳の書法、文房具の活用法、カスタマイズ法、デジタルツールとの併用法等との掛け合わせパターンが毎年次々と積み重ねられていく。こうして、『アソシエ』という雑誌メディアにおいても、手帳術をめぐるバリエーションは拡大の一途をたどっていく。

このような状況をどう捉えることができるだろうか。二〇一三年の『アソシエ』の特集の「プロローグ」には次のような言葉がある。

> 「手帳の使い方に『万能解』はない。唯一の正解は『自分に合う使い方』。アナログもデジタルも、その利点を生かせばいいし、どんどん自分流を開拓していけばいい。しかし、すべてをイチから試すのは大変。今号の『手帳』特集では、使いこなし方の実例を盛りだくさんに紹介しています。あなたの仕事や生活を充実させるためのヒントが、きっとあるはず」

一見して、手帳の使い方に正解はなく、自分で選び創意工夫するしかない、というテーゼが繰り返されているようにみえる。だが、このテーゼの意味するところはかつてと大きく変わっている。一九七九年の『誰も教えてくれなかった上手な手帳の使い方』においては、望ましい手帳の用途や技法を焦点化する向きは弱く、選択の基準も外形的なものに留まっていた。その意味で、自分で使い方を創意工夫していく、未開の余地が多く残されていたといえる。しかし、未だ掘り尽くされていない鉱脈があるかもしれないにせよ、多くの用途とそれに関する技法が既に明示された今日においては、自分に合う使い方を自ら探る余地は大きく削がれてしまっている。「すべてをイチから試すのは大変」なほどに手帳（術）のバリエーションが拡大した状況において、その読者は自らの使い方が一体誰の、どの使い方に近いのか、どのような技法をピックアップするとよいのかを、「実例を盛りだくさん」に掲載したデータベースから選び組み合わせるように対峙せざるをえないのではないだろうか。二〇一二年の特集は「手帳術の世界へ、ようこそ」として始まるのだが(28)、いまや手帳術は、数多の日常への向き合い方のバリエーションを備えて、つまり日常からあらゆる方向へとその網目を行き渡らせ、各所で理論武装し、技術もまた実装して、私たちがその「世界」に迷い込むのを待ち構えるようになったのである。

6　日常感覚を共有するコミュニティの形成

(1) 節合可能性の増大という視点

ここまでの各章と同じく、四つの分析課題に本章での知見を落とし込んでいくことにしよう（図表4-1）。

まず第一の論点「賭金＝争点」について。手帳術本においては、望ましい日常や目指されるべき状態という賭金＝争点が、時期を追って変容している、あるいは同時期においても複数の志向が並立しているようにみえる。つまり、当初曖昧なままに示されていた手帳術の行く先は、一九八〇年代になるとビジネスの文脈に落とし込まれ（主に効率的な時間管理と、創造的な活動に向けた情報管理に向けられ）、やがて二〇〇〇年代になると夢の実現という文脈に手帳術の意義を一義化しようとする著作群が登場することになる。同時期に注目を集め始めた「ほぼ日手帳」では、手帳術の用途・技法を限定することなく、より「自由な」使い方が推奨されるようになる（だがそれは、人々の生を捉えようとする、ある種最も細密な網であるようにも思える）。そして〇〇年代後半以降の手帳術は、用途と技法の終わりなき肥大化に突き進み、今日における手帳術の賭金＝争点は、そもそも自分自身がどのような日常を望ましいと思うのか、またどのような状態を目指すのかということそれ自体を自己導出し、またそれに見合った手帳（術）やその付属品を適切に選んでいくことへと変わりつつある。

第二の論点「差異」について。このような賭金＝争点の変容に伴って、人々を切り分ける分断線の

図表 4-1　第四章での知見の整理

時期／手帳類型	賭金＝争点	差異	闘争	界の形成
1979 年時点	不分明	自覚的活用（正統的技術不在）	—	初の手帳本
システム手帳論	手帳の最適な構成	自覚的活用（カスタマイズ）	従来の綴じ手帳批判	手帳をめぐる言論の創出
手帳術本一般	効率的・俯瞰的時間管理、情報処理習慣構築	自覚的活用（技術的実装）	従来的用法批判	ビジネス領域への文脈化
夢手帳	夢の導出と実現	夢への態度	目標不在の手帳批判	オリジナル手帳ブーム
ほぼ日手帳	かけがえのない日常の祝福	積極的解体へ	夢手帳の批判	CGM 的コミュニティの活用
2000 年代後半以降	望ましい日常の自己決定	無数の選択肢からの最適な選択	紙の手帳の批判、見直し	無数の用途・技法による飽和

様態も変化していく。一九七九年の著作において示された、いい使い方をめぐる分断線は、八〇年代後半以降に技術的根拠が与えられるようになる。二〇〇〇年代の夢の実現に特化した手帳術本においては、夢があるか否か、それをもとうとしているか、日々夢に向かって最大限の努力をしているかといった、夢をめぐる精神的態度をめぐって分断線が引き直されることになる。その一方で、「ほぼ日手帳」や近年の手帳特集では、上述したように手帳の用法に正解はないとして、積極的に手帳術のヒエラルキーを解体しようとする物言いもみられた。しかしこのような場合でも結局のところ、そもそも手帳というツールを用いること、そしてできるならば意識的に用いることが望ましいという線は譲られていない。既に述べてきたように、数多の手帳術が乱立し、またそれらが手帳術のガイドブックや雑誌記事で並列的に紹介される状況で現われるのは、こうした諸々の選択肢（データベース）のなかで自らに合った手帳（術）を選ぶことができるかという、自覚という点では表面上は同様であるもの

の、その自覚をめぐる状況がかつてと大きく変容したところで引き直された分断線なのだと考えられる。

第三の論点「闘争」について。手帳術本では、他の章で扱った資料よりも明確に、他の手帳術が批判されて自らの主張を展開することが多い。そしてそれが手帳術の系譜を実際に紡いできたといえる。これまでの議論に屋上屋を架すようなものとなるが、その系譜を再度たどってみよう。まず、システム手帳論は従来の手帳をお仕着せのものであると批判し、拡張性の高いシステム手帳の活用を主張していた。次に、一九八〇年代から九〇年代までの手帳術は、従来的な手帳の用途に埋没してきたのではないかとして、時間・情報管理を主眼としたより効率的な活用を主張していた。すると、そうした手帳術においては、優先順位を定めることまではできるかもしれないが、そもそも人生において何を優先するかを考え抜かなければ最終的に自らが疲弊してしまうとして、夢や目標の導出・実現を前面に押し出した著作群が登場する。このような夢の実現に志向した著作群が現われると、今度は夢に特化する手帳はむしろ窮屈なものではないか（糸井）、夢を追うことで今ある幸せを見失ってしまうのではないか（さとう 2008: 4）、そもそも手帳で夢がかなうのだろうか（幸田 2010: 3）といった批判がなされ、「ほぼ日手帳」、「幸せ」に照準した女性向けの手帳術、デジタルツールによる情報整理術への回帰といった代案が示される。そしてこうした主張と並行するように、デジタルツールもいいが、紙の手帳には独特の意義があるとして再度手帳の意義が論じ直されるようになる（野口 2007: 1–2）。こうして、既存の手帳術を切り伏せ、新たに差異化・卓越化された新たな手帳術が示され、さらに次なる立場が主張されるという連鎖が続くことによって手帳術は「進化」してきた。直接的な対論は管見の限りではみられなかったものの、日常への正統なまなざし、正統な関わり方をめぐる「象徴闘争」によって手帳術本は駆動しているようにみえるのである。

最後に「界の形成」について。手帳術に関する言論がまとまったかたちをなしてきたのは一九八〇年代半ばであった。それに対し、手帳をめぐる批判と代案の応酬が活性化し、また手帳に関するムック本や雑誌記事が定期的に組まれるようになったのは二〇〇〇年代前半であった。〇〇年代前半という時期は、図解本や解説本が多く刊行されるようになった時期であり、また経済中心の誌面構成から個々人の資質形成に関する記事中心の誌面構成へと舵を切るビジネス誌が複数現われた時期でもある。その意味で、後者に関しては、自己啓発界全体の動向と関連して起こった変化だとみるべきかもしれない。

手帳をめぐる言論が活性化してきたこの時期、それらの起点となった「ほぼ日手帳」や「夢手帳」と共に台頭してきたのが、手帳(術)をめぐるコミュニティである。手帳をめぐって人々が何らかのコミュニティを形成することの先駆としては、パソコン通信ネット(ニフティサーブ)のフォーラム上で活用法が議論されていた「『超』整理手帳」があるといわれ、舘神(2007: 67)はこのような双方向的に作成・改良される手帳を「CGM(Consumer Generated Media:引用者注)的な手帳」と呼んでいる。[29]「ほぼ日手帳」の場合はユーザーの声を取り入れた改良をガイドブックにおける一つのコンテンツとして組み入れており、糸井がユーザーも含めて「ほぼ日手帳一座」(ほぼ日刊イトイ新聞 2013: 140)だと述べるような、手帳の活用や改良をめぐって人々がやりとりし、また変更箇所の解説を楽しむコミュニティが可視化されているといえる。「夢手帳」の場合も、著者の幾人かは手帳術の講座を開催しており（第一章におけるインタビュー対象者のなかにもその参加者が数名いた）、フランクリン・プランナーは企業研修でしばしば用いられ、また「夢手帳」に限らずとも、利用者自身が企画した「手帳術オフ会」が巷では開かれている。手帳術に関しては、本章でみてきた言論上の展開のみならず、このような各種のコミュニティの現出という観点からも、界の形成について考えることができる。

またここからわかるのは、自己啓発界への参入は、単に著者や著作と読者個々人の関係のみを通して行われているのではないということだろう。参入を中間的に支えるコミュニティや、参入を促すとともに利用者を繋ぎとめるアイテムやサービスがそれぞれ媒介となって、またそれが参入の継続性をもたらしつつ、今日の自己啓発界は成り立っているのではないかと考えられる。

こうした観点から界の形成が捉えられる一方で、手帳術が日常に侵入していく様態という観点からもその形成は捉えられるように思われる。当初、手帳術という言葉がまだ用いられていなかった頃、手帳は自己啓発の文脈で活用できる可能性を秘めていたものの、少なくとも言論上ではその文脈には落とし切られておらず、手帳の活用は人々に委ねられていた。しかしこれがビジネスの文脈へと落とし込まれ、のちに人生目標の導出・実現もできるとされ、何にもない一日を特別な一日にできるかもしれないとされ、就職活動や恋愛等にも応用できるとされ、そして各種の技法が増殖するなかで、手帳術は私たちの今ここをますます多方面から覆うものへと変貌していく。より一般化すれば、自己啓発への節合可能性を秘めつつも未だ節合されずに留まっていたものが、実際に特定の文脈に落とし込まれてハウ・トゥ化され、その活用可能性を漸次拡大していくというプロセスを本章では追跡してきたのだが、このようなある事項の「節合可能性の拡大」こそが、ある事項へと自己啓発が侵入していく、また自己啓発界が拡大していく経路そのものだとは考えられないだろうか。この仮説的見解については、次章でも改めて検討することにしたい。

(2) 手帳術と時間感覚の再同期化

最後に、本章内で幾度か言及はしているものの、再度、時間感覚という観点から本章の分析結果について整理しておくことにしよう。

考えたいのは、社会学的時間論の主要な論点の一つである、近代的時間感覚との関係性についてである。長田攻一（1996: 156-157）は、エドワード・ホールの「ポリクロニックな時間」と「モノクロニックな時間」――時間を実体視せず、「現在のスケジュールを守るよりも、人間のかかわり合いと、相互交流に力点を置く」という前者の時間感覚と、時間を細かく分断し、スケジューリングし、「一度に一つのことだけに集中」し、時間の節約を重視して浪費を戒めるような後者の時間感覚（Hall 1983＝1983: 62, 65）――という対比を用いて、近代社会では一般的にポリクロニックな秩序からモノクロニックな秩序の側への移行が進展すると述べている(30)。また加藤（1987: 12-38）は、現代社会（当時）において時間はますます細かく分断され、計測され、そこに予定が詰め込まれ、人々はそれに応じて役割を細かく切り替えて生きているという時間の「微分化」「濃密化」傾向にあると指摘していたが、これは両秩序が混交状態にあるとホールが指摘した日本においても（Hall 1983＝1983: 74-78）、モノクロニックな秩序が強まりつつあることを観察したものといえるだろう。

本章では多くの手帳術のバリエーションをみてきたが、そもそも時間が細かく分断された手帳の活用論であるという点で、また効率や一元的情報管理、目標管理といった志向を多くの手帳術が有する点で、モノクロニックな秩序をより具現化しようとする、また使う者にとってはそれを習慣化しようとするテクノロジーとして手帳術の基本的性質を定位することができるだろう。また、長田が近代的時間感覚の別様の特徴として指摘する「時間の稀少性意識」（1996: 160）、時間を「資源化」（1996: 165）しようとする志向も、ほとんどの著作に当てはまるものといえるはずである。

だが、今日の手帳術は、近代的時間感覚の単純な延長上にあるのだろうか。伊藤（2008: 98-115）は近年において、労働時間の非標準化、ライフコースの多様化、メディアの発達による時間の「非同期化」と「個人化」が起きていると述べている。これは、近代の時間感覚の象徴としてしばしば言及される教会（Zerubavel 1981=1984）、学校（橋本・栗山 2001）、組織（Adam 1990=1997）における、いわば「同期化」を旨とする「制度としての時間」の浸透とは異なる事態である。手帳術は近代的時間感覚を基本的には継承しているとはいえ、伊藤（2008: 98）がウルリヒ・ベックを参照して「第二の近代」の特徴として指摘する傾向、つまり時間感覚の「非同期化」と「個人化」をも体現し、また促進するような、より今日的な志向を有しているとみるべきだろう。

しかし前項で述べたように、手帳術は単に時間感覚を純粋に個々人のものとするのみではない。舘神（2007: 62）が「有名人の時間感覚の結晶」と述べた著名人による手帳、あるいは「ほぼ日手帳」やフランクリン・プランナーなどの解説書つきの手帳は、それを読み使う人々に、時間感覚の「正解」や指針を与えてくれるものである。前項で述べた手帳をめぐるコミュニティは、そのような時間感覚、あるいは日常の過ごし方をめぐる感覚を共有する人々によって成り立っていると考えられる。その意味で、手帳術は「第二の近代」における時間感覚の「再同期化」を促すジャンルだともいえるのではないか。前著では、自己啓発メディアは「再帰性の打ち止まり地点」(牧野 2012a: 182)を提供すると述べたが、ここまでの議論からすれば、自己啓発メディアは場合によっては「再帰性を打ち止めるコミュニティ」を発生させるのかもしれない。

さて、第二章と第三章では「男性性」と「女性性」という対になるテーマを検討した。本章で扱ったのは「時間感覚」だったが、これと対になるといえそうなテーマは何だろうか。次章ではそのような素材に接近してみよう。

注

(1) 手帳術本が示す時間感覚のさらなる底流には、時間管理(術)をめぐる、長い歴史と厚みをもつ議論の潮流が間違いなくあるだろう。だが本章では、時間管理術そのものを検討することは、自己啓発のまなざしがある対象へと新たに侵入する系譜を捉えようとする本章の主旨を拡散させかねないと考え、手帳術本に特化した分析を行うこととしたい。

(2) データベースの最終検索日は二〇一四年一〇月二八日。書誌情報については、他のオンライン書籍データベースを併用した。

(3) もちろん、手帳そのものの構造が特定の使い方や時間感覚の習得を要請してくる側面はあると考えられるが、本章では自己啓発書がみせようとする「世界」の分析という立場の一貫性を保持するため、手帳術本を資料として選択している。

（4）一八六八年に政府印刷局が「現在の警察手帖や軍隊手帖のようなものを製造させて、警官や軍人に所持させた」といわれる。ただこれは身分証明書とマニュアルを兼ねたもので、現在の手帳の核となるスケジュール機能は搭載されていなかった（田中 1972: 137–138）。

（5）これは、優先順位の高い仕事（Aランクの仕事）をする時間（Aタイム）を最大限に作ろうと述べる、ジェームズ・ヌーンによる時間管理術『「A」タイム――時間管理のスーパーテクニック』（Noon 1985＝1988）を範としたものである。

（6）舘神（2007: 28）は、一九九〇年代になるとシステム手帳はPDA（Personal Digital Assistant、携帯情報端末）に押され、陰りがみられるようになるものの（より単純に、不況によって高価なシステム手帳を買う人々が減ったためかもしれないが）、それによって再び名入手帳の時代がやってくることはなかったと述べる。それは、本文で述べた手帳の自己選択志向の強まりに加えて、九〇年代の不況期において、コスト削減のために名入手帳を廃止する企業が増えたためだと述べている。

（7）ただ、時間創出の目的は仕事のさらなる充実を図るためであり、また趣味そのものの発見に殊更紙幅が割かれることはない。

（8）ただし山根の場合、「地球史的観点からの時間管理術」が謳われており、個人の人生の先に世界史、地球史という観点が置かれていた。

（9）しばしば編集者から「神田以前・神田以後」と語られる、経営コンサルタント・作家である神田昌典の影響についても考えるべきかもしれない。つまり、神田が二〇〇二年に刊行した『非常識な成功法則――お金と自由をもたらす8つの習慣』のなかで、「目標は紙に書くと実現する」と述べ、その後に「やりたいこと」を導出する技法とその意義について多くの紙幅を割いて言及したことが、後述する夢の位置価浮上に関係している可能性である（神田 2002: 40–76）。女性向け自己啓発書においても、ほぼ同時期に中山庸子『今日からできる　なりたい自分になる100の方法』（2000: 20-24）や、浅見帆帆子『あなたは絶対！運がいい』（2001: 58-61）および『わかった！運がよくなるコツ――ウソだと思ったら、ためしてみよう』（2002: 63-64）といった著名な書き手によって夢を書き出すことが奨励されている。

（10）フランクリン・コヴィー・ジャパンは一九九四年、当時は「デイ・プランナー」という名称であった手帳を販売していたフランクリン・クエストの日本支社フランクリン・エクセレンス・インクとして設立された。それが九七年、フランクリン・クエストと、『7つの習慣』のスティーヴン・R・コヴィーが設立したコヴィー・リーダーシップ・センターとが合併してフランクリン・コヴィーとなったため、それに伴って翌年にフランクリン・エクセレンス・インクからフランクリン・コヴィー・ジャパンへと社名変更を行っている。

（11）佐々木の著作では、スケジュール管理に主眼がおかれてはいるものの、「『スケジュール帳』は、夢を実現するためのツールである」（2003: 2）とやはり夢と手帳が節合されたうえで著作が書き出されている。また、「わたしがするべきこと」「わたしがしたいこと」等について書き出し、それをスケジュールに落とし込んでいくという技法や（2003: 19）、被害者意識で生きるのではなく「わたしの人生は、誰が主役なの？」という観点から日々の「人生脚本」を描いていこう、それこそが「主役力」の発揮なのだという自己と他者をめぐる二分法的思考など（2003: 11-13; 2005: 24）、ここまでに紹介してきた手帳術の傾向や女性向け自己啓発書の内容と諸々重複しながら、その主張が展開されている。

（12）これは、かつての内面的な世界の振り返りとは質が異なるものだと考えられる。日々をただ綴り、振り返ることとそれ自体が目的とされるのではなく、夢を明らかにするために、その時点から、定型化された手続きによって過去を振り返るという、過去を一種の資源とみなす点で大きく異なっている。

（13）上述した舘神（2004: 123）は二〇〇四年九月の時点で熊谷の著作の好調な売れ行きに言及しており、その影響の大きさが看取できる。また、渡邉が代表取締役社長・ＣＥＯを当時務めていたワタミグループでは、〇六年一月から全社員が、渡邉がプロデュースした手帳を使用し始めているという（渡邉 2005: 5）。渡邉の著作は、第一章で紹介した読者インタビューのなかで、『7つの習慣』とともに最も多く購読経験者がいた著作の一つであった。

（14）これは、前著で示した、著者の優位性をいかなるときも担保することのできる「万能ロジック」（牧野 2012a: 58）の一例だといえるだろう。夢は諦めなければ必ず実現できるという法則の正しさを、思いが足りなかった、諦めたという実践の不足の問題に落とし込むことができる説明形式だと考えられるのである。

（15）二〇〇二年の『人生は手帳で変わる』のアイデアは、「フランクリン・プランナー」の前身となる「ディ・プランナー」の解説書『フランクリン・システム』（フランクリン・エクセレンス・インク監修 1995）において既に示されている。たとえば、「ユーザー一人が自分自身の中で明確化した価値観、その価値観実現のための時間管理ツール」（1995: 15）こそがプランナー（手帳）だ、そのためには「誰もが気持ちのどこかに持っているいくつかの願望、ボヤッとした価値観のようなもの、静かなときには頭に浮かぶが忙しさにまぎれていつも忘れてしまう価値観、そういったものを明確な目的としてとらえてみることが大切になってくるわけだ」（1995: 103）といった言及にあるように。だが同書では、価値観の導出の技法が詳細に語られることはなく、また『人生は手帳で変わる』に比して、価値観を導出することの意義についての説明がかなり少ないものとなっている。

（16）上述の舘神（2007: 35-40）は、終身雇用制の崩壊によって揺らいだ会社共同体への帰属感を、「知名度や業績、あるいは経営している会社の実績が、その手帳なりを使った結果＝実績として提示されている」有名人の手帳が埋め合わせたのではないかと述べている。また、フランクリン・プランナーは直接的ではないが、間接的にコヴィーの『7つの習慣』と連動しているともいえる。

（17）糸井によって「スタッフや読者が持つ『生徒手帳』みたいなものが欲しいね」という提案はなされて

いたものの、実現には至っていなかったというそれ以前の経緯があったという（ほぼ日刊イトイ新聞・山田 2005: 95）。

(18) これは、市井の人々の用例に約四半世紀ぶりに焦点があてられたために、再度みられるようになっただけかもしれない。

(19) とはいえ、「ほぼ日手帳」はおそらく、手帳という対象が自己啓発の文脈にますます落とし込まれていく風潮への最善の代替案を提示したのだろう。目標や技法に囚われた手帳術を、同じ土俵に立って書き換えようとするとき、そこには別様のテクノロジーの提示が不可避的に伴われることになるのだから。しかし、このような代替案も、繰り返し編まれる手帳術関連の雑誌記事やムック本、ガイドブックにおいて、糸井と「ほぼ日手帳」が「夢手帳」をはじめとする他の手帳術と並列的に紹介されることで、弱毒化されてしまうことになるのだが。

(20) デレク・フックは心理療法を、フーコー流の規律訓練的（近代的）権力のみならず、司牧的な統治の（より現代的な）テクノロジーとして論じる文脈でこのような表現を用いていた。

(21) 同書は下述する、デジタルツールとアナログ手帳の同時活用を推奨する著作の一群でもある。

(22) これらの著作には、生活をデータとして記録する「ライフログ」に関する言及も含まれている。スケジュール管理、情報管理、自己管理に関連する近年の重要な動向だといえるが、これは本章でこれまで追ってきた紙媒体の手帳術ではごく一隅を占めるに過ぎず、またそうした紙媒体への記録はライフログ論の本流とは言い難いように思える（山守 2012）。そのため、本書では掘り下げた言及は割愛し、その動向の追跡は今後の課題としたい。

(23) 「決定版手帳術２０１２」［『日経ビジネスアソシエ』2011.11.1/15: 20］、「『あなたの正解』を探そう」［『日経ビジネスアソシエ』2013.11.1/15: 5］。

(24) 「能率３倍ＵＰし、目標達成を助ける　目からウロコの『手帳活用術』」［2004.12.7: 30–50］。

（25）「手帳活用術２０１０」[2009.11.3: 20-77]。
（26）「使い方、選び方がすべて分かる！決定版手帳術2011」[2010.11.2/16: 20-89]、「超決定版！手帳術２０１３」[2012.11: 12-115]。
（27）「１年後、成長を実感するための手帳大全２０１４」[2013.11: 12-125]。
（28）上掲記事「超決定版！手帳術２０１３」。
（29）手帳術をめぐる言論が積み重なったことの象徴として、ここを含め本章で幾度か言及した舘神龍彦の活動は示唆的であるように思われる。舘神は「手帳評論家」を名乗り、ときに本章で幾度か紹介したような手帳に関する動向を評論し、また自著や雑誌上で、手帳の活用法や選び方について著述している。このような舘神の活動が可能になるということは、彼自身の言説戦略の成果でもあるだろうが、一方でそのような活動を可能にするだけの手帳（術）をめぐる言論および手帳そのものの蓄積が進んできたことを意味しているとも考えられる。
（30）今津孝次郎（2008: 63）も、近年になるにしたがって、日本においてもモノクロニックな志向がより強くなっている可能性を指摘していた。

第五章　私的空間の節合可能性
――家事の自己啓発的転回と私的空間の聖化

1　「片づけ」で人生が変わる？

二〇〇〇年代後半から一〇年代にかけて、書店の自己啓発・ビジネス書棚ではないところにおそらく陳列されるものだが、しかし自己啓発書と表現できるような書籍群がベストセラーになっている。日本初の「かたづけ士」を名乗る小松易による『たった1分で人生が変わる片づけの習慣』(2009)、クラター・コンサルタントのやましたひでこによる『新・片づけ術　断捨離』(2009) および『不思議なくらい心がスーッとする断捨離』(2011)、片づけコンサルタント・近藤麻理恵による『人生がときめく片づけの魔法（1）（2）』(2010, 2012) 等がそれである。

ものを片づけることで「心がスーッとする」、あるいは「人生が変わる」――。少なくとも前者については「なんとなく」理解できるかもしれない。しかし議論を先取りすると、その「なんとなく」分かる心理的効用が、書籍における中核的メッセージとして示されるようになったのは比較的近年のことである。これは「人生が変わる」という主張についても同様なのだが、このような主張が前面化してくる系譜をたどることは、本書の狙いにまさに合致するといえないだろうか。つまり、片づけというこれ以上なく日常的な営みにどのような意味が込められてきたのかという系譜を追っていくことが、「日常に侵入する自己啓発」という本書のテーマをさらによく掘り下げることになると考えるのである。

さて、系譜をたどるにあたっては、まず今紹介したベストセラーの内容を確認すること、つまり今日における片づけと自己啓発の関係性を確認することから始めることにしよう。

(1) 小松易『たった1分で人生が変わる片づけの習慣』

まず、小松の『たった1分で人生が変わる片づけの習慣』についてみていこう。同書の中核にあるのは、「『あなたの人生』と『身のまわりの状態』はリンク」している」、だから「身の回りを片づけると、人生が好転し始め」る、片づけによって「あなたが思い描いている人生を実現させることができる」という、ある種の逆転の発想である(2009: 11-12, 16)。小松がこう述べる根拠は何か。それは、小松が考える「片づけ」という行為の内実に関連している。小松は、片づけるという営みは、モノを減らすこと(整理)と使いやすいようにモノをおくこと(整頓)を基本動作としつつも「ただの整理整頓とは違う」もので、過去に経験したことや体験したことに徹底的に「かたをつける」「リセットする」ことにかかわる営みであるとされる。既に終わったこととモノを逐一徹底的に片づけ、リセットすることで、新しいことへと向かえるように現在の自分が変わり、その結果「自分の思い描いている未来」に近づくことができる行為、それが片づけであるというのである（2009: 15-16, 32-33）。

片づけを行う際の「何を捨てて、何を残すか」「何が必要で何が不必要か」という線引きもまた、人生の変転に関わってくると小松は述べる。つまり、この線引きができるか否かは、「人生において何をしたいのか」という価値観が自らのうちで明確になっているかどうかを表わすのだという。だからこそ、片づけのプロセスを通してその線引きを明確なものとすることができれば、「本当に大切なもの、本当にやりたいこと」が明らかになり、やはり人生が変わることになると小松は主張する（2009: 35-39）。また、ここまでみてきたような「正しい片づけ」を「習慣化」することができれば、たとえば仕事においては優先順位の判断力や情報処理能力の上昇にそれらは表われ、仕事における成功も収めることができるようになるともされる。かくして、片づけを通して人生の諸局面における差が徐々に広がっていくことになると小松は述べる（2009: 16, 32, 58）。

（2）やましたひでこ『新・片づけ術　断捨離』『不思議なくらい心がスーッとする断捨離』

次にやましたの『新・片づけ術　断捨離』『不思議なくらい心がスーッとする断捨離』をみていこう。やましたは、自らが主張する「断捨離」という営みを、「『断』＝入ってくる要らないモノを断つ」「『捨』＝家にはびこるガラクタを捨てる」「『離』＝モノへの執着から離れ、ゆとりある〝自在〟

の空間にいる私」という要素からなるとし、以下のように定義している（2009: 5–6）。

> 「モノの片づけを通して自分を知り、心の混沌を整理して人生を快適にする行動技術」
> 「家のガラクタを片づけることで、心のガラクタをも整理して、人生をご機嫌へと入れ替える方法」
> 「要するに、片づけを通じて『見える世界』から『見えない世界』に働きかけていく」

小松と同様に、断捨離も片づける（≠捨てる）ことを中核においた技法だといえるが、やましたもまた、断捨離は「単なる掃除・片づけとは異なります」として従来的技法との差異を強調する。従来の片づけ法はもったいない、使えるか否かといった「モノを軸とした考え方」をとるが、断捨離は「このモノは自分にふさわしいか」という問いかけを主とし、「主役は『モノ』ではなく『自分』とする。つまり『モノと自分との関係性』を軸にモノを取捨選択していく技術」なのだという。思い出があるモノだからと過去に縛られず、いつか使うかもしれないからと未来にも縛られず、「時間軸は常に『今』」として、今の私が使うかどうかをつねに考えること。「主語は常に自分」として、自分に不必要なモノを徹底的に手放し、一方で「今の私に相応しい」「生きた存在のモノだけ」を積極的に選んでいくこと。こうして「今・ここ・自分」を貫くライフスタイルを確立することが、結果として「自分自身を深く知ることに繋がり」、やがて「ありのままの自分を肯定できるように」、また「〝自分らしさ〟を取り戻す」ことができるようになる――そのための技法が断捨離だというのである（2009: 6–7, 21–23, 2011: 40, 82）。

「既存の整理・収納術」とも断捨離は異なるという。たとえば、整理・収納術の主眼は「部屋をキレイにする」ことにあるが、断捨離は上述したように「本当の自分を知ることができ、好きになれる」ことを最大のメリットとする点で異なる（2009: 25）。あるいは、多くの整理・収納術では「そうじ」の意味づけが曖昧になっているが、モノの絞り込みを行う「片づけ」、収納術である「整頓」、「掃く・拭く・磨く」の「掃除」は質的に大きく異なるのであり、それらを明確に区分したうえで、まず片づけを先に行わねば整頓と掃除の成果をあげることはできない、というように（2009: 105）。

さらに、「断捨離は、節約や清貧生活のすすめではない」ともされる。断捨離はモノを絞り込むことをその作業の一環として求めるものの、上述したように自己発見や自己肯定を主眼としている。そのため、「自分はそんなレベルじゃない」という思いを退け、「セルフイメージ以上のモノをあえて使う」ことで、「潜在意識のセルフイメージ」を高める消費行為はむしろ推奨されるのである（2009: 171-174）。

もう一点、やましたにおいてしばしば示されるのが、「空間」のイメージをめぐる見解である。片づけを「日常において『清々しい場＝聖なる空間』をキープする」ことと捉えること（2009: 8）。家そのものを「パワースポット」にすること（2011: 131）。部屋を神社のように掃き磨き清められた空間にすること（やました・川端 2009: 148）。住まいの「デトックス」をすること（2009: 36）。「モノに与えてしまった空間を自らのもとに取り戻す」というのみならず（やました 2009: 31）、こうした見解には私的空間に清浄性、あるいは聖性を充たそうとする志向がみられるように思われる。聖性という点に関しては、より直接的にやましたが、目の前の「見える世界」、心という「見えない世界」の先に、

「神の領域」「サムシング・グレート」「スピリチュアルな次元」等と表現される「もっと見えない世界」があり、断捨離の営みの先にはそれらがつながっていると述べる箇所もある（2009: 179–180）。

（3）近藤麻理恵『人生がときめく片づけの魔法（1）（2）』

近藤の著作もまた、「一度片づけたら、絶対に元に戻らない方法」（2010: 1）、つまり片づけることを主題とするものだが、小松らと同様に、片づけるという行為はそれのみに留まるものとはされていない。近藤もまた、「家の中を劇的に片づけると、その人の考え方や生き方、そして人生までが劇的に変わってしまう」、なぜなら片づけをして「過去に片をつけた」結果、「人生で何が必要で何がいらないか、何をやるべきで何をやめるべきかが、はっきりとわかるようになる」のだと述べている（2010: 3–4）。

他の技法との差異もやはり幾度か示されている。収納法は一見片づけの問題は解決したように錯覚してしまうがそれは「しょせん、付け焼刃の解決法」に過ぎず、モノを捨てる（≠片づける）ことこそが行うべきことである。「場所別」や「性格別」の片づけ法には意味がない。片づけは毎日少しずつ進めるのではなく「祭り」としてまず一気に行い、その後日々の片づけを行わねばならない。汚れを相手にする掃除と、モノを相手にする片づけは違うのだ、等々（2010: 38–46, 2012: 17）。

近藤が示す技法の手順についてみてみよう。まず推奨されるのは、「片づけをすることで、いったいなにを手に入れたい」のかを考えること、より具体的には「理想の暮らしを考える」ことである。そのなかで「自分が幸せになるため」に何が必要なのかを考え、納得できるようにすることが求められる（2010: 55–59）。

次に中核的作業である捨てる作業に進むのだが、小松らともやはり部分的に重複しつつも、近藤独自の主張として示されているのが、その捨てる際の基準である。それは「ときめき」、つまり「触った瞬間に『ときめき』を感じるかどうか」で決めるというものである。これ以上の説明はなく、「ときめくかどうか。心にたずねたときの、その感情を信じてください」とあるのみである。しかしその感情を信じて片づけを行い、また日々行動すると、「本当に信じられないくらい、いろんなことがどんどんつながりはじめ、人生が劇的に変化していきます」と近藤は述べる。それは「まるで、人生が魔法にかかったかのように」、と（2010: 59, 170）。

また、近藤もやはり「空間」をその片づけ論における重要なポイントにしているようにみえる。近藤が目標として示すのは、「自分が持っているモノ一つひとつに対して、迷いなく『大好き！』と思えるモノだけに囲まれた生活」（2010: 265）である。たとえば、近藤自身の生活の情景は以下のように示されている。

「清らかな空気が流れる静かな空間で、あったかいハーブティーをカップに注ぎながら、今日一日を振り返る至福の時間。まわりを見渡すと、壁には海外で買ったお気に入りの絵がかかっていて、部屋の隅にはかわいいお花が生けてあります。そんなに広くはなくてもときめくモノしか置かれていない部屋で過ごす生活は、私をとってても幸せな気持ちにしてくれます」（2010: 49-50）

このような、自分のときめくモノしかおかないスペースは、「自分だけのパワースポット」になりうるのだという。部屋では「最高に自分がときめく部屋着に着替えて、自分のセルフイメージが高まるようにするべき」だとされ、またモノを減らしていくことは「デトックス」と表現される（2010: 76-77, 98, 253）。スピリチュアルな次元との関連を述べるやましたとまったく同様ではないにせよ、近藤にもまた、私的空間に清浄性や聖性を付与しようとする志向は分け持たれているといえる。この点に関して近藤の興味深い点は、「私は今でも、自分自身には自信がありません」とする一方で、「けれど、自分の環境には自信があります」と述べている点である（2010: 236）。もう少し説明すると、「一つ残らず、本当に大好きで愛おしくて大切で、素晴らしいものに囲まれて生きて」おり、「自分がときめくモノたちや人たちに支えられている」ことによって、「自分はだいじょうぶ」と思えると述べているのだが、このような言及においては、自分の部屋という空間そのものが自己アイデンティティと混然一体になっているようにみえるのである。

（4）掃除・整理収納・片づけをめぐる節合可能性の系譜へ

ここまで、三者のベストセラーについて概観してきた。各著作からは、重複する志向として三点ほど抽出できるように思われる。第一に片づけ、概していえばモノを捨てるという行為が各著作の焦点になっていること。第二に、その片づけという行為は、単に整理整頓のみを目的とするのではなく、人生や自己の変革にもかかわる営みとして位置づけられていること。第三に、これはやましたと近藤にのみみられるものだが、片づけの一環として、私的空間の浄化が目指されていること。

ところで、こうした諸志向は各著者の独創性によるものだと考えるべきだろうか。言い換えれば、片づけという日常的な行為と自己啓発の節合は、彼（女）らの天才的な着想によってなされたものだと考えるべきだろうか。また、このような問いをどのように検証することができるだろうか。ここで、小松らが従来的な掃除法、整理・収納法、片づけ法等との差異化をもって、自らの主張の新奇性を訴えていたことを思い出してみたい。つまり、従来的な議論とは異なり、私たちは片づけに注目するのだ、特に捨てるという行為はそれ自体に留まらない効用を有するのだ、その行為を通じて私的空間を浄化することができるのだ、というように。

だとすれば、先に示した独創性をめぐる問いを検証するにあたっては、この差異化の宛先を順次たどっていくことが一つの有力な方策となるだろう。つまり、掃除、整理・収納、片づけ（捨てる）といった実に日常的な行為は、いかにそれのみに留まらない行為として、つまり自己啓発的効用を有する行為として捉えられるようになったのか。それらは天才の独創によってなされたものなのか。そうでないとすればいかなる系譜の果てにそのような着想は生まれ、近年のベストセラーを生むに至ったのか。以下、まず掃除（第2節）、整理・収納（第3節）、捨てること（第4節前半）という各テーマにおける議論の系譜をたどり、そのうえで空間の浄化に関する議論の系譜をたどることとしたい（第4節後半）。

2　掃除の「発見」

まず掃除についてみていこう。掃除という行為に自己啓発、より精確に述べるならば修養や精神浄化の契機を見出そうとする思想の根は深い。教育学者・沖原豊の編著による『学校掃除――その人間形成的役割』（1978）では、ケガレを忌み、それをみそぎ・はらうという神道等に由来する清浄感、掃除によって悟りを開いたとする周利槃特《しゅりはんどく》以来の仏教、特に禅宗における掃除（物の掃除）と修行（心の掃除）の結びつき、茶道や儒教における礼法としての掃除の重視とそれに関連する家庭でのしつけ、寺子屋・私塾・藩校における掃除の伝統等の思想的底流が紹介されている。他にも、便所神や厠神等を祀る寺社は日本各地にみられ（小松 2003）、やはり各地に生活やハレ・ケを区切る行事として掃除を位置づける習俗があり（大島・御巫 1984）、そして天理教（石崎 1978）や一燈園（原川 1961）をはじめとする新宗教や修養団体において掃除を修養の一環として捉える実践がなされてきたことなどを考えると(1)、掃除という行為をそれのみに留まらない行為として捉える態度は近年になって形成されたものではないといえるだろう。

だがこうした「伝統」が連綿と保たれて現在に至っているわけではない。少なくとも自己啓発界においては、ある時期、ある会社経営者を起点として、掃除を修養や企業経営と節合して捉える言論が急激に増殖し、定着したとみられるのである(2)。本節ではその展開を追っていくことにしよう(3)。

そのある経営者とは、ローヤル（現イエローハット）創業者の鍵山秀三郎である。彼が一九六一年の同社創業以前から行ってきた早朝掃除が、企業文化の改善、企業経営における一手法として九〇年代前半に注目を集めたことが、自己啓発界が掃除を一つの資源として発見する契機になったと考えられる[4]。もちろん、特定の経営者が掃除を重要視していたという事例はかなり以前からある。たとえば、松下電器（現パナソニック）創業者の松下幸之助には、便所掃除を自ら行うことで仕事に対する態度、ひいては「人間としてのあり方」を部下に示そうとしたという一九二三年（大正一二年）のエピソードがあり（松下 1979: 184-187）、また七九年に設立された政治塾・松下政経塾においても掃除を励行したというエピソードが残っている（松下政経塾編 1981: 143-145）[5]。だが当時において、このような松下のエピソードが特段に注目されることはなかった。下述するように、松下による掃除の励行が注目されるようになるのは、鍵山の掃除実践が注目されて以後なのである。

管見の限りでは、鍵山のマスメディアへの初出は、一九八三年の『商業界』一一月号「この店、この経営者、この生きザマ」においてである。同記事は鍵山の生い立ちから就職、独立、数多の苦難を乗り越えての成功へと至る物語を、鍵山の「人に感謝できる」「素朴で純粋で温い人柄」「熱意」「フロンティアスピリット」「人間尊重経営」といった人格的特性を基本線に語るものである。同記事においては既に鍵山の早朝掃除が紹介されているのだが、しかしここではそれが鍵山の日課として紹介されるのみであった。経営コンサルタントの浅野喜起も八五年の『企業経営を成功させるには』（1985: 229-230）において鍵山に言及しているが、それは鍵山が「つねづね心のふれあいを大切に」する人物であるとするのみで、言及量も二ページのみに留まるものだった[6]。

これが浅野の一九九〇年の著作『会社は生きもの』になると、鍵山の扱いが大きく変わることになる。同書では約四〇ページにもわたって鍵山がとりあげられ、その掃除実践も、雑事や不都合を人に任せ押しつけるのではなく「自ら手を汚す」「こころを磨く」実践として、また日々の行為の積み重ねを通して「平凡なことが非凡」になっていく、「簡単なことの積み重ねで大きな差」がつくことになる実践として、多くの紙幅を割いて紹介されるようになっている（1990: 104-109, 124-127）。

このように言及された鍵山にいち早く注目したのが致知出版社である。一九九〇年二月の浅野の著作を経て、同年八月の『致知』において鍵山へのインタビューを掲載し、掃除とは「自分だけがよければいいという『求』の心」「すさんだ心」を改めるための、また「少しでも周りの人々に豊かさを与え」るための日々の積み重ねだとする鍵山の発言をインタビューの締めくくりの言葉として掲載している。九二年には思想家・安岡正篤や京セラ取締役会長（当時）・稲盛和夫らとともに鍵山に一章を割いた、作家・神渡良平の『立命の研究――天命を知った男たち』が同社から出版される。さらに翌年には同社主催の講演会で鍵山自身が講演を行うようになっている（鍵山 1994: 164）。

そして一九九四年、その致知出版社から、掃除をそれぞれ議論の焦点に据えた三冊の書籍が出版される。鍵山自身の初の単著『凡事徹底――平凡を非凡に努める』、松下政経塾元塾頭・上甲晃による『志のみ持参――松下政経塾十三年の実践録』、改めて鍵山を大きく紹介する浅野の『喜びの発見――良い会社とは』が、「活学叢書」シリーズの一環として一挙に刊行されるのである(7)。

鍵山の『凡事徹底』は、既に浅野によって紹介されている点とかなり重複している部分が多いのだが(8)、改めてその主張を、翌年の次著『日々これ掃除――人生福々、会社福々』と合わせて整理していくことにしたい。鍵山の経営哲学の根本にあるのは、不景気だからといって安く売ろう、新製品を仕入れようと考えるのではなく、また利益のみを追い求めるのでもなく、「人間なら人格を、会社なら社格を、社風を磨く」べきであるという信念である（1994: 17–18, 56, 1995: 159）。そのために重要なのは二点で、一つは「微差、あるいは僅差の二つをいつも追求し続けること」（1994: 22）、もう一つは「人を喜ばす」ことである（1994: 27）。前者は、誰もが知っているが疎かにしているような日々の行動に注目し、その改善を試みることで、人格が深まり、また細かなことに気づくことができるようになり、やがてそれは「積み重ねると大変大きな力を持ってくる」という主張である（1994: 91）。後者は、打算を持たずにたえず人を喜ばせる気持ちで毎日を送る、不合理を他者に押しつけない、何にでも感謝の気持ちを持つ、義務でやらなくてもいいことを行うといったことの日々の積み重ねが、やがて成果を上げる人（企業）とそうでない人（企業）の分岐点になるという主張である（1994: 27, 31, 43, 69, 91）。凡事徹底による差異化、感謝の気持ちによる差異化――。こうした発想を実践する場こそが掃除である。誰もが知りながら疎かにしてしまう日々の一局面にこそ、人格の向上が、感謝と利他の精神の習得が、問題に向き合う態度の変革が、まさに賭けられているのである。[9]

上甲の『志のみ持参』では、鍵山に会ったことで初めて、松下が政経塾において掃除を励行したことの意味がわかったと述べられている。つまり、松下が「泥にまみれなあかん」（上甲 1994: 80）という程度にしか語らなかった掃除励行の意義について、鍵山が述べる凡事徹底の思想を知ることで初めて、「松下幸之助さんが願ったのはこういうことではないかということを、その中に見つけた」というのである（1994: 142）。松下の掃除哲学はこうして「発見」されたのである。上甲はここから議論を展開させ、これまでの日本企業が行ってきた、金の力や小手先の技術論に頼ろうとする「金力経営」ではなく、鍵山そして松下を範とする、「どんなに周りの人が気持ちがいいだろうか、どんなにみんなが喜ぶだろうか」ということを社員一人一人が凡事徹底の精神で考えようとする「心力経営」こそが、今後の企業経営においては重要だと主張していた（1994: 177-190）。

浅野の『喜びの発見』では、鍵山への言及は基本的には『会社は生きもの』とほぼ同様なのだが、上甲と同様に鍵山の実践の意義が敷衍されている。具体的には、効率を追求し、策謀・戦略を駆使しようとする従来的な経営から鍵山に象徴される「人間的な経営」へ移行すること、つまり不況期に突入したいまこそ「欧米の覇道を捨てて東洋の王道に帰る」ことが必要なのではないかとする主張のうちに鍵山とその掃除実践が置き直されているのである（浅野 1994: 134, 191）。

さて、かくして自己啓発界は掃除を「発見」した。鍵山が、また鍵山を事例に浅野と上甲がそれぞれ述べていたのは、端的には不況下における企業経営の要点は効率や利益の追求ではなく、心や人格の追求にこそあるということであった。このような主張は、たとえばバブル経済下の享楽を対岸において「心の世界を重んじる文化の伝統」（中野 1992: 2）に再度目を向けようとする作家・中野孝次の『清貧の思想』がベストセラーとなり、また『プレジデント』のようなビジネス誌においても、仏教や老荘思想などの東洋思想を範として「心の世界」に注目がなされていたというような、当時の生き方・働き方をめぐる議論の潮流と軌を一にするものだと考えられる（牧野 2012a: 53-54, 222）。こうみてくると、覇道から王道へ、金力経営から心力経営へ、凡事徹底による微差を通した経営改善へといった、「金から心へ」とでもいえる二項対立的展望が多く語られ、一つの文脈がかたちをなしていくさなかで、そうした展望を現実のものとする技法としての掃除が文脈にうまくはまり込み、掃除が

「発見」されたのだと考えられないだろうか。では以下、以後の展開をみていこう。

一九九五年以降、幾人もの論者が経営における掃除の効用を主張するようになっていく（山本 1995, 1998; 橋本 1996, 1998; 平島 1997など）。その主張の基本線は上述したものとほぼ同様である。バブル経済の崩壊に至るまで、私たち日本人は目先の利益ばかりを追い、経営における「人」や「精神」という部分、基礎基本の部分を疎かにしてきたのではないか（山本 1995: 1-3, 86-87）。私たち日本人は感謝する気持ちを、美徳を忘れてしまったのではないか（橋本 1998: 2）。掃除という実践を通じて社員一人一人が心を磨くことが、社風を改善し、それがやがて「日本再生」の礎となるのではないか（山本 1995: 187-222）、というように。そしてその掃除の実践者として鍵山がまず紹介され、松下が紹介され、掃除をめぐる権威の輪郭が整えられていく。[10] 掃除への注目はこの後も継続し、二〇〇〇年代後半には経営学者が研究対象としてとりあげるまでに（村山 2006; 大森 2011）、またそのなかで掃除を重視する経営者の「流派」が整理されるまでに至っている[11]（村山 2008: 129-132）。

さて、掃除をめぐる議論の展開をここまで追ってきたわけだが、これらの掃除論によって、第1節のベストセラーにみられた諸志向が出揃ったわけではない。というより、ほとんど何も現われていない。鍵山らの主張は、掃除を企業人としての心の錬磨・修養という目的のもとに行おうとするもので、前節で挙げた著作のように片づけを扱おうとするものではなく、また住居をその対象領域とするものでもなく、さらに企業人ではなく一個人としての自己発見や自己肯定、あるいは「やりたいこと」の発見が企図されることもない。「やりたいこと」の発見に関して、鍵山の著作内には「掃除は理想と現実を近づける大きな力を持っている」という表面上類似する言及があるものの、それは頭だけで物事を考えていても堂々巡りになりがちなので、身体を動かし、行動していくことで新たな発想が開けてくるという文脈での言及だった（1995: 24-25）。つまり、鍵山らの掃除論と前節で紹介したベストセラーとの間には、非常に大きな距離がある。そしてその距離は、鍵山以後の企業における掃除をめぐる議論の展開をみても埋められることはない。

鍵山らが果たしたのは、掃除という日常的な行為が、まずビジネスという文脈において、社員の意識改革とそこから連なる経営改善の契機になるという、自己啓発書・ビジネス書の世界による掃除の発見をもたらしたところに留まると考えられる。だが、メッセージの水準において直接的なつながりは乏しいものの、このような発見は、次節以降で述べていく他ジャンルにおける「自己啓発的転回」を底流として支えていたのではないかと筆者は考えている。

3　整理・収納論における自己啓発的転回

(1)「家事の自己目的性」という出発点

では、第1節で示したベストセラーの諸志向は、どのようなジャンルにおいて準備されてきたのだろうか。次に、鍵山らのような企業における掃除論から目を転じて、家庭における掃除論および整理・収納論、より包括的には家事論の系譜をみていくことにしよう。

家庭における掃除や物品整理の方法は、既に明治後期から大正期までには（収納の方法については概して一九七〇年代以降から）、女性向けの書籍・雑誌においてしばしば扱われるトピックになっており、以後現在に至るまで夥しい量の言論が積み重ねられてきた。だが、この当時からかなり近年、具体的には九〇年代中頃に至るまで、掃除論や整理・収納論が自己啓発の文脈に引き寄せられて論じられることはほとんどなかった。精確にいえば、周利槃特と結びつけて住まいの掃除と心の掃除は通じているとする小論（烏帽子田 1962）、一燈園を引き合いに出して便所掃除と心の掃除は通じているとする小論など（塩月 1969）、掃除論については前節で述べたような心理的効用論を少数観察することはできるものの、物品の整理・収納というテーマに関しては、自己啓発への水路づけは管見の限りでは近年になるまで皆無だったのである。

では従来的な掃除論や整理・収納論は一体どのような観点から語られてきたのか[12]。大きな前提としていえるのは、当然といえば当然のことなのだが、掃除や整理・収納を含む家事は長らく、家事それ自体を目的としてきたということである。たとえば家庭雑誌の草分けといえる『家庭之友』（のち『婦人之友』）を創刊した羽仁もと子の、一九二七年における次のような言及をみてみよう。

「一人一人真剣な主婦になりましょう。私たちの家は私たちの城です。一つの城をあずかっている自分たちは、楽しんで自分の城の中を立派にしましょう。まず一つの部屋をきれいにしても、すぐと目に見えるから愉快です。目に見える家事にばかり興味を持って、精神的方面の経営をおろそかにするのは、あぶない崖の上に大きな家を建てるようなものですが、目に見えることからはじめて、目に見えないことにおよぼしていくのは順序です」（羽仁 [1927] 1966: iii）

「家事家計というのは、その労力と財力を、いかに使用し按配し、また発達させていこうとするかの仕事であり、その仕事がたくみに合理的に行なわれているか否かによって、家庭生活の種々相があらわれてくる

のだと思います」（［1927］1966: 1）

目にみえる家事をまず整然と合理的に行い「自分の城」を立派なものとして整えること。そのことがやがて「目に見えないこと」や「家庭生活の種々相」へ、つまり家人の精神面が自ずと整っていくことへとつながる。だからこそまず主婦のなすべきことは「目に見える家事」そのものにある──。こうした言及においては、繰り返すように当然といえば当然かもしれないが、家事は家庭経営そのものの問題としてまずおかれ、それが自己啓発の直接的な契機とされることはなかった。このような観点からの家事効用論は以下のように、一九八〇年代まで連綿と引き継がれることになる。

「主婦にとって、もっとも重要なことは、家事を司っているその瞬間が『幸福』であるかどうかだと思います。主婦が楽しそうにしていれば、家族は幸福を感じますし、家族が幸福を感じていれば、主婦だって幸福です」（南 1980: 4）

「女性として生まれた以上、程度に差こそあれ宿命ともいえるこの家事に、愛情をもってすれば、明るい幸せな家庭が必ず生まれると、私は確信しています」（原田 1986: 13）

いってみれば、家事をよく整え、家庭をよく経営することが女性のアイデンティティと一体化したものとして示されているのだが、このような論理は、前章で扱った一九九〇年代における男性ビジネスマン向けの手帳術と表裏をなすような論理といえないだろうか。つまり、九〇年代までの手帳術の効用が、男性ビジネスマンにとっての「仕事における卓越」という当時自明視されていた前提のもとに語られていたように、八〇年代までの家事論もまた、女性にとっての「家庭を整える」という自明の前提のもとで考えられていたのではないか、と。そして、このような前提を自明視する限りにおいて、自己という対象それ自体が分出されることはなかったのだと考えられる。

このような「宿命」としての家事という観点から、従来の家庭における掃除論、整理・収納論は二つの点を専ら議論してきた。第一は、いかにそれらを効率よく、効果的に行うかという点、もう一つは、いかにして「掃除嫌い」を克服するかという点である。しかし前者は当然として、後者においてさえ、掃除嫌いの克服は、効率よく、効果的に行う技法の習得をもってなされると考えられてきた。このような意味でも、未だ家事は自己という対象に結びつけられてはいないのである。

「たぶん、あなたも、掃除はお好きではないでしょうね。（中略）いままでよりも、ほんのちょっと自分の体を動かし、ほんのちょっと時間をさくだけ、それでいいのです。（中略）なるたけ効果的で、らくにきれいにするコツは、とにかく頻繁にやるということです。あの面倒なガラスふきも、しょっちゅうふくなら、乾いた古タオルでひとなでするだけですみます。ガス台のまわりも、後片づけのたびにふいておけば、厄介な油ハネがつくこともありません」［「さあ、掃除をしましょう」『暮しの手帖』1978.12: 6-7］

「掃除嫌いのみなさん、まずは頭を使って掃除をラクにする方法、見つけてみませんか」［「掃除嫌いが掃除をするためのちょっとした考えかた。」『クロワッサン』1984.1.25: 25］

（2）家事と生き方との節合

こうした状況が変わり始めるのは一九九〇年代半ばである。まず九三年、著述業・編集者の永田美穂による『すっきり明るい整理術――片付け上手は生き方上手』というタイトルの著作が刊行される。片づけることと生き方という問題が、タイトル上で初めて結びつけられた書籍である。同書序章に与えられたタイトルも「幸せのための整理術」と、これまでになく、幸せというトピックと整理が直接的に結びつけられて提示されている。だが永田が示す幸せのための整理術とは、雑誌での整理・収納特集のようにはなかなか片づかない現実のなかで「それを何とかして見かけもよく、能率もよく片付けたいと模索し、試行錯誤している普通の家庭人」(永田 1993: 24) でも使える整理術だと言及されている。つまり専門家によるハウ・トゥではなく、自分自身の整理法を編み出すことが「幸せ」だと述べられているわけだが、これは表現による「前進」がなされた一方で、未だ整理法の目的は整理すること自体におかれ、従来の議論から抜け出せてはいないことを看取させる。

同じく一九九三年、アメニティ・アドバイザーの近藤典子によって刊行された『らくらく収納術――性格別、アイデアとノウハウ』では、サブタイトルにあるように「自分の性格に合った収納方法を見つける」(近藤 1993: 10) ことがその主張のポイントになっている。そのため、「まずは自分の収納性格を知ることが収納上手への第一歩」として、性格診断が同書冒頭に掲載されている (1993: 11)。だがこの診断は内面に深く分け入ろうとするものではなく、四問のチェックテストに答え、その解答傾向から四タイプの「収納性格」を診断するという程度のもので、診断後はタイプ別の収納法がただハウ・トゥとして列挙されていくことになる。そのため、収納というトピックと性格を結びつけるという意味で、自己という対象の分出をいくらかは後押ししたと考えられるが、未だ第1節で示したベストセラーとの距離は大きい。

距離が格段に縮まるのは、一九九五年の収納カウンセラー・飯田久恵による『生き方が変わる――女の整理収納の法則』においてである。飯田は、同じ間取りの部屋であっても整然とするか雑然とするかは、「ちょっと大げさに言えば『生きる姿勢』の違いによる」のだと述べる。人生に「しっかりとした目的」を持っていれば、時間の使い方やモノの買い方、そして部屋の整理にも一定の指針が生まれてくるが、目的を持たず日々を暮らしていれば部屋は雑然としてしまうのだという。そして飯田はこう述べる。「そうです。整理収納は、目に見えるモノだけの問題と思われていたのが、間違いのもとでした」、と（1995: 32-33）[13]。

だからこそ飯田は、整理・収納の最初のステップとして「物を持つ基準を自覚する」ことを求める。整理・収納において、「『どう生きたいか』がはっきりすれば、大きな基準が明確に」なるのだから、と（1995: 45）。あるいは別の箇所では、「自分は何をしてきたのか、どういう生き方をしてきたか、これからどういう生き方をするのかが『物』と密接に結びついている」（1995: 37）とも述べている。

整理・収納という問題はもはやそれのみの問題ではなく、生き方と結びついた問題である――。飯田の著作は、管見の限りでは整理・収納論、ひいては家事論に新たな画期をなした著作だと考えられる。とはいえ、上述の引用部を除けば、同書の主たる内容は整理・収納のハウ・トゥであり、同書が読者を誘う先は「整理上手に」なることそれ自体にある（1995: 4）。飯田自身が「整理収納の問題は、心のゆとり、人生の豊かさとは何かを考えることにもつながる」（1995: 205）と述べるように、あくまでも「にもつながる」という付加物として、心や生き方という問題は節合されるに留まっていたのである。また、上述のとおり飯田自身がこうした節合を「ちょっと大げさに言えば」と示しているように、そして同書のタイトルについても「正直言ってこのタイトルには少々気恥ずかしさを覚えますが」(1995: 4)と述べているように、整理・収納と生き方の節合は未だ気恥ずかしさとともに示されるようなものであった。先述した近藤も、一九九八年の時点で「〝物とのつきあいをとおして、人間も成長する〟ちょっぴり恥ずかしい言い回しですが、私は真剣にそう思っています」として、収納と生き方を結びつける言及への気恥ずかしさを表明していた(1998: 191)。もちろんそこにこそ、このような物言いが当時において新奇だったことをみてとることができるのだが、このような気恥ずかしさがやがて忘れ去られていった先に、近年のベストセラーが生まれることになる。

(3) 整理・収納をめぐる主従の逆転

雑誌上でも整理や収納と人生が結びついているとする記事が出始めた一九九〇年代終盤を経て[14]、今述べたような気恥ずかしさが取り払われるのが二〇〇〇年代である。その端緒として考えられるのが、クラター・コンサルタントのミシェル・パソフによる『「困ったガラクタ」とのつきあい方――ミラクル生活整理法』(Passoff 1998＝2000)である。同書では、第1節で示したベストセラーのうちいくつかの要素が、かなりそのままといえるかたちで示されている。

パソフはあるとき、「自分が飛躍的に成長したと感じるとき、いつも身のまわりをきれいに片づけるクセがある」ことに気づいたという。そこでパソフは「いつもの逆」、つまり「先に身のまわりを整理して、人間として成長するかさぐろう」としたところ、それは効果抜群であったのだという。このような逆転の発想が彼女の主張の根本にある。そのため、同書は具体的には種類別あるいは部屋別の物品整理・収納法を扱うものだが、それらはただの整理術ではないのだとパソフは述べる。単なる整理術では「心の奥底の願いはかなえられない」、人間として成長することには至れないと考えるためである。そうではなく、整理・収納という行為を「一種の〝人生ダイエット〟」だと、あるいは「あなたを取り巻くすべてのモノが、具体的に役に立つかどうか生き方に合わせて点検するプロセス」だと考えること。持ち物を点検するなかで「自分は何者で、どんな人生を望んでいるか」を知り、次に「身のまわりのモノたちとの関係を変えてしまう」ことで、望ましい自己と人生を実現しようとすること。もしそれらを十全に行うことができれば、「あなたの人生に奇跡と魔法が起こる」ことになるとパソフは述べるのである（1998＝2000: 13-16, 20, 27, 63）。

これが同書の主張の基本線だが、もう少し詳しくその手続きについてみていこう。整理を始めるにあたっては、「なぜわたしはモノを整理して人生にゆとりをもとうとしているのか?」を自問することが推奨される。その際、「家のなかを大掃除して気分をよくしたい」「心を安らかにしたい」といった、整理や掃除そのものを、あるいはそれに伴う気分的安定を目標として導出することは「肝心なポイントからはずれている」として退けられる（1998＝2000: 33）。ではどうすべきなのか。パソフは、一人きりになる時間をひねり出し、一枚の紙と鉛筆を用意しようと述べる。そして、雑多なモノが片づき、「不要なモノがなにひとつない暮らしぶり」を書き出し描いてみようという。次に促されるのは、そのような暮らしの実現に向けた長期的な目標、短期的な目標、目標から逆算した捨てるものや新たに買い揃えるものなどをリスト化していくことである（1998＝2000: 34）。雑誌の気になった箇所を切り抜きちりばめて「自分の胸の奥深くに隠れている意識」や「ほんとうの自分らしさ」をあぶり出そうとする「コラージュ・エクササイズ」、あるいは必要なモノだけが整然と並んだ部屋を想像する「黙想エクササイズ」といった技法によってこうした目標の導出は支援される（1998＝2000: 35–45）。こうして理想の暮らしや自分自身の秘められた願望を導出し、そのための工程表を定めることができれば、あとはその「夢」の実現プロセスとしての実際の整理に従事するのみである。

さて、パソフの著作は、飯田以上にさらに状況を「前進」させたといえるだろう。もはや人生と整理・収納を結びつけることに気恥ずかしさが覚えられることはない。整理・収納はそれのみに留まらない、というより自己啓発と人生に関わる問題そのものとして明確に位置づけられている。前章の手帳術本でみた手続きとほぼ同様といえるような定形的技法が示され、心の奥底の願い、自分らしさ、やりたいこと等が、整理・収納プロセスのさなかで導出・実現されるべきだと語られる。モノとの関係の変更、奇跡や魔法という、近年のベストセラーにみられる観点やレトリックが示されている、等々。このような「前進」以後、整理・収納の問題は心の問題なのだ、生き方と不可分の問題なのだとする著作が後続していくことになる（Walter and Franks 2002＝2003; 加藤 2003など）。

筆者が述べたいのは、小松らではなく飯田こそが、あるいはパソフこそがルーツだということではない。確かに彼女らの著作は顕著な「前進」を成し遂げている。だがこのような「前進」を果たしたのは彼女らのみではない。というのは、議論を先取りすることになるが、家事論に関連する諸ジャンルにおいて、ほぼ同様の「前進」がいわば同時多発的に起こっていることを観察できるためである。また、第1節で示したベストセラーの構成要素が、飯田やパソフの著作からすべて示されたわけでもない。以下、これらを詰めていくことにしよう。

4　私的空間の節合可能性——「捨てる」・シンプルライフ・風水

(1)「捨てる」ことの位置価上昇

第1節で紹介したベストセラーはいずれも「片づけ」、概していえば捨てるという行為を焦点としていた。もちろん、前節でみた整理・収納本においても捨てるという行為がまったく扱われていないわけではないのだが、その位置価は低い状態にあった。また、家事論の系譜を遡っても、捨てるという行為が家事関連書籍や女性誌の記事において扱われることはあったものの、数年に一件観察できる程度で、掃除や整理・収納に比べるとかなり散発的といえるものだった[15]。捨てることをめぐる議論の内実も、むやみにモノを捨てるべきではないが不要なモノは思い切って捨ててしまおうとする主張と(原田 1992: 98など)、捨てずにモノをやはり大切に使うべしとする主張の間を漂っており(町田 1995: 279など)、いずれかにバランスが著しく偏るということはなかった。これが、前章での「夢をかなえる手帳術」という着想がそうであったように、ある時期、急激に捨てることの側へとバランスが振れることになる。

その端緒となったのは二〇〇〇年に刊行され、一〇〇万部を突破したとされる[16]、マーケティング・プランナーの辰巳渚による『「捨てる!」技術』である。「捨てる」という日常的な行為にほぼ初めて照準した同書の冒頭で辰巳はまず、「捨てなきゃいけない——これが、現代に生きている私たちにとっての至上命題だ」と語り始める[17](2000: 3)。そして、暮らしのなかにモノが溢れつつも、「〝もったいない〟という美徳の名残り」によってモノを捨てられずにいるジレンマから逃れるため、捨てることを肯定してみてはどうかと辰巳は提案する（2000: 5-6）。もったいないと考えてよしとするのではなく、また「無自覚にモノを持ちつづける」のでもなく、捨てるという発想をとりいれて「モノをいかに持つか」（2000: 18）、つまり、

「〝捨てる〟作業によってモノの価値を検討する。持っている理由を考えることで、〝もったいない〟以外にも、モノにとらわれていた理由がはっきりしてくるはずだ。また、増えるにまかせていたモノを〝捨てる〟ことで選別していくと、どんなモノがあればいいのかがわかってくるだろう。それは暮らしそのものを管理していく作業なのである」（2000: 7）
「モノを捨てる技術は、どこかのジャンルに限ったものではない。生き方、とまでいえる姿勢なのだ」（2000: 77）

と宣言して、「捨てるための技術」を大々的に打ち出すのである。具体的には、辰巳は「捨てるための考え方一〇か条」として次のようなものを打ち出す。「〝とりあえずとっておく〟は禁句」「〝仮に〟はだめ、〝今〟決める」「〝いつか〟なんてこない」「他人の〝とっても便利〟は、私の〝じゃま〟」「〝聖域〟を作らない」「持っているモノはどんどん使う」「収納法・整理法で解決しようとしない」「〝これは捨てられるのでは〟と考えてみる」「〝しまった！〟を恐れない」「完璧を目指さない」の一〇か条である（2000: 42-110）。過去や未来を基準にするのではなく、他人を基準にするのではなく、今の、私を基準にして、整理・収納よりも捨てることに注目しようとすること。ここでもまた大きな「前

進」が果たされたといえるだろう。

だが、辰巳が考え方一〇か条の次に示すのは、「見ないで捨てる」「その場で捨てる」「一定量を超えたら捨てる」「一定期間を過ぎたら捨てる」「定期的に捨てる」等の「テクニック一〇か条」であり(2000: 118-190)、このような捨てるための考え方と技法の解説で同書はほぼ占められている。つまり、「もったいない」から「捨てる」ことへの倫理の転換を訴え、捨てることをこれまでになく前面化した一方で、捨てること自体が個々人の生き方に具体的にどう結びついていくのかは、モノの価値の理解や暮らしの管理という以上に掘り下げられて論じられることはなく、タイトル通り、技術論にほぼ議論が収まっているのである。

とはいえ、捨てることへの着目は、『「捨てる!」技術』の好調な売れ行きとも相まって、明らかに一つの潮流を生み出していく。二〇〇〇年四月に刊行された辰巳の著作を受けて、同年の後半には、もったいないという美徳からの離脱を同様に訴え、各種の捨てる技法を紹介しようとする著作が立て続けに刊行されることになる(中谷 2000; 捨て方技術研究会 2000; 平成暮らしの研究会 2000; Campbell 1992＝2000; スクラップレス21 2000)[18]。翌年には、前節で紹介した飯田も『「捨てる!」快適生活——部屋スッキリの法則』を刊行し、整理・収納論から捨て方論へと参入する。同書の主張は概して辰巳と同様なのだが、ここで注目すべきは、捨てることとは「モノの整理にとどまらず、生き方の整理だからです」(飯田 2001: 1)として、整理と生き方の関連性を断言している点である。一九九五年の時点でみられた気恥ずかしさは、もはや流し去られているのである。

しかしこれらの捨て方論も辰巳と同様に、モノを捨て、快適な生活を手に入れること自体を主目的としており、自己啓発がそれにとって代わるには至っていない。その主従の逆転を行ったのは、ここでも海外からの翻訳書であった[19]。ここではその端緒といえるハリエット・シェクターによる『いつか片づけようと思いながらなかなかできないあなたへ』(Shechter 2001＝2002)を紹介することにしよう。

一九八八年以来、整理整頓のワークショップを続けているシェクターは、同書を「なかなか捨てることができない」「後悔するのが怖くて、モノを捨てられない」人々に向けて送られるものだとする。そして同書の趣旨を、モノを「無理なく捨て去るプロセスを紹介すること」、そして「モノを手に入れ、溜めこもうとする欲求をコントロールすること」におくと述べる(2001＝2002: 16-21)。

では、具体的にそれらはどう行われるのか。シェクターはまず読者に、これまでに捨てて後悔したモノを、その理由・結果とともに「克服シート」に書き出すことを促す。これは、普段は行わないこのような作業をすることで、モノをめぐる後悔を読者が避けてきたことを自覚させるためにあるという。そしてシェクターは、人間はその後悔を避けるために捨てずに済ませようとする傾向があるが、それこそが生活を乱雑にさせる主因だと述べ、そのような「精神構造を変えて」、「あなた自身をプログラムし直す」ことこそが、問題の解決にとって重要だとするのである(2001＝2002: 34-38)。

「〝ゴミの山病〟の治療」という表現もあるように、捨て方の習得は一種のセラピーとして捉えられている。たとえば、あふれ返ったモノに呑み込まれている人は「意思決定能力がマヒしている状態」だが、このような「症状は早期発見により治療可能」であるという言及があるように。あるいは、捨てるモチベーションを維持するために今現在の自分を誉める、ゴミ一掃計画を細かく区分してその小ステップごとに自分に「ご褒美」を与える、すっきり片づいた理想の部屋を画用紙に描く、他人を巻き込んで仲間づくりをする、といったモチベーション維持の諸技法が五〇頁近くにわたって紹介されているように（2001＝2002: 40, 46, 64, 74, 82-88）。もはや捨てるという行為は、辰巳らが焦点化していたハウ・トゥの問題というよりもむしろ、自らの「病」を自己治療するプロセスとして位置づけられるようになっている。そして、捨てる習慣の習得をセラピーのように進めていくという発想はこの後、米清掃会社社長ドン・アスレットによる『発想の転換でぐんぐん片づく　モノを捨てる技術』（Aslett 2002＝2004）[20]、収納アドバイザーによる『本多弘美のみるみる収納力がつく本――悩みと疑問をスッキリ解決する100のアドバイス』（本多 2004）等へと続き、捨てるという行為を自己啓発へと節合する文脈もまた整えられていくことになる。

（2）「シンプルに暮らす」ことの意味変容

ところで、捨てることを通して到達しようとするのはどのような生活だろうか。おそらくそれは大きくは、「シンプル」な、あるいは「簡素」な暮らしと表現できるところにほぼ収まるものだろう。シンプルな暮らしを称揚すること自体は、先述した羽仁の著作集のなかにシャルル・ワグネの『簡易生活』（Wagner 1895＝1906）が盛んに読まれているという言及があるように[21]（羽仁［1927］1966: 135）、近年になって初めて示されるようになったものではない。だが一九九〇年代後半に至るまでこの種の表現は、モノを多くして暮らすよりも少なく暮らす方がよいとする、字義通りの規範としてただ示されるのみであった。

一九九七年、またしても翻訳書によって、この種の表現のメッセージに濃密な内実が付与されることになる。それは、「シンプルライフ実践家」としてアメリカで講演活動を行っているエレイン・セント・ジェイムズによる『素敵な暮らしのダイエット――シンプルライフのすすめ』(James 1996 = 1997) によってである。(22)

シンプルな生活を実践する「全国的流行の先駆け」になったという同書は、「仕事と消費文明のとりこになって大事なものを失いかけている」人々へ、自分にとって大事でない事柄と縁を切り、「自分の夢やほんとうにしたいこと、そして愛する人たちのために」使う、「自分のための真の時間」を手に入れるアイデアを提供するものだという (1996 = 1997: iv–vii)。ジェイムズが見直しを求める領域は、家事から交際、娯楽、社会活動、家計、内面、そして仕事まで、生活全般にわたる。

ジェイムズは、「あなたにとってのシンプルライフとは?」という問題に、それぞれの解を出すことを求める。単純な話だが、何が生活を煩瑣なものとするかは、人によって異なるためである。だからこそ、「日常から切り離された心安らぐ特別な空間」に自らをおき、「いま自分の生活をややこしくしているものは何か」「自分がほんとうにやりたいのは何か」を自らに問い、それを解決するための「心の声」を自ら聞く必要があるとジェイムズは述べる (1996 = 1997: 12, 37–45)。また、「やりたいことのリスト」を作成したのち、それを絞り込むことを要請する。「暮らしから夾雑物がギリギリまでそぎ落とされる、あるいはすっかり取り除かれるところまで」、「ほんとうに大事な事柄」「自分が心からしたい事柄」を絞り込んでいく必要があるというのである (1996 = 1997: 46–49, 57)。

こうして導出された自らのシンプルな目標を日々実行していくためのハウ・トゥがその後に続く。暮らしにおいて自動操縦的になっている箇所を見直していくこと。余分なモノを追放し、「新たな自己に生まれ変わること」(1996＝1997: 83)。モノを買わずに済ませること、買うとしても自分に本当に似合うものだけを買うこと。ファッションをシンプルにすること。つきあいを吟味し、本当にやりたいこと以外は「ノー」と言うこと。家事を合理化すること、等々。

このように、ジェイムズの著作においては、シンプルライフという表現はただ簡素に暮らすことが望ましいという規範に留まらず、煩雑な現代生活に抑圧されている内的世界を解放し、その「心から」求めることを発見・実現していく生の技法とともに示されている。もちろん、たとえば羽仁以来、簡素な生活は一つの思想実践であり続けたともいえるのだが、それが内的願望そのものの導出・実現の場として位置づけられるようなことはなかった。上述したように、家事を中心とした生活は、それらを整えることこそが目標であり、そこから自己という存在が分出される向きはほぼ皆無であったように思われるのである。それに対して、日常生活からの自己の分出を確信をもって論じ、またそれを定形的技法の提示とともに押し進めたのがジェイムズの著作であった。そして以後、「シンプルライフ」は、さまざまな背景論と節合されながら、またしばしば内的願望の導出・実現技法として語られながら、多くの著者から主張されるものとなる。ジェイムズの著作が刊行されてまもなくのものだけをみても、環境保護の視点からのモノを多く持たない生活の称揚(赤星 1998; 阿部 2000)、不況期および社会の成熟期における「華美から好き」への思想転換(シンプルライフ研究会 1999; 大原 1999; Turner 1997＝2000)、節約生活の応用形態(山崎 2000)、つつましく簡素に生きる日本人の美徳の見直し(吉沢 1999)、家事に手間をかけないイギリス人に学ぶ(佐藤 1999)、節約上手で質実剛健に生きるドイツ人に学ぶ(ヘフェリン 2000; 森田 2001)、といった議論のバリエーションがある。おそらく、辰巳の著作が大ベストセラーとなったことの背景には、捨てることへ注目した同書自体の新奇性とともに、このように文脈が整えられた、シンプルな生活の位置価上昇という底流もまたあったのではないだろうか。そして繰り返しになるが、その文脈の「自己啓発的転回」を促進したのは、またしても翻訳書だったのである。

(3) 私的空間と風水の節合

第1節で示したベストセラーを構成するピースは、まだあと一つ足りない。つまり私的空間を浄化の場とするような発想が出揃っていないのだが、このような発想はここまで扱ってきた書籍ジャンルとはやや異なるところから配備されてきたと考えられる。

私的空間に、清潔さや快適さといった機能性以上の意味を読み込もうとする観点として、風水や家相(学)がある。民俗学者の宮内貴久(2009: 2)によれば、風水とは「大地の気の流れと土地の相を判断し、そこに暮らす人々に降りかかる災禍を防ぎ、同時に幸福を招こうとする考え方」だと定義されている。地相を占う、具体的には方位から住居や墓地の吉凶を占う思想の受容は非常に古く、宮内は『日本書紀』推古天皇一〇年(六〇二年)の条に、風水書の受容に関する記載があることを指摘している(2009: 11-12)。これ以降の長い思想受容の系譜を経て、一八世紀末頃になると「屋敷地の形状やそこに植えられる樹木、あるいは住宅・付属建物・屋内施設・屋外施設について、地形や方位、時間の運行などから、そこに居住する人々の幸福を招き同時に災厄を未然に防ぐこと」を意味する家相という言葉が誕生し、以後現在に至るまで用いられ続けることになるという(2009: 17)。以下では、その近年における動向を追っていくことから追跡を再開しよう。

戦後に刊行された家相書を紐解いていくと、その焦点は専ら方角、特に玄関や台所といった住居空間の配置を方角から占うことにあり、方角に関連した吉凶以上の意味を住まいという空間に付与するような言及は、管見の限りではみることができなかった（たとえば北 1970; 多田 1974など）。

状況が変わり始めるのは一九八〇年代後半以降で、この場合はある人物の積極的な著述活動のなかで、住まいに付与される意味の新しいバリエーションが開拓されていったとみることができる。その人物は「ドクター・コパ」こと建築家・風水研究者の小林祥晃である。小林は八七年以来、実に五八七冊もの書籍を刊行しているのだが(23)、本章の目的に関しては、特にその九〇年代における「開拓」に注目したい。

小林のデビュー作は一九八六年、『楽しく自分を活かす住まいの東西南北——中国3000年の歴史が証明した家相運』である。そのサブタイトルからもわかるように、小林（1986: 4）は家相——彼自身の定義でいえば「東西南北のエネルギー・パワーを、住まいに感応させる自然法則」——を、住居の建築・選択にあたって適用し、「幸運が宿る家を作る」助けとしようという立場から同書を著している(24)。このようなスタンスは現在に至るまで大きくは変わらないのだが、ここで注目したいのは、小林における「適用対象」の変化、「専門性」の変化、「ある行為」の位置価変容である。

まず、適用対象の変化についてみていこう。一九八六年の著作において小林が家相論の対象としたのは、住居空間の配置であった。寝室、キッチン、子ども部屋、玄関、トイレ、床の間、つまり間取りの方角的吉凶をひたすら解説していく、それが小林のデビュー作であった。これが九一年の九作目、

『驚異のインテリア・パワー――こんな家具・インテリアがあなたのツキを奪う』になると、タイトルにあるとおりインテリア、つまり間取りのみならずそこに配置されるモノの形状もまた吉凶を司るものとして、小林の議論のうちに導入されるようになる。「インテリア、さらに大きくいえば私たちの住まいには、部屋にしろ、家具にしろ、小物にしろ、すべて目には見えないパワー＝運気が宿っているのです。このパワーを考えに入れてインテリアを検討しないと、運とかツキといったものが、住まいから逃げていってしまうのです」(1991: 6) とあるように、家相論の適用対象が拡張されるのである。[25] また、運気上昇の行く先も仕事、恋愛、夫婦円満、子どもの受験成功と拡張されていく。そのような小林の語り口の一例を以下に示すが、おそらくある程度の既視感をもって眺められるようなものではないだろうか。

「女性としての魅力をつくり上げる運気があるかどうかは、インテリア、とくにあなたの寝ている部屋の運気が、大切なポイントとなってくるのです。(中略) 東南には、化粧品や香水を置きます。花を飾っておいたり、気に入った服をかけておいてもよいでしょう。エアコンを取りつけるのも、東南の気が部屋に入るので吉といえます。電話はエアコンの下。ハワイの写真やポスターもツキを呼びます。(中略) 西日の強い部屋なら、カーテン、ブラインドで遮光をよくしておかないと、男性に遊ばれる危険があります」(1991: 193–194)

こうして、単に間取りのみに吉凶が読み込まれるのではなく、そこに配置されるあらゆるモノに、ほぼ無限ともいえる運気上昇の契機を読み込もうとする言説の回路が開拓される。そして、間取りではなくモノの配置によって運気を制御しようとする、このような無限ともいえる議論のフロンティアを目の前に拓いてまもなく、小林は自らの「専門性」の所在を家相ではなく、風水と言い換えることになる[26]。具体的には、一九九三年の一六作目『開運のインテリア術――住まいが吉相ならだれでも幸福になれる！』において、小林がそれまで家相という言葉を前面に出して著述活動を行ってきたなかで「建築士の名折れだ」として冷遇されることがあったと述べ、また「『家相』というと若い人に反発を買うと思い」、風水という観点からの開運法を公開したと述べた頃からである（1993a: 3）。このような小林自身の経験とそれに対する戦略が、風水という、当時ほとんど用いられていなかった表現を選ばせたのではないかと考えられるのだが、意外なことに、中国文化に関する研究書を除いた一般向けの風水活用法を扱った著作が初めて刊行されたのはこの九三年、それぞれ占術を専門とする鮑黎明『黄帝占術　風水篇――中国５０００年の秘伝』、田口真堂『願いがかなう　気学風水入門』、そしてこの小林の著作を通してであった[27]。宮内は、小林らの活動に加え、八五年に発表された『帝都物語』でいち早く風水の思想を紹介した作家・荒俣宏が平安京の構造を風水の観点から読み解いたNHK「よみがえる平安京」の放映等によって、九四年頃に「風水ブーム」が起こったと述べている（2009: 8–10）。

ただ、一九九〇年代中頃において風水をとりあげた著作のほとんどは、家相学と同様の方位論、あるいは自らがどの「本命星」（田口 1993など）のもとに生まれ、どのような運命のもとにあるのかを知ることを主眼としていた。このような状況において小林の主張は突出していたわけだが、小林はさらなる議論の開拓を行う。それが上述した「ある行為」の位置価変容である。具体的には掃除や整理・収納という日常的行為を、運気上昇の契機として読み込もうとする開拓を行うのである。

管見の限りでは、小林の著作において掃除に関する言及が初めて登場するのは一九九三年の一五作目『小林祥晃の家相わが家の秘伝集――住まいのパワーで運をつかむ』である。同書においては棚の掃除は「ほこりは体に悪く、気管支などを痛める悪玉です。ダニなどの発生源にも、喘息の原因にもなります」として、ただ衛生的観点からのみ推奨されるものだった（1993b: 52）。あるいは階段掃除も、喘息の危険性を訴えたうえで「階段には意外にほこりがたまるので掃除をしっかりやる」のがよいとのみ示されていた（1993b: 107–108）。その一方で、トイレが鬼門（東北）もしくは裏鬼門（南西）にある場合、気が発生する場としての（裏）鬼門をトイレの水気に侵されるのを防ぐべく、トイレを掃除し、盛り塩をせよという言及もみられた（1993b: 220–223）。後者の言及は、掃除・清浄性の保持・運気上昇という三つの要素が関連して捉えられていることを窺わせるが、掃除という行為自体に注がれるまなざしは、先の棚や階段の掃除についての言及とは一貫しておらず、小林にとって未だ重要な資源だとは自覚されていなかったと考えられる。

これが一六作目の『開運のインテリア術――住まいが吉相ならだれでも幸福になれる！』になると、鬼門を清浄にせよとする主張に加えて（1993a: 22, 85）、玄関をこまめに掃除することで運気を呼び込むことができるという見解が新たに示されるようになる（1993a: 79, 138）。そして一八作目、風水という言葉を初めてタイトルに冠し、「大ブーム」(28)になったと小林自身が述べる『風水パワーで大開運――食事からインテリアまで、何でも使ってツキを呼び込む』以降は、「風通しが悪く、部屋が汚いと運気は下降します。まずは、部屋を掃除し照明を明るくしてください」「きれいに住めば運も開く」

（1994: 100）というような、掃除一般と運気上昇との関係性が繰り返し論じられるようになっていく。

さらなる開拓は、一九九六年の四六作目、『Ｄｒ．コパの風水「超」収納塾――陰宅パワーで幸せをつかめ』においてなされる。タイトルからもわかるように、収納という事項が、運気上昇の新たな契機として焦点化されるようになったのである。同書は風水の二つの側面、つまり住まいの吉凶を占う「陽基論」と、埋葬場所の吉凶を占う「陰宅論」のうち、後者をモノの収納に置き換えて考えようとする著作である。つまり「収納とはすなわち、品物や思い出を〝埋葬〟すること」だとして、「上手に収納すれば陰宅パワーを得ることができる」という論理のもとに、小林の議論のさらなる展開が目論まれたのである（1996: 2-3）。

同書においては、掃除、整理・収納は以下のように言及され、運気上昇の契機として一貫して位置づけられている。

「ラッキーゾーンが汚れていたり、ゴミが落ちていたりすると家の運気が落ちる」（1996: 21）

「キチンと片づいていて、ラッキーパワーを高めるようなアイテムがしまわれていれば、確実に住まいのパワーがアップします」（1996: 23）

「仮に、部屋の北方位に押入れがあるとします。この場合、ホコリや汚れがなく、きれいに片づいていれば精神的に落ち着ける〝気〟が得られるはずです」（1996: 28）

また同書では「ツキを呼ぶためにモノを捨てる、運を開くためにモノを残す」（1996: 144）として、整理・収納の一局面である捨てるという行為にも、運気上昇の契機が読み込まれている。こうして、掃除、整理・収納、捨てるといった諸行為はこの時点で、住居に清潔さや快適さをもたらすという以上の意味が付与される対象になったといえるのだが、このような小林の開拓は未だ、近年のベストセラーが私的空間に読み込もうとする意味、つまり浄化志向そのものまではたどり着いていないようにみえる。この距離を詰めたのは小林ではなかった。だが、小林が風水という「新たな思想」を人口に膾炙させつつ行った私的空間への節合可能性の開拓の先に、距離の最後の詰めは行われたと筆者は考える。資料分析の最後に、その点をみていくことにしよう。

(4) 私的空間を浄化するという発想

小林以後、風水を活用した開運法を説く著者がまさに陸続する（御堂 1994; 徐 1995; 文屋 1995; 泰山 1995; 鎌崎 1995など）。しかしそれらの（日本人もしくは日本在住の）著者は、上述したような小林の開拓した領域の枠内で議論を展開していた。新たな節合可能性が示されるのは、またしても海外からの翻訳書であった。ここでは、いずれも二〇〇二年に訳書が刊行された、「建物のエネルギー浄化の先駆者」カレン・キングストンによる『ガラクタ捨てれば自分が見える――風水整理術入門』[29]（Kingston 1999＝2002）、風水コンサルタントのメアリー・ランバートによる『風水流がらくた整理法』（Lambert 2001＝2002）、空間デザイナーのリタ・ポーレによる『ドイツ式　シンプルに生きる整理術』（Pohle 2001＝2002）についてみていこう[30]。

これらの著作の焦点はいずれも、まさに「空間の浄化」にある。実際、キングストンとポーレは自らの手法を「スペース・クリアリング」と称している。ではその主張はどのようなものだろうか。著作冒頭で風水について説明を行い、室内にはエネルギーの磁場があることを論じたうえで、そのコントロールを促す点までは小林らと同様なのだが、彼女らは小林のように「汚れ」に負のエネルギーを読み取る、あるいは方位に関連したモノの配置・形状の変更によってエネルギーの流れを変えようとするだけでなく、必要でないモノが溜まっていること自体が負のエネルギーをもたらすのだと主張する。たとえば以下のようにである。

「不要なものが溜まったところに入った時のエネルギー・フィールドは、間違いようがありません。この目に見えない蜘蛛の巣に手を這わせると、エネルギーの流れが滞った、不快で粘っこい、不潔な印象を感じるのです。こうして私は、不要なものは人々の生活に悪影響を与えることに気がついたのでした」(Kingston 1999 = 2002: 16)

「ガラクタがあるから、風水でいう『気』(エネルギー)が空間を自由に流れなくなってしまう。ガラクタは生活の停滞を招く。人やモノは動きが取れなくなる」(Pohle 2001 = 2002: 15)

「家の中の散らかった場所では、『気』(エネルギー)は沈滞し、一旦淀んだエネルギーが蓄積してしまうと、その沈滞はますますひどくなります」(Lambert 2001 = 2002: 8)

不要物を整理せず放置することは気を沈滞、停滞させる(Lambert 2001 = 2002: 8; Pohle 2001 = 2002: 15)。そこで、このようなエネルギーの滞りを取り除くことが目指されるのだが、その目的は小林らが主に述べるような、運気の上昇とそれに伴う仕事や恋愛をめぐる状況好転のみにあるのではない。キングストンらは、エネルギーをコントロールすることは、自分自身の成長のため、心の中の混乱を消し去り人生を前進させるため、もっと違った自分になるために行われるものだと主張する（Kingston 1999＝2002: 25; Lambert 2001＝2002: 6-11; Pohle 2001＝2002: 19）。これまでみてきた各種の議論と同様に、掃除や整理・収納が自己成長・自己変革と節合されているのである(31)。

だがキングストンらの議論は、これまでみてきた整理・収納論、捨てることについての議論、あるいはシンプルライフ論の単なる焼き直しではない。それらの著作においても皆無ではなかったものの、既に一部述べたように、また以下のように、自らにとって好ましいエネルギーで満たされた私的空間の構築を中核的主張とすることで、それまでにはない著作の方向性が打ち出されているのである。

「好きではないもの、使わないものは家の中のエネルギーを滞らせて、あなたの人生そのものもあまり進展がなくなっていくのです。あなたとあなたの所有物は、エネルギーの細い糸で結ばれています。家の中が好きなもの、よく利用されるもので満ちていると、あなたの人生に力強いサポートと養分を与えてくれるのです」（Kingston 1999＝2002: 33）

「家の中の無駄をなくして、もう必要でなくなったものを取り除くことによって、あなたを育み、包み込んでくれるような場を自分で作り出すことができるのです。人生で本当に必要なものを見つけ出し、あなたの家を新しい人々との出会いやわくわくするようなチャンスが訪れる場にすることができるのです」（Lambert 2001＝2002: 7）

「モノを捨てるのは、スペース・クリアリング、つまり空間を広く使う方法の一部に過ぎない。（中略）不要品を捨てることから始まって、部屋を清潔にし、空間の気（エネルギー）を浄化して、最終的には空間に新しい気を『充満』させるまでを指す」（Pohle 2001＝2002: 17）

自分にとって本当に大切で、必要で、好きといえるモノを見分けること。そしてそれ以外を捨て、残ったモノを整然と配置すること。キングストンらにおいてこれらは、心理的効用以上のさらなる意味を与えられている。つまり、一つ一つの日常的な所作が、エネルギーの流れという観点から吸い上げられ、空間浄化の契機として、さらには「魂をきれいにする」ための手法として位置づけられているのである（Kingston 1999＝2002: 206）。

さらに、以前この家に住んでいた人物の「残留エネルギー」を浄化する（1999＝2002: 20）、寝室を「魂が休息する場所」と、浴室を「魂を清める場所」と捉える（Lambert 2001＝2002: 32-7, 60-65）、香を焚いて「空間浄化の儀式」を行う（2001＝2002: 18-27）、さらには自らと向き合うための「自分自身の祭壇」を設置する等の各種技法が示されている（Pohle 2001＝2002: 174; Lambert 2001＝2002: 27）。まさに、自らにとって「パワースポット」となるような、あるいは自ら以外の要素を洗い落として自らを「デトックス」するような場として私的空間は位置づけられているのである。ここに至って、私的空間に機能性以上の意味を読み込むという着想は、風水をめぐる言論の転轍を経て、浄化志向へとたどり着いたのである(32)。

さて、第1節で示したベストセラーの構成要素をめぐる系譜は、これであらかたたどることができたのではないかと考える。次節では、本書における分析課題へと本章の知見を落とし込みながら、議論の整理と考察に向かうことにしよう。

5 聖なる私的空間の消費

(1) 界の二段階形成という解釈

分析パートでの議論を整理することから始めよう。これは、本書の分析課題でいえば、これまでと順序は逆転するが、「界の形成」から整理を始めるということになる。一九九〇年代前半、男性向け自己啓発書(ビジネス書)の世界は、鍵山秀三郎をその糸口として、「掃除」が自己修養ひいては企業の業績改善の契機になることを発見した(第2節)。女性向け家事作法論の領域では、九〇年代半ばから、「整理・収納」と生き方の関連性がやはり発見されていたが、日本人著者が示していたその発見への気恥ずかしさを海外からの翻訳書が吹き飛ばし、整理・収納と生き方あるいは自己の問題を明確に節合・整備していった(第3節)。また、九〇年代末から「シンプルライフ」が、二〇〇〇年以後「捨てる」ことがそれぞれ注目を浴び、やがてそれらを自己啓発の契機として読み換える発想が、やはり海外からもたらされた(第4節(1)(2))。そして、私的空間に機能性以上の意味を読み込む発想としての家相・風水が、小林祥晃による議論の拡張と人口への膾炙とを経て、やはり海外の著作を先駆とした私的空間の浄化志向をさらに節合していく(第4節(3)(4))。こうして、総体的には九〇年代から〇〇年代前半にかけて、私的空間を対象とするものとしては九七年から〇二年頃にかけて、掃除や整理・収納、捨てることは自己啓発の契機としての、さらには私的空間浄化の契機としての節合可能性を帯びるようになったのだと考えられる。こうした展開を整理したものが図表5－1で

図表 5-1　各領域における自己啓発化の進行

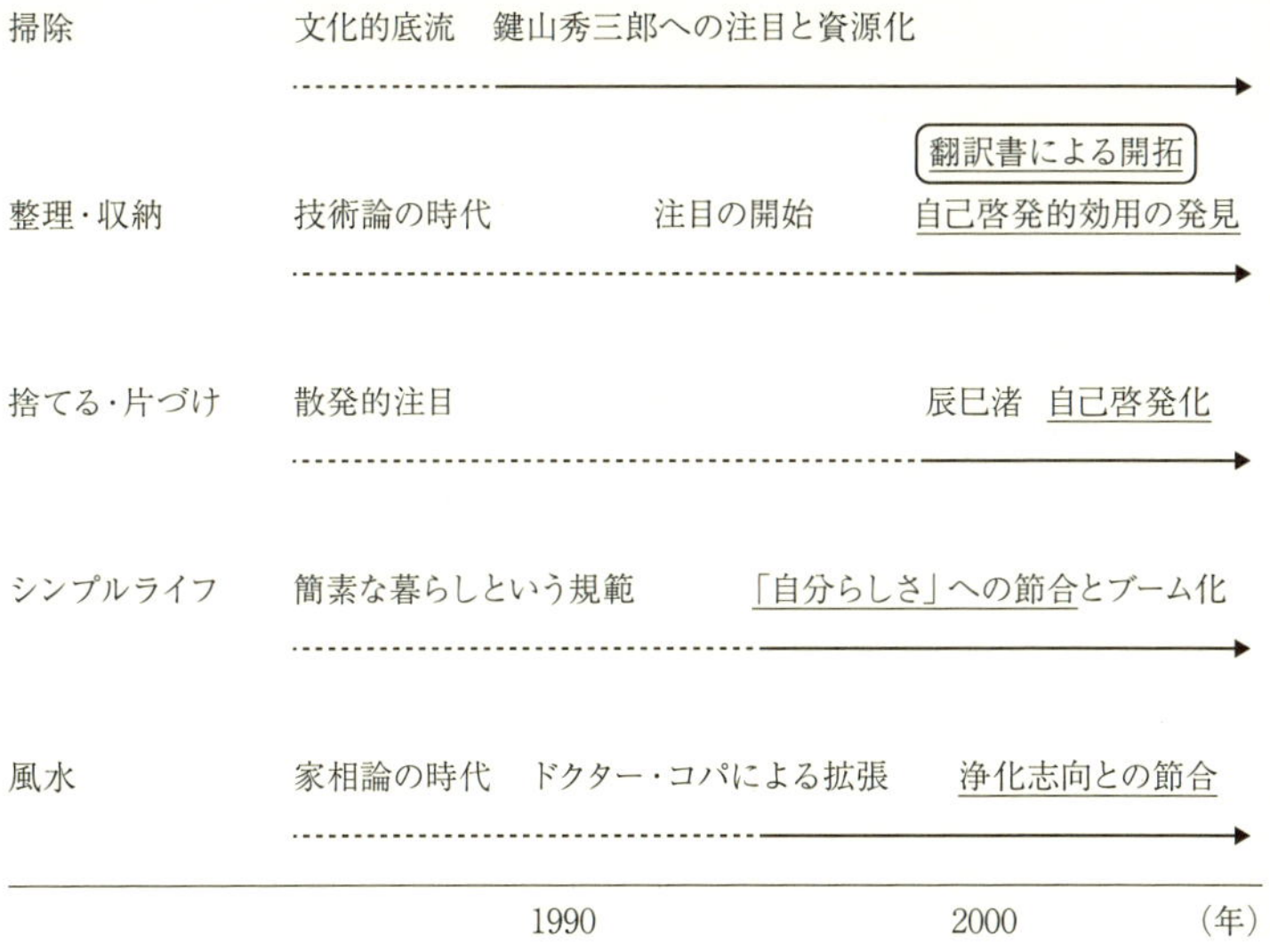

ある。

　こうした節合可能性の変容は、二〇〇〇年代以降の女性向け自己啓発書一般にも波及していると考えられる。たとえば一二〇万部を突破した、イラストレーター・上大岡トメの『キッパリ!たった5分間で自分を変える方法』には、冷蔵庫等の頻繁に使う場所を綺麗にすることで心に余裕を作る、気持ちをリセットするためにモノをしまうといった技法が紹介され(2004: 34-35, 40-41)、同書の続編『スッキリ!たった5分間で余分なものをそぎ落とす方法』では、不用品を整理して「余分な自分」を脱ぐこと、自分自身についた「ぜい肉」をそぎ落とすことが同書の基本方針として示されている(2005: 1-3, 24-41)。また、七五万部のベストセラーとなった、サイキックカウンセラー・原田真裕美の『自分のまわりにいいことがいっぱい起こる本』でも、新しい環境に慣れずに困っている際、「自分を守るために自分のまわりに『清浄な自分の空間』を設定」し、「自分をそのエネルギーですっぽり包んで」から、「そのエネルギー空間の中から冷静に外の世界を観察」することが推奨されている（2004: 34–35）。そして、第三章で紹介した女性向け「年代本」の著者たちも――つまり女性向け自己啓発書の書き手たちも――この時期以降、モノの整理やシンプルライフに言及するようになる。心を落ち着けたいときは引き出しを整理しよう（中山 2001: 20–22）、気分が冴えないときは掃除をし、生き方を改善したいなら不要物を捨てて好きなモノだけに囲まれる生活を目指そう（横森 2002: 4など）、モノや人など、身の回りから余分なものを剥ぎとってシンプルに生きよう（下重 2002: 3）、等々。

こうした文脈が形成されていくなかで、お金が溜まる人は掃除ができる人である（丸田 2001）、「片づけられない女」は太る（小林 2005）、掃除をすることで人生が変わる（舛田 2005）といった、掃除や片づけこそが人生の問題を解決するという逆転の発想にもとづく著作も日本人の手から発されるようになっていく[33]。こうみてくると、掃除や整理・収納、片づけといった実に日常的な営為に、また私たちがまさに日常を過ごす空間に、自己と人生が変転する契機を読み込もうとするまなざしが登場・定着したその果てに、近年のベストセラーは位置づくということがわかるだろう。つまり、それらのベストセラーは、日常生活への自己啓発の侵入の「発端」ではなく、むしろその「帰結」として生まれたと考えられるのである。一つ付言するならば、捨てるという行為を「片づけ」という表現のもとに置き直し、そこに辰巳らとは異なる新たな意匠を施したことがさらなる「前進」といえるかもしれない[34]。

分析を経て考えておきたいのは、翻訳書の影響をどうみるかということだろう。本章で扱った各テーマの全域に影響するような著作こそないように思われるものの、少なくとも各個のテーマに関してはほぼ同様に、翻訳書が新たな節合可能性を開拓する一つの転換点になっているようにみえる。だが単純に、翻訳書がゼロから新たな着想を生んだというよりは、国内的な整理・収納、捨てること、シンプルライフ、風水等に関する議論の文脈があり、それらにおいて散発的かつ微弱に示されていた自己啓発的効用や、さらなる開拓の余地を残していた私的空間の節合可能性が、翻訳書によって明確な、また体系的・網羅的な主張・手続きとして示され、また可能性が拡張されたという「二段階」の変容プロセスを経ていると考える方が妥当であるように思える。

こう筆者が主張するのは、前著で分析した自己啓発書ベストセラーの系譜においても、医師・春山茂樹の『脳内革命』(1994)において示された「内面の技術対象化」という方向性が、『7つの習慣』(Covey 1989＝1996)、『EQ――こころの知能指数』(Goleman 1995＝1996)、『小さいことにくよくよするな!――しょせん、すべては小さなこと』(Carlson 1997＝1998)といった海外自己啓発書の翻訳によって体系的に整備されたという展開を観察することができたことにもよる(牧野 2012a: 59-64)。あるいは、他者と差異化された「自己ブランド」(のイメージ)を特にオンライン上で表出しようとする、後に「セルフブランディング」と称されるようになる着想についても、二〇〇三年に日本人著者が提唱したアイデアを(杉山 2003; 佐藤 2003)、翌年に翻訳書が体系的に整備するという展開を観察できることにもよる[35](McNally and Speak 2002＝2004)。

翻訳書が、それまでの国内の著作に比して多分の新奇性を有していることは確かである。しかし、そのような新奇性を有した翻訳書を呼び込む文脈自体はまず国内で形成されていたのだと考えられる。また、一九九〇年代後半以降、海外自己啓発書の積極的輸入という大きな潮流が自己啓発界全体に起こっていたと考えるならば、整理・収納等に関連した「内面の技術対象化」の進行はそのような潮流のなかで起こっていたのだとして、その文脈をさらに包括的に定位することもできるだろう。だが、第四章までの分析がこのような解釈にはあてはまらないことからもわかるように、そのような解釈は自己啓発界の展開のある部分を説明するに過ぎないのだが。

(2) 自己啓発の実験場としての日常

残る三つの分析課題にも議論を落とし込んでいこう(図表5-2)。まず「賭金=争点」について。掃除を修行・修養の一環として捉える文化的底流はあれど、自己啓発界がそれを資源として発見するに至るまで、掃除の心理的効用が盛んに言及されることはなかった。整理・収納に関しても、それらをめぐる議論のポイントは「合理的な整理・収納法の習得」におかれており、その自己啓発的効用に注目されるようなことは長らくなかった。しかし、前節までにみてきた展開をたどって「自己啓発的転回」が果たされると、掃除や整理・収納は、自己を発見し、肯定することのできる――概していえば「自分らしさ」を獲得するための――契機として、また自己と人生を望む方向へと変革することのできる契機としてみなされ、その正統な取り組みをめぐって各著者が議論を積み重ねる賭金=争点へと姿を変えることになる。捨てるということへの注目ともったいないという倫理からの離脱、成熟した社会を生きるなかで見直されるシンプルな生活、私的空間をエネルギーの場として捉えてその整序

図表 5-2　第五章での知見の整理

	従来的議論	「自己啓発的転回」以降
賭金＝争点	効率的・効果的な掃除・整理・収納法の習得	掃除・整理収納・片づけを通した自分らしさの獲得
差異	技術的巧拙	自己および日常生活の主体的再解釈／日常生活への反省なき埋没
闘争	従来的議論に対する技術的優位性（捨てることの優位性等）、自己啓発的効用への注目の強調（自己啓発志向の資本化）	
界の形成	1990 年代前半における「掃除」の発見、1990 年代後半以降の漸次的発見、翻訳書の先駆性	

と浄化を目指す風水論等は、そうした賭金＝争点に理論・実践的な武装を与える。こうして、掃除や整理・収納、捨てるといった実に日常的な営為は、私たちをいつでもそこへ誘おうとする自己啓発界へのアクセス・ポイントと化したのである。

人々を分かつ「差異」の区分線は、まさにこうした変容に伴って引き直されることになる。より効率的に、効果的に掃除や整理・収納を行うことができるかという「家事上手」（南 1980）、「暮し上手」（町田 1984）であるか否かこそが当初の区分線だったのが、そのプロセスのさなかで「モノと自己との関係」を分析し、自らにとって真に重要な価値観を導出し、その価値観を体現すべくモノの整序を行い、理想的な私的空間を構築することのできる感情的ハビトゥスの体得という観点から区分線が引き直されているのである。繰り返しになるが、まさに今ここの、ありふれた日常を自己啓発の実験場として読み換え、また実際に実践することができるかをめぐって、区分線が引き直されたのである。

第三の論点「闘争」については、前章で扱った手帳術のように、批判の宛先が特定できるようなかたちでの言及はない。しかし各論者は「従来的な」掃除論等と比した自らの主張の優位性を、技術的優位性と自己啓発的効用への注目という二点において強調しながら、自らの主張の正統性を主張していた。片づけ（捨てる）と掃除、整理・収納は違うものなのだ。モノを整理し、部屋をきれいにすることのみが目的ではないのだ、というように。

ここで注目したいのは、そのような差異化のバリエーションがさほどなく、また一九九〇年代後半から現在に至るまであまり変わっていないということである。おそらくそこから看取できるのは、やはり当然といえることかもしれないが、片づけ等それ自体を目的とする議論がこれらのテーマにおいては主流であり続けており、そのような主流に対して、それらを自己啓発の契機とする見方は新奇なものであるという「卓越化利益」（Bourdieu 1979a = 1990a: 352）がまだ活きているということではないだろうか。というより、ひとたびある行為を自己啓発の契機とみなすようになると、それを啓発の契機とはみなさない言論に対する差異化が際限なく行われるということなのかもしれない。

（3）観光のまなざしの反転、聖なる私的空間の消費

さて、本章で扱ってきた素材の主なものは、住まいあるいは自分の部屋という私的空間の整序を扱おうとする書籍群だったということができる。自己啓発書が示す感情的ハビトゥスを分析する一環として、また前章での時間感覚論との対応を企図して、本章で扱った素材における空間感覚について考察してみたい。

とはいえ、社会学における空間論から直接に示唆を得ることは難しい。というのは、社会学における空間論の対象は専ら都市、あるいは観光（地）に設定され、私的空間の考察はほぼ捨て置かれてき

たと考えられるためである。だが、観光社会学における一群の言及が、私的空間の社会学的考察への導きの糸を提供してくれるように思われる。

須藤廣（2012: 14）は、観光とは、各時代における「『聖なるもの』のあり方、文化の商品化のあり方、またそれらの消費のあり方とともにある」と述べる。これはおそらく、ジョン・アーリであれば「非日常性」を（Urry 1990＝1995: 2）、ディーン・マキャーネルであれば「（演出された）真正性」を消費する行為と言い換えることができるだろう（MacCannell 1999＝2012: 14-15）。特にアーリは、観光をめぐるまなざしは「通常・日常と非日常との基底的二項対立から生じる」ものだとして、日常性と非日常性の差異や関係性を構成する社会的記号のシステムに規定されると述べている（Urry 1990＝1995: 2-3）。

聖性、非日常性、真正性をその対置物——俗なるもの、日常、偽り——と切り分け、特定の場所に対してまなざしを投げかける営みとしての観光。こうした観点は、本章での知見にほぼあてはまるものといえないだろうか。つまり、本章でみた私的空間へのまなざしもまた、このような聖性等の切り分けと読み込みによって構成されているといえないだろうか。たとえば、片づけによって「神社仏閣に流れているような清々しい気」で私的空間を充たすこと（やました・川端 2009: 148）。神社仏閣等ではなく、私的空間をこそパワースポットとして、「魂が休息する場所」「魂を清める場所」として構築すること。まさに、聖性や真正性を非日常的な空間に求めるかのごとく、日常を過ごす私的空間にそれらを求めようとするまなざしが観察できるように思われるのである。須藤（2012: 19）は、観光の合理化・商品化が進んだ果てに、観光の本質である「日常性と非日常性を分ける壁は消滅し、日常が非日常へと、あるいは非日常が日常へと流れ込む」ことになると述べていたが、私的空間をまさに神社仏閣のように、またパワースポットとして捉えようとするまなざしの浮上は、このような境界線の浸食の果てに生じた、観光のまなざしの私的空間への反転といえるかもしれない[36]。

とはいえ、住まいを安らぎの場とみなすまなざしは普遍的なものだと考えることもできる（Bollnow 1963＝1978: 119–126）。また、住居とはそもそも「実存的な聖なる空間」なのであり、聖殿と同じように祓い清められ、住人にとっての世界の中心を構成する空間なのだという見解もある（Eliade 1957＝1969: 49–50）。だがここで注目すべきだと考えるのは、こうした哲学的・宗教学的といえる考えが、自己啓発書という消費文化の一端において、観光の論理と通底するかたちで示されているという点である。観光地が聖なる空間として消費されていることと同様に、「実存的な聖なる空間」もまた記号的に消費されているという事態は、かつてから顕著にみられるような現象ではなかったと思われるのである（Urry 1995＝2003: 244–245）。

そのような消費を下支えするのは、やはりそれも記号的に消費されているというべきかもしれないが、聖なる空間に身を浸し、癒されるべき存在としての自己をめぐる感覚であるだろう。山田陽子（2007: 114）は、エミール・デュルケム、アーヴィング・ゴフマン、アーリー・ホックシールドをそれぞれ参照して、現代を「人格崇拝」が高度に進展した「心」を崇拝する時代だと指摘し、その一事例として自己啓発書への注目の高まりに言及していた。本章での分析結果は基本的に山田の指摘に沿うものだと考えられるが、山田が注目していたのは主に労働や教育領域における、比較的フォーマルな場面での「心」の聖化であったように思える。本章から明らかになったのは、より日常的に、まさに日々を営む私的空間において、選ばれたモノによってアイデンティティを日々確認し、モノの配置を整序して空間の透徹性を高め、好ましいモノで部屋を充たし、ときには浄化の儀式を行い、祭壇を設けて自らを癒し浄めるといった、「心」の聖化に志向した日常的儀礼の浮上であった。「心」は今日、まさに私秘的に崇め奉られる対象になっていると考えられるのである。

このことに関連してさらに看取できるのは、そのような聖化を行わねばならないほどに、私的空間の「外部」が俗なるもの、偽りのもので充たされているという感覚が分けもたれているのではないかということである。つまり、非日常性は日常性との基底的二項対立から生じるとするアーリの指摘が、また聖性の顕現はつねに俗なるものとの対置とともに行われるとするデュルケムやミルチャ・エリアーデの指摘が（Durkheim 1912＝1975: 72–79; Eliade 1968＝1974: 27）、観光のまなざしを反転した私的空間とその「外部」との間に見出せるように思われるのである。とはいえ、私的空間の外部、いってみれば「社会」は、自己啓発書のなかに直接描かれることはほとんどない。それは、第二章から第四章までに扱った資料においても同様である。第二章で「時代のせいにしても、社会のせいにしても、会社のせいにしても、僕たちの未来は開けない。ただ、自分の力を信じて、一歩ずつ歩み続けるしかないんだ」（吉山 2011: 14）という言及を紹介したように、自己以外の事柄を考えることは概して捨て置かれている。しかしそのように外部を捨て置いて自己に専心しようとするとき、また本章でみてきたように、特にその外部には言及されないものの私的空間において自己を癒されねばならないと語られるとき、その「自己」をめぐるまなざしの奥に啓発書が想定する「社会」が透けてみえてはこないだろうか。それは多くの言葉で語るほどのものではなく、自らを悩ませ、傷つけ、汚し、また変えようと努力しても変えることのできない対象としての「社会」という程度にしか表現できないものだが、いずれにせよ、啓発書がまずもって私たちに示しているのは、自分自身の変革や肯定に自らを専心させようとする一方で、その自己が日々関係を切り結ぶはずの「社会」を忌まわしいものとして、あるいは関連のないものとして遠ざけてしまうような、そのような生との対峙の形式なのではないだろうか。

注

（1）これはより近年では、真如苑などにもみられる実践である（芳賀・菊池 2006参照）。

（2）以下に述べていくような着想は、個人的に、散発的には、より以前からみられたのかもしれない。しかし、これは前章の手帳術についても同様だが、そのような個人的な実践が存在した可能性を認めつつも、本書で検討したいのはより一般的に流通する言表の生成が、またその集積としての言説の布置形成がどのようになされたのかということであり、特定の賭金＝争点をめぐって多数のエージェントが相争う「界」がいかにして形成されたかということにある。

（3）日本に暮らす私たちにとって、学校という場において掃除を課せられたという体験は、掃除には道徳的効用があるとする議論を私たちに「なんとなく」理解させてしまう一つの背景といえるだろう。上述した『学校掃除』では、「基本的には、仏教的伝統を有する国」（米村・岩崎 1978: 145）が生徒に掃除をさせる傾向にあるという調査結果が紹介されており、私たちの体験はより根深い文化的背景をもつものだと考えることができる。だが、学校掃除の道徳性をめぐる議論がもっとも盛んだったのは、労働を愛する精神（勤労精神）、自治的精神、協同性、公徳心、愛校心、清潔整頓の習慣の涵養といった道徳的効果を主張して生徒による掃除を肯定する立場と、特に都会の学校では衛生環境が悪く、学校掃除によって塵芥を吸引することが伝染病の罹患に繋がりうるとして反対する立場が対立した、一九一五年（大正四年）に起こったいわゆる「掃除問題」論争の前後であった（佐藤 1985; 浅見 2010）。以後、第二次大戦期には集団勤行や奉仕の精神の涵養（山崎・大内 1939: 135-136）、禊祓の精神の体得として論じ直されるようになるが（土方 1942: 60; 奥田 1944: 18）、戦後になってかつての論争時のような効用論に回帰することはなく、戦後の学校掃除論はその道徳的効用をほぼ協調性の涵養という一点に絞り込み、その他は効率的・効果的な掃除の事例およびハウ・トゥについての議論を積み重ねていくことになる（石田 1951: 137; 阪本ほか 1957: 191-193; 杉山 1960: 292-300など）。そして近年の学級経営のマニュアルにおいては、掃除を扱っているものはむしろ少なく、また扱われていたとしても上述した協調性の涵養すらもはや言及されておらず、掃除はその効率的・効果的なやり方について、あるいは掃除以外にも通じる学級内の役割分担の場として、授業では発見できない生徒の長所を見出す場として言及されるのみである（染谷 2010; 加藤 2012; 福井 2012; 上条・中山 2013; 重水 2013; 金 2014）。個々の学校単位では、掃除に大きな意義をもたせているところはあると考えられるものの、総体的な系譜をたどる限りでは、学校掃除をめぐる議論から、掃除の自己啓発的効用を強く押し出す主張が派生したとは考え難い。

（4）企業における掃除、と聞いて5S（整理・整頓・清潔・清掃・躾）を思い出された方がいるかもしれない。経営学者の高木裕宜（2006）は、少なくとも大正期には、日本の工場において清潔・整理・整頓が奨励され、また清掃の規律（しつけ）が形成されていることが確認でき、これが戦後における5S活動へつながっていったと指摘している。戦後は、QC（Quality Control、品質管理）サークル活動と部分的に並行しつつ、少なくとも一九六〇年代前半には、5Sという標語のもとに工場の清掃等が励行されている事例を確認することができる（日本労務研究会編集部 1967）。だが、QCの専門誌を紐解いても、5S（あるいは3S）や整理整頓、清掃といった用語が前面に示された記事がこれ以後積み重ねられてきたわけではない。その注目は、管見の限りでは、八五年一〇月に『工場管理』誌の臨時増刊号「驚異!!

『5S』テクニック――整理・整頓・清潔・清掃・躾」の好評を受け、翌年一月に同号が単行本として改めて刊行され（工場管理編集部編 1986）、以降5Sを扱う著作が陸続して以降のことである（JIT経営研究所編 1987; 原崎 1987; 平野 1988; 長田 1989など）。だが5S論は、工程上およびコスト上の無駄を削減し、また不良品や納品の遅れをゼロに近づけるといった、工場における品質管理に重心があり、職場一般への議論にその重心が移行する、あるいは人生の変革に5Sが関連するという著作を輩出することはなかった。その意味で、5Sという用語は企業における整理整頓・清掃慣行の普及に寄与しているのかもしれないが、学校掃除と同様に、それが起爆剤となって近年における掃除への注目を喚起したとは考え難いように思われる。

（5）他にも、島津製作所の創業者・島津源蔵も整理整頓にやかましかったとするエピソード（鈴木 1959）、創業者・鈴木清一の信仰に由来する、便所掃除を励行する生活団体・一燈園とダスキンとの結びつき（神渡 2011など）、天理教への信仰をもつ代表兼CEOの日比孝吉に由来する、昭和四〇年代以来から社員に掃除を励行するめいらくグループなど（住原 2009）、企業文化としての掃除の励行はいくつかの先行する事例を確認することができる。

（6）鍵山への注目を促した一つの契機として、『商業界』の記事を執筆した映画プロデューサー・竹本幸之祐と鍵山が一九八四年に企画・制作した、「商売はものを通してお客様と商人の心が結びつく」という「商いの原点」を描いたとされる教育映画『てんびんの詩』が「一つの社会現象にすらなった」ことがあるかもしれない（神渡 1992: 150–154）。

（7）ここに至るまで、他の雑誌においては『Big Tomorrow』が一九九一年に、『ベンチャー・リンク』と『財界』が九四年にそれぞれ一度ずつ、鍵山をとりあげている。

（8）鍵山自身、浅野の影響を言明している（1994: 162–163）。

（9）このような掃除の励行について、鍵山自身はこれまで「全く理解されることはありませんでした」

「非難の声が圧倒的でした」と述べている（1994: 161）。これが一九九〇年代前半に、浅野の言及、致知出版社による注目、それらと並行するＮＨＫラジオ「人生読本」（九三年）およびＮＨＫ総合テレビ「おはよう日本」での紹介（九四年）などを経て、九五年の時点では自ら「トイレ掃除の鍵山」として知られるようになったと述べている（1995: 1-2）。

（10）その後、彼らに連なって東京ディズニーランド（オリエンタルランド）、モスバーガー、ダスキンといった各種の企業が紹介されることが多い。この点を考えると、のちのディズニーランドにおける掃除を扱ったベストセラー（鎌田 2011）、トヨタ自動車における片づけを扱ったベストセラー（ＯＪＴソリューションズ 2012）もまた、ここまでみてきたような掃除をめぐる権威の成型の果てに起こったものなのだといえないだろうか。

（11）経営学者の村山元理によれば、その流派は四つに分類できるという。すなわち、鍵山を慕う人々を中心とする「鍵山掃除道派」、一燈園からの影響を受け、「祈りの経営」「喜びの種まき」といった理念を掲げて業務内容に限らず社風全体と掃除が密接に結びついたダスキンに関連する「ダスキン派」、これらの系統とは異なって独自に掃除を励行してきた「独立派」、そして掃除に関する著述業を専らとする「コンサルタント」の四派である。

（12）家事を論じる一つの体系的立場として家政学を考えることができる。だが管見の限りでは、家政学においては掃除や整理・収納というトピックが、全く扱われていないわけではないものの、積極的に多くの紙幅を割いて言及されるテーマではなかったようにみえる。家政学の主要トピックとして「住居」がまずあり、その下位に住生活や住居管理というサブトピックがあり、掃除や整理・収納はそのさらに下位の一トピックに位置づくと考えられるが、これらは家政学史において盛んに研究がなされてきたテーマにはみえない（掃除時間量の研究や、掃除実態と主婦の生活満足度の研究等が数件ある程度である）。また、稀に言及がある場合も、掃除は明治・大正期の場合は衛生的観点から（下田 1893: 19; 大西 1894:

19–20)、戦後は住居管理の観点から（籠山ほか 1957: 207–209）、その効用が専ら説かれていたように思われる。

（13）飯田は、家事評論家・町田貞子の「この世の中は整理から成り立っている」、「日々の生活を営むことは、とりもなおさず時間の整理であり、命の整理そのものだと思います」（1986: 10）といった、人生を整理という観点から捉える発想に影響を受けていると述べている（飯田 1995: 5–6）。とはいえ、町田の著作においては、紹介した言及以上に人生と整理を並べて論じられることはなかった。

（14）「究極の収納。整理の達人になると人生も一変」［『AERA』1997.11.17: 44–47］、「モノを捨てれば人生が変わる！できる女は部屋もデスクもキレイ！」［『コスモポリタン』1999.12: 32–49］など。また、一九九九年には生活評論家の沖幸子が『「そうじ」のヒント』において、「心を込めてひたすらやることで、無心に自分と向き合うことができる、手抜きをすれば、たちどころに悪い結果がでるのがそうじです。当たり前で平凡なことをまじめに取り組み、それを積み重ねていくことの大切さもそうじは教えてくれます」（1999: 13）として、鍵山の凡事徹底の思想にほぼ相当する見解を示している。これは沖の議論の焦点が整理・収納ではなく「そうじ」にあるためだと考えられるが、女性による家事論において、修養としての掃除という発想が取り入れられた数少ない一例だといえる。

（15）雑誌に関しては「特集　捨てる生活」［『婦人俱楽部』1958.11: 217–223］、「特集　あなたのための暮らしの知恵　借りる生活・捨てる生活」［『婦人俱楽部』1964.12: 254–258］、「捨てられない『モノ』の捨てかた、片づけかた」［『クロワッサン』1983.12.10: 28–31］など。また、一九七〇年に刊行された『家事整理学のすべて』（梅棹ほか 1970: 13）のなかで梅棹忠夫は「『すてる』は整理の花形」、つまり捨てるという行為がタイトルに掲げられなくとも整理論の焦点はモノを「捨てる」ことにあると述べていた。だが梅棹は、当時の捨てることをめぐる議論は、「要するに、『すてない』」ことをめぐってなされているとも述べている。つまり、捨てることがテーマではあるものの、実際論じられているのはいかに捨てずに廃物利用を実施し、モノを更生させたかという話がなされているというのである。実際、上述の『婦人倶楽部』の特集においても、この『家事整理学のすべて』においても、廃物利用は捨てることをめぐる議論の一つのポイントになっていた。

(16) 辰巳のホームページより (http://www009.upp.so-net.ne.jp/tatsumi/pro.html、最終確認日:二〇一四年一〇月二八日)。第1節で紹介した近藤 (2011: 28-29) も、同書の影響について言及している。

(17) より正確にいえば、捨てるということに特別なまなざしをより先に注いだのは、前年の野口悠紀雄『「超」整理法3――とりあえず捨てる技術』(1999) であった。野口は「情報洪水」の時代においては、情報収集よりも「情報を捨てること」がより重要になっているとし、特に書類を中心とした「捨てる方法論」を、「受入れバッファー」と「廃棄バッファー」という「日常的に選別する」システムを構築することで成し遂げようとしていた。辰巳の主張の眼目の一つは、この野口の議論との差異化にある。辰巳は野口 (1999: 15, 19) が「衣服や家具などの整理と廃棄」について、「要・不要の判定は容易だから、『捨てるためのノウハウ』は、格別必要ない」と述べ、家庭における整理を「至って簡単」として軽視していることに疑問を呈する。もしそれが本当ならば「家庭のなかはこれほどモノで溢れるはずはない」はずだ、むしろこのような見方には「仕事を神聖視しているビジネスマンが自分の仕事のモノを〝聖域〟とみなし逆に家庭のモノを軽視しつづけている」ことが表われているのではないか、と。そして「モノを捨てる技術は、どこかのジャンルに限ったものではない。生き方、とまでいえる姿勢なのだ」として、捨てる技術を、野口が問題化の領域とした仕事論から拡張しようとしたのである (辰巳 2000: 76-77)。

(18) 辰巳が切り開いたのは捨てることそのものへの注目だが、一方でこの時期は「捨てられない」「片づけられない」ことへと注目が集まっていたことにも留意すべきだろう。「片づけられない」という言葉が書籍タイトルに初めて用いられたのは、二〇〇〇年のサリ・ソルデンによる『片づけられない女たち』(Solden 1995 = 2000) だった。同書はＡＤＤ (Attention Deficit Disorder、注意欠陥障害) の一つの傾向として「片づけられない」というものがあり、女性に「こまやかな気配り」を求める社会の風潮、つまり「社会の決めた『女らしさ』の枠にＡＤＤ女性がはまれなくなってしまう」ことを言挙げし、また一方でＡＤＤの症状を理解し、それらと折り合いをつけていくための技法や発想を紹介するという著作だった（1995＝2000: 14）。

その後同じようにＡＤＤ（ＡＤＨＤ（Attention Deficit Hyperactivity Disorder、注意欠陥・多動性障害）として言及される場合もある）という観点から「片づけられない」という問題を扱った著作が数点刊行されるようになる一方で（Weiss 1992＝2001; 白井 2002など）、ＡＤＤとは無関係に「片づけられない」という言葉をタイトルに掲げ、片づけられないのは整理・収納の技法を十分に習得していないためだとする著作が二〇〇三年頃から登場するようになる（Schlenger and Roesch 1989＝2003; 本多 2003など）。また〇四年、フリーライターの荒井有里による『出したらしまえない人へ――しまおうとするから片づかない』では、「ＡＤＤ自体あやふやな病気」で診断が難しいうえに、実際にＡＤＤが原因で片づけられないことを悩んでいるのは「ほんのひと握り」だとして、「『出したらしまえない』のは病気ではありません」「部屋が片づかないのは、ただちょっとものの持ち方、管理の仕方がまちがっているだけなのです」として問題がＡＤＤから明確に切り離されている（荒井 2004: 54-56）。そして以後、「片づけられずに悩んでいませんか」という問いかけは、概してＡＤＤとは特段に関係のない問題として、整理・収納論における枕詞として定着していくことになる。

こうしたプロセスを、ピーター・コンラッドとジョゼフ・シュナイダー（Conrad and Schneider 1992＝2003）が述べる「脱医療化」とまで呼べるかを判定するにはさらなる検討が必要であるだろうが、いずれにせよ、このようなかたちでの「片づけられない」ことの問題化もまた、捨てることへの注目と表裏一体のかたちで進行し、その注目を下支えしたのではないかと考えられる。

（19）前節で紹介したパソフも捨てるという行為に言及してはいるのだが、捨てるという行為をその主張の焦点としているわけではなかった。

(20) 同書でもまた、モノを捨てられないのはその深層心理に後悔への恐れや不安があるためだとされ、「片づけに伴う不安を取り除くセラピー」として、モノを捨てて後悔する最悪のケースを想定し、その際の思考や感情の過程を追い、恐れや不安の素材を明らかにするという作業が読者に示されている（Aslett 1991＝2004: 33-39）。

(21) 同書はフランス語で書かれたものだが、羽仁の著作においては、「簡易生活」に「シンプルライフ」とルビが振られている。

(22) ジェームズ初の単著は、原著が一九九四年に刊行された『人生を複雑にしない100の方法』（James 1994＝1998）なのだが、日本における訳出順としては『素敵な暮らしのダイエット』が早く、またその主張の濃密さとしても後者がより強いと思われるため、ここでは後者を主に紹介する。

(23) 小林のホームページより（http://copa.jp/c-books_all.htm）。最終確認日は二〇一四年一〇月二八日。

(24) のちの定義では「家相の基本は、家の中心（太極）から各方位のエネルギー的な作用の強弱を建物の外観や配置で判断して、吉相にすること」（小林 1992: 18）と述べられている。

(25) とはいえ、小林のデビュー作においても、部屋の色、家電製品等と方角の関係性が述べられ、またマンションの高層階には土を持ち込んで「大地のエネルギー」を補えといった言及があるため、モノの配置をもって運気を上昇させようとする思考が一九九一年以前に皆無であったわけではない。だが、小林が自らの議論の対象についての自覚水準を上げ、対象を徐々に分節化していったことは確かであると筆者はみる。

(26) 小林が風水を学んできたことに初めて言及したのは一一作目、一九九二年の『現代版家相のバイブル——気になる家相を建築家がズバリ解明！』（1992: 2）であった。宮内は、小林について「自称風水師」として批判的な評価を示しているが（2009: 10）、筆者は何が正統な風水であるのか否かといった点には興味がない。仮に自称であったとしても、独自の解釈であったにしても、そのような言論が拡散していったことをこそ観察したいのである。

(27) 単に言葉のみが書籍タイトルにつけられたものとしては、血液型と星座を組み合わせた性格診断に「火地風水学」という名称が用いられていたものがある(かざみ 1991)。

(28) 小林のホームページより(http://copa.jp/c-books_all_view.htm?no=100-21018)。最終確認日は二〇一四年一〇月二八日。

(29) キングストンの着想は、その初の単著である一九九七年の『ガラクタ捨てれば未来がひらける――風水浄化術入門 Creating Sacred Space with Feng Shui』(Kingston 1997＝2005)においてより先に示されているのだが、ここでは邦訳の順序、二五万部売れたベストセラーであること(小学館の同書新訳版の紹介ページより。http://www.shogakukan.co.jp/books/detail/_isbn_9784094088625、最終確認日は二〇一四年一〇月二八日)、また整理・片づけといったテーマにより特化した著作として『ガラクタ捨てれば自分が見える』を紹介している。

(30) 上述のパソフの著作には、「生活整理は、風水の効果に似ている」とし、モノの整理をエネルギーの整序でもあると論じる箇所がある(Passoff 1998＝2000: 76-77)。だがこれは比喩の段階に留まるものだと考えられ、キングストンらにおいてよりそれらが自覚的に論じられたのだと考えられる。だがパソフには「生活を整理する旅のなかで、あなたはなにものにもけがされていないもっともピュアな場所、すなわち自分の魂にまでたどり着いたことと思う」という箇所があることを考えると(1998＝2000: 181)、浄化志向は整理論やシンプルライフ論等、緩やかにつながりあうこの種の著作群においては、殊更言及されなくとも通底する志向だと考えるべきなのかもしれない。

(31) このような相違は、「診断体系」の有無に関連していると考えられる。小林に代表される、それまでの国内における風水論は、方位や「本命星」等の(各著者によって)体系化された診断体系にもとづいた開運法を論じ、読者を被診断者として位置づける基本的性格を有していた。それに対し、空間の浄化という目的論を先に掲げ、その実現手段として日常的な生活実践をおくキングストンらにおいては、読者は主体的な変革者として位置づけられることになる。どちらが「本当の風水」なのかはともかくも。

(32) こうした変容からややおいて、日本人あるいは日本在住の風水・占星術専門家が掃除や片づけを主内容とする著作を刊行するようになっていく(小林祥晃 2006; 小野 2006; 林 2006など)。

(33) 「そうじ力研究会代表」を名乗る舛田光洋による『人生カンタンリセット!夢をかなえる「そうじ力」』は、同書以降続く「そうじ力」シリーズと合わせて累計二七〇万部を突破したとされており(舛田が代表を務める会社のホームページより。http://www.heaven-world.co.jp/cn20/cn21/pg85.html、最終確認日は二〇一四年一〇月二八日)、掃除と生き方の節合に一定の影響を及ぼしたと考えられる著作である。だが同書の基本発想、つまり掃除や整理整頓を行うことで部屋の「磁場」を好転させ、またあらゆるものに感謝の念をもつことで宇宙の「繁栄のエネルギー」を呼び込み、それらによって人生は必ず好転することになるとする発想は、本章で論じてきた掃除、整理・収納、捨てる、シンプルライフ、風水のいずれの議論とも、また第1節で紹介したベストセラーとも関連が弱い、独自の潮流といえるような発想である。もちろん、この種の著作も掃除関連の著作ではあり、類書を生んでいる一つの潮流ではあるのだが(小林正観 2006など)、日常生活に気づくと忍び寄るような、ある種穏当な技法とは言い難いように思えるため、本章では簡単に触れる程度としたい。

(34) メッセージの独創性がベストセラー輩出の十分条件でないとすれば、この場合はやはり、第一章の編集者インタビューで語られていたような、世界観や「パッケージ」の精度が有力な要因となるのかもしれない。既に数多の書籍が用いている「捨てる」から、やはり多く用いられているものの その語義が必ずしも定まってはいなかった「片づけ」への表現の置き換えは、こうした世界観の演出に関連していると筆者は考えている。

（35）その展開の詳細については牧野（2013a）を参照。
（36）私的空間が都市に流れ込むという事態が現出していることを考えれば（森川 2003）、その逆もまたありうると考えられる。

終　章　自己啓発の時代のゆくえ

1　「アイデンティティ・ゲーム化」というアイデンティティ・ゲーム

本書では、現代の文化的母型としての自己啓発書を対象に、それらがどのような感情的ハビトゥスの習得を促すものなのかを検討してきた。そのことを通して、啓発書が私たちの日常生活にどのような参照点を打ち込み、輪郭を与え、望ましさをめぐる境界線を引こうとしているのかについて分析し、現代における存在証明の一形式（アイデンティティ・ゲームの一ルール）を明らかにしようとしてきた。具体的には、男性あるいは女性向け「年代本」を素材として、「ヘゲモニックな男性性」に志向した存在証明の形式と（第二章）、それにほぼ対応する「自分らしさ」に志向した形式（第三章）をまず抽出したうえで、よりテーマを特化して手帳術にそうした自己啓発のまなざしが侵入していく系譜を（第四章）、ついで掃除や片づけという日常的ルーティンに同様のまなざしが侵入していく系譜を追跡してきた（第五章）。第四章は「時間感覚」が、第五章は「空間感覚」がそれぞれ自己啓発のまなざしから再編成されていくプロセスを追いかけた側面もあり、その意味で第二章から第五章までの分析は、啓発書が習得を促す男性性、女性性、時間感覚、空間感覚について考えてきたと改めて定位することもできる。これらによって、啓発書がその習得を促す感情的ハビトゥスの全容を解明したとまではもちろんいえないものの、その核となる部分の主なものを明らかにすることができたのではないかと考えている。

本章では、ここまでの分析を踏まえての総括を行っていく。まず、各章の知見を落とし込んできた四つの分析課題について俯瞰的整理を行い（第1節）、ついで自己啓発書が創り出そうとする感情的ハビトゥスについて考察する（第2節）。これらを踏まえて、自己啓発メディアが創り出そうとする「自己」の様態について検討した前著『自己啓発の時代』と本書で明らかになった知見との関係性について述べ、最後に今後の課題と展望について述べる（第3節）。

ではまず知見の整理から始めよう。各章の分析結果を圧縮して示したものが図表終‐1、第一章で示した解釈枠組に、これまでの分析結果および以下での考察内容を組み込んだものが図表終‐2である。まず図表終‐1についてみていこう（というより、図表終‐2、特にその改訂部分の解説は本節と次節全体がそれにあたる）。第一の整理枠である「賭金＝争点」、つまり自己啓発書がその獲得へと読者を焚きつける目標については、結局のところ二つの基本形に収斂するように思われる。つまり、主に

図表終 -1　本書における知見の整理

賭金＝争点	①仕事における習熟・卓越（ヘゲモニックな男性性） ②自分らしさ（自己受容、自己肯定、やりたいことの発見・実現等）
差異	「アイデンティティ・ゲーム化」への従事／日常生活への反省なき埋没
闘争	世代・職能による相違、人生経験による相違、直接的闘争、「アイデンティティ・ゲーム化」をめぐる闘争等の諸形式が存在
界の形成	1960-80 年代における賭金＝争点の形成、1990 年代後半以降の界の拡大（「内面の技術対象化」「能力化」を媒介にした節合可能性の増大）および「入界金」の値下げ

図表終 -2　分析を経た解釈枠組の改訂

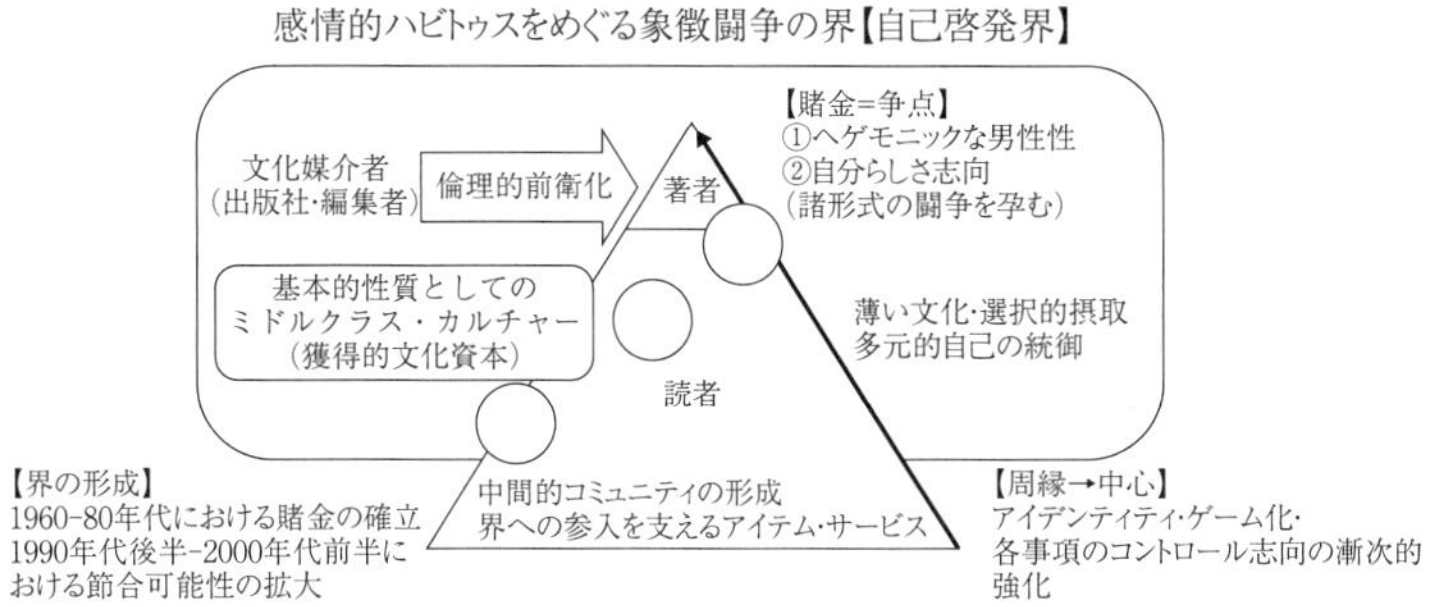

男性向け啓発書が獲得を促そうとする、自分なりの仕事の流儀（仕事術）を確立し、また成果をあげるという「仕事における習熟・卓越」（これは「ヘゲモニックな男性性」の獲得と表現することもできる）と、主に女性向け啓発書が獲得を促そうとする、自己受容、自己肯定、自らの夢や「やりたいこと」の発見等が含意される「自分らしさ」である。前者は第二章の男性向け「年代本」から、後者は第三章の女性向け「年代本」からまず抽出されたものだが、第四章で扱った手帳術本のうち男性著者によるものの多くは、また第五章で言及した鍵山秀三郎らの掃除による修養論は、強調点の違いこそあれど、その志向を前者と共有するものといえるだろう。また、第四章で扱った藤沢

優月の手帳術本や、第五章で扱った家事論や片づけ論の多くは、その志向を後者と共有するものといえるだろう。もちろん、男性向け啓発書のなかにも自分らしさを重視する著作が、また女性向け啓発書のなかにも仕事に対する比重をより高めた主張を行う著作がそれぞれあり、男性向けであるか女性向けであるかということによって画然とした棲み分けが行われているわけではない。また、二つの志向は必ずしも相反するわけではなく、一つの著作において双方がみられることもある。これらはあくまでも理念型であり、想定された読者層に関連する典型性の問題である。

だがいずれにせよ、前著において、自己啓発メディアは純粋な自己反省を促すのではなく基底的な参照項（再帰性の打ち止まり地点）を残したうえでそれを促しているのだと指摘したことが（牧野 2012a: 181-183）、自己啓発書の世界観を包括的に再構成しようとした本書での分析を経ても確かめられたように思われる。つまり、かなり多くの啓発書においては、仕事における習熟・卓越を目指す男性（性）、自分らしさを志向する女性（性）という前提が、驚くほど何も顧みられることなく自明のものとされている。自己啓発書を通して確認され、また啓発される「今ここ」とは、概してそのような前提に枠づけられた「今ここ」なのである。やはり前著でも述べたことだが、私たちが数多流通する啓発書を手にとり、「自分自身の問題の解決につながると思い自己適用するまさにその瞬間に、さまざまな社会的変数（少なくともこの場合はジェンダー：筆者注）の分散をさらに再生産することに貢献してしまうのではないか」（2012a: 245）と考えられるのである。

次に、第二の整理枠である「差異」、つまり自己啓発書において割り当てられる倫理的前提と後衛およびその境界線についてみていこう。各章での言及をそのまま振り返る限りでは、仕事（術）における巧拙、自分らしさの発見・実現の程度をもって境界線が引かれているようにみえる。前者における後衛の象徴は現状に満足し、仕事に没入せず、仲間内で群れる「凡庸な」サラリーマンであり、後者のそれは「所帯じみて」「生活臭」がついた「おばさん」である。だが、こうした事例をさらに敷衍して、啓発書の各ジャンルにまたがる差異化・卓越化の形式を一般化するならば、それはどう表現できるだろうか。

少なくとも、ブルデューが『ディスタンクシオン』において示した、趣味・感覚の「洗練」をめぐって、ではないだろう。かといって「モノから心へ」というような解釈では雑駁に過ぎる。雑駁な解釈から先に進み、かつ各ジャンルにまたがる包括的な解釈を示すのは容易ではないが、あえていえばそれは、眼前にひらける世界のあらゆる事柄を「アイデンティティ問題を処理する形式」（浅野 2013: 59）として試そうとする態度をめぐって引かれているのではないだろうか。仕事の諸局面、人間関係、消費行動、恋愛、家庭生活、美容・健康から、手帳の利用や掃除・片づけといった日常の諸ルーティンまでを、仕事における習熟・卓越や自分らしさの実現という問題に節合しうることに気づき、またそれを日々実践していくことができるか――。つまり、再び前著での言及を活用すると、あらゆる事項を自己をめぐる問いに節合していく「日常生活の『自己のテクノロジー』化」（牧野 2012a: 166）への積極的姿勢を示すことそのものが、存在証明の一つの形式になっていると思われるのである。さらにいえば、ややこしい表現になってしまうのだが、さまざまな事項を「アイデンティティ・ゲーム」における持ち札として投入していくことこそがゲームの勝算を高めるということであるのなら、そこで行われているのは「『アイデンティティ・ゲーム化』というアイデンティティ・ゲーム」だといえるかもしれない。各章における分析結果を俯瞰すると結局のところ、啓発書の各ジャンルを貫く差異化・卓越化の境界線は、(ともすると結果はどうなろうとも、というよりその途上においては結果が未だ得られないことが多くあるなかで)「今ここ」に満足せず、より高みを目指して、より充足を目指して自己啓発に従事することそのものをめぐって引かれているようにみえる。そしてその従事への姿勢が前傾すればするほど、自己啓発界への入り込みは深くなり、また自己啓発を通した存在証明への感覚もまたより真正性を増してくることになるだろう。

第三の整理枠である「闘争」、つまり著者間での主張(あるいは資本)の相違については、各章において異なった形式がみられたように思われる。つまり、著者の世代や職業による主張の相違(第二章)、著者の人生経験による主張の相違(第三章)、直接的に他の著作の主張を批判してその代替案を提示するという直接的闘争(第四章および第五章の一部)、ある事象についての従来的観念を自明視するのではなく、それこそが自己啓発の契機となることの「発見」を自らの独自性として主張する「アイデンティティ・ゲーム化」をめぐる闘争(第五章および第四章の一部)という四形式である。

それぞれのパターンは各章において論じているので繰り返さないが、最後の「アイデンティティ・ゲーム化」をめぐる闘争について、もう少し付加的な考察をしてみたい。一見すると、既に数多の事象が自己啓発と節合されたようにみえる今日において、ある事象が自己啓発的効用を有するのだという「アイデンティティ・ゲーム化」による自己正統化戦略は、その主張の新奇性をやがて摩耗させ、「卓越化利益」を失ってしまうのではないかと考えられる。だがおそらく第五章で述べたように、片づけ等それ自体を目的とする著作が輩出され続ける限り、そのような「主流」の見立てに対して、それこそが自己啓発の契機であるとする主張は生成され続けることになるのだろう（実際、掃除・片づけをめぐる議論においては、そのような主張は一〇年以上生成され続けている）。また読者にとっては、同じ主張が繰り返されていたとしても「やっぱり大事なことは同じだな」と受け止められることを考えても、主張の既出・重複によって「卓越化利益」は大きく低減しないように思われる。おそらく、新たに自己啓発と節合しうる事象を掘り尽くしたか否か、そのような主張の新奇性が摩耗したか否かという水準ではなく、そもそも身の回りのあらゆる事象を自己啓発の素材にしようとする態度自体が陳腐化するまでは、上述したような「卓越化利益」は反復して語られ続けることになるのだろう。

最後に第四の枠組である「界の形成」、つまり上述したような賭金＝争点の獲得に向けて人々を焚きつけようとする、またあらゆる事項を「アイデンティティ・ゲーム」へと投げ入れることが望ましいとする言説空間がいつごろ、どのようにかたちをなしたのかについて振り返って考えてみよう。一九六〇年代には既に男性向け「年代本」が現在と大きく変わらない主張を備えて登場したこと、七〇年代後半には女性向け「年代本」において自分らしさという表現が、やはり現在と大きく変わらない意味で用いられ始めていたことを考えると、自己啓発書の基本的賭金＝争点それ自体は、かなり以前から確立されていたとみることができるだろう。

一九九〇年代中盤から二〇〇〇年代にかけて、そうした賭金＝争点は保持される一方で、自己啓発界の構造の側に変化がみられるように思われる。具体的にはこの時期、本書で扱った手帳術や掃除・片づけ、さらにはピーター・ドラッカーの思想（Drucker 2000など）、スポーツ選手の著作（中村 2008以降に陸続すると思われる）など、それ以前は自己啓発という文脈から積極的に語られてこなかった人物やジャンルが、自己の内面の掘り下げ、「強み」や「やりたいこと」「夢」の明確化、それらを作業化することによる目標の実行管理といった、第四章と第五章で具体的にみてきた一連の定形的技法を取り込み、自己啓発というジャンルの（より）内部に、あるいはその隣接領域に移動を果たしている。(1) 同時期における「〇〇力」「〇〇（する技）術」といった表現の流行も、それまで啓発されるべき能力として考えられてこなかった諸対象を、自己啓発の素材として書き換える動向の促進に寄与したといえるだろう。こうして自己啓発界はこの時期、その版図の拡大に成功したのだと考えられる。そしてこの版図の拡大が上述したような、あらゆる事象を存在証明の手段として活用すべしとする「アイデンティティ・ゲーム化」というルールにより強い保証を新たに与えることになったと考えられる。

また、第二章および第三章で述べた二〇〇〇年代以降における分量のライト化、あるいはそもそもの制作コンセプトとしての要約化・図解化・マンガ化といった「見せ方」のバリエーションが増大したことは、総体としてこのジャンルにおける可読性を高め、制作者と読者の双方にとって、自己啓発界に踏み入る敷居を下げることになったと考えられる。さらに同時期以降における、自己啓発界への参入を媒介し、また下支えする中間的コミュニティやアイテム・サービスの浮上・定着も、界へのアクセス・ポイントとして機能したと考えられる。

大きくは変わらない賭金＝争点を保持し続けている自己啓発界がなぜ一九九〇年代中盤から二〇〇〇年代にかけて多くのベストセラーを輩出し、以降今日に至るまでの隆盛を誇るに至ったのか。これはもちろん、この時期の社会経済的背景（つまり不況）という観点から考えることもできるわけだが、自己啓発界の構造の変化、つまり「内面の技術対象化」と諸対象の「能力化」を媒介とした他ジャンルの包摂もしくは近接化、自己啓発書の可読性上昇による「入界金」の値下げ、媒介的なコミュニティやアイテム・サービスの登場といった変化もまた、その重要な一因として考えることができるように思われる。

2 「コントロール可能性への専心」というハビトゥス

次に、この論点についてはは各章で記述されたその様態こそが重要なのだが、自己啓発書がその習得を促す感情的ハビトゥスについても俯瞰的に整理を行ってみよう。図表終-3は、各資料において扱われたトピックごとに、その望ましい考え方、行動の仕方、感じ方について整理したものである。

仕事における習熟・卓越を目指すのか（図表中では下線部）、自分らしさの実現を目指すのか（図表中では破線部。線のない項目についてはこれらの志向に関係なく共通するものを示している）。この分岐のいずれを重視するかによって、相反する感情的ハビトゥスが求められるケースはいくつかある。特に仕事についていえば、まず目の前の仕事に没入すべきなのか、それとも自分の好きなことやりたいことを重視すべきなのかというように、真逆の選択肢が示されているといえる。また、過去の体験を遡ることで「本当にやりたいこと」を見つけ出し、それを未来の目標としておき、翻って現在の行動を設定するという物語的な時間感覚の編成が推奨される場合もあれば（手帳術および掃除・片づけ論の一部）、過去をリセットし、未来に縛られず、現在のみを重視すべしとされる場合もある（「断捨離」

図表終 -3　自己啓発書がその習得を促す感情的ハビトゥス

トピック	習得されるべき様態
仕事	全人格的没入、自己責任志向、好きなこと・やりたいこと志向
人間関係	道具的機能志向、縮減志向
消費	限定的自己投資志向、セレブリティ志向
私生活	仕事と私生活の一元的編成、自己成長的恋愛・結婚観
時間感覚	近代的・モノクロニックな時間感覚（細分化、効率的・俯瞰的管理、時間の資源化）、「生きた時間」の自己コントロール、過去・現在・未来の物語的編成／現在中心主義
空間感覚	私的空間の浄化、感情にもとづく一元的編成

などの片づけ論）。

このようなバリエーションの相違はあるものの、全体として共通する志向を抽出するならばそれは「コントロール可能性への専心」にあるといえるだろう。自らの意志で進んで仕事に没入し、その結果をすべて自らの責任として引き受ける、あるいは自分自身の「好き」という気持ちを基準として仕事を選ぶ。人間関係は不必要なしがらみに捕らわれることなく戦略的なつきあいを旨とし、ときにはそれらを「シンプルライフ」という題目のもとに清算してしまう。消費もやはり漫然と行うのではなく、自分自身を高める、自らの個性を発見し磨くといった観点から自覚的に行っていく（そのような観点からの消費であれば、少々の出費もやむをえないとする）。仕事と私生活とを切り分けず、私生活に仕事上のアイデアを探し、マネジメントの技法を私生活にも応用できると考える一元的な価値観をもつ。恋愛や結婚は、何より自分自身の成長プロセスとして捉える。時間を細分化し、それぞれの「コマ」にタスクを割り振り、効率的なその処理と有効活用を企図する。意味が付与されていない空白の時間にさえ意味の網の目を張る。過去・現在・未来を一続きに捉えるにせよ、現在に専心するにせよ、自らにとっての時間感覚を意識化する。私的空間からノイズを除去し、

「好き」等の一元的な意味によって再編成と安定化を図る――。[2] このようにして、自らがその影響をコントロールできるような解釈の枠組を、眼前にひらける世界のあらゆる対象へと付与し、逆にそれでもコントロール不能なものはノイズとして排除する。[3] だからこそ幾度か述べたように、「社会」は変えられないものとしてあっさりと思考停止の対象とされてしまうのである。自己啓発書が書店に居並び、その位置価を浮上させるような社会とは、このような感情的ハビトゥスが位置価を高め、また文化資本として流通するような社会だといえるのではないだろうか。

ところで、浅野（2013: 35）は自己啓発という営みを、自己がその「多元性をあらわにしていく」動向の一方で、その「統合に向けて人々を動かしていこうとする流れ」の一例として言及していた。上記のような感情的ハビトゥスの習得を促す自己啓発書は、大きくいえばそのような自己意識の統合に向かう文脈のうえで消費されているのだろう。

だがおそらく、自己啓発書のメッセージそのままに、自己を完全に一元的にコントロールすべく、一元的に統合すべく購読を行う者は多数派ではないだろう。第一章で示したように、状況による自己の使い分けを意識的に行っている者の方が啓発書購読経験率が高いことを考えれば（第4節）、また啓発書のメッセージは基本的には一定の距離を置いて選択的・解釈的かつ応急処置的に摂取されていることを考えれば（第5節）、そのメッセージは一元的な自己への単純な統合というよりは、多元的な自己のそれぞれに意味を与える資源として、あるいは多元的な自己を生き抜いていくための休息・退避的な自己のモードを創出する資源として、また多元的な自己の様態それぞれを「やりくり」していくためのヒントとして選択的・解釈的に消費されていると考えるのが実情に即しているのではない

図表終-4　自己啓発書購読と「社会」への志向（各項目の肯定回答率）

項目	購読経験者	非経験者	χ^2
新聞の政治・経済面を読む	39.1%	26.1%	***
ボランティア活動をしたことがある	60.4%	46.5%	***
みんなで力を合わせても社会を変えることはできない	21.6%	27.9%	*

注：*: $p<0.05$, **: $p<0.01$, ***: $p<0.001$

だろうか。つまり、やはり浅野（2014: 209）が自己の多元性そのものをめぐる議論において指摘していた、「多元性を維持することで自分自身を流動化し、それによって社会の流動性に対応していこうとする戦略」にむしろ近いところで、その多元性それぞれに一定の見通しをつけ、また諸状況を多かれ少なかれ自らへと引き取り確認・啓発するための資源として、啓発書は消費されていると筆者は考える[4]。もちろん、自己啓発界への入り込みが深くなればより一元的統合志向が強くなる可能性はあると考えられるのだが。

　自己啓発書のメッセージがそのままに受け取られるわけではないということは、先に述べた「社会」を棚上げする啓発書の志向に関してもいえるように思われる。青少年研究会のデータからは、啓発書購読経験者が非経験者に比して、新聞の政治・経済面をよく読み、ボランティア体験が多くあり、また「みんなで力を合わせても社会を変えることはできない」とは思わない（つまり社会変革への積極的可能性を見出している）という相違がみられる（図表終-4）。これらのデータの解釈にはより詳細な検討が必要ではあるものの、少なくとも大きな傾向として、啓発書の読者が自分自身にのみ専心するような志向をもってはいない、というよりはむしろその向きが弱いことはいえるように思われる。そうであるならば、日常生活の各局面をアイデンティティ・ゲーム化し、コントロール可能性へ専心させようとする志向をもつ啓発書の購読が、なぜか反転して「社会」への志向と（再度）繋がっているというその節合のあり方をこそ考えるべきであるように思われるのだが、それはまた一から問題設定を組み直して検討せねばならないようなテーマであるのだろう。(5)

3　自己啓発の時代のゆくえ

さて、最後に、既に部分的に幾度か言及しているものの、前著『自己啓発の時代』での知見と本書における知見が一体どう関係するのか、また何を付け加えることができるのかを総括的に検討してみよう。

基本的な話として、前著と本書は表裏をなしている。「自己のテクノロジー」という概念を手がかりにして、自己啓発メディアが創り出そうとする「自己」の様態について検討したのが前著である。それに対して、そのような「自己」へのまなざしがどのような「世界」との対峙の形式――特に（感情的）ハビトゥスという概念を通して筆者が掬い上げた日常生活へのまなざし、さらに男性性、女性性、時間感覚、空間感覚など――と表裏をなしているのか、図と地を反転させて分析を試みたのが本書である。自己啓発書の世界観そのものの分析に傾注した第二章と第三章の分析を経て、第四章と第五章ではそうした世界観の日常への侵入が、言い換えれば「日常生活の『自己のテクノロジー』化」として前著で言及した動向が、より微細に手帳術や掃除・片づけといった特定のトピックに関してどのように進行したのかを検討してきた。前著で示した「内面の技術対象化」がやはり一九九〇年代後半から二〇〇〇年代にかけて進行し、日常生活の諸局面が自己啓発の契機と化していったことが改めて観察されたわけだが、これは「内面の技術対象化」や「日常生活の『自己のテクノロジー』化」といった現象が、手帳術や掃除・片づけのような焦点化された各トピックそれぞれの文脈において、当のトピックそのものの意味を変容させながら、それぞれのエージェントを通して進行していったことを看取させる知見だといえる。そのことを考えると、自己啓発メディアがこの社会における「自己の体制 regime of the self」(Rose 1996: 2) を変容させていくとき、それを下支えする「自己のテクノロジー」の素材となる諸事象、つまり私たちの今ここ、日常生活そのものの「体制」もまた変容させていくことになるのだと考えられる。

今述べたエージェントという点に関しては、前著における「権能複合体」(牧野 2012a: 178) をめぐる議論にいくらかの追記を行うことができたと考えている。つまり、自己啓発に関する情報を発信できる人々の「権能複合体」はサブジャンルごとにそれぞれ様態が異なり(複合体のさらなる多様性)、またいずれも当然一枚岩ではなくいくつかの形式によって棲み分けがなされており(複合体内部の相違の諸形式)、またときには直接あるいは間接的に他の立場の批判が行われ、それが新たな立場の提示につながっているということを(複合体内部の闘争を通した意味空間の変容)、それぞれいくらかの根拠を伴って示すことができたのではないかと考えている。

また、前著の結論部において、自己啓発メディアは「内的世界への働きかけを、つまり『自己の自己との関係』の調整自体を自己目的化し、追求に値するものであるというメッセージを発信し続けてきた」(牧野 2012a: 238) という言及を筆者は行ったのだが、図と地を反転させて分析を行った本書においても、結果として抽出された望ましさをめぐる境界線はほぼ同様のものだった。これは筆者自身の限界を示しているのかもしれないし、異なった分析アプローチだとはいえ、ほぼ同時代における、大きくは同一ジャンルといえる資料を分析したことの必然的結果なのかもしれない。だがいずれにせよ、自己啓発書という文化的母型が興隆し、また広く流通する現代社会においては、最終的な成果・結果はわからなくとも、任意の事項を内的世界へと引き込むその行為自体が、またときにはそれを周囲にアピールすること自体が、現代におけるアイデンティティ・ゲームの一手になりつつあることは確かではないかと筆者は考える。もちろん自己啓発界への入り込みの深さによってその程度は異なるものの、私たちが生きるこの社会において、端的には啓発書によって水路づけられている「自己の自己との関係」への従事が、存在証明における真正性を高めつつあると考えられる。

人称性を重要起点とする自己啓発書制作プロセスの様態、および選択・解釈的な読みを行いながらも、自己確認を行いうる本質的な何かを求めるという両志向が共存する啓発書購読の様態についてそれぞれ考えられたことが、前著からの最も大きな「前進」であるかもしれない。特に後者は、前著の最終盤において、「自分とは何か」という問いに気づくと引き込まれてしまうようなゲームから降りる、一休みする、中抜けする、違うゲームを始めるためのヒントを筆者から提供できたかもしれないと述べたことに関して（2012a: 257）、そもそもゲームに参加している（自己啓発メディアに影響を受けている）という状態がいかなるものなのかについての考えを進め、またそこから自己啓発メディアを「自意識を志向づける日常的な参照点」や感情的ハビトゥスをめぐる文化的母型として再定位する重要な手がかりとなった。下述するように課題は残されているものの、前著における課題の最も主要なものの一つ、つまり多くの方からコメントをいただいた、自己啓発メディアは実際にどう読まれてい

図表終 -5　自己啓発書購読とツール活用（各項目の肯定回答率）(7)

項目	購読経験者	非経験者	χ^2
ファッションは、自分らしさを表現するアイテムだ	66.4%	58.8%	*
自分の気持ちを変えるために、曲を選んで聴く	84.4%	77.1%	**
ヒーリング（癒し）グッズを身につけたり使った経験がある	46.8%	25.7%	***
美容のためにエステやクリニック等に通った経験がある	32.9%	18.4%	***
体型管理のために運動や食事制限をした経験がある	70.5%	53.5%	***

注：*: $p<0.05$，**: $p<0.01$，***: $p<0.001$

るのかという論点に幾分の対応はできたといえるように思われる。

ただ、今述べたように、購読様態に関してはさらなる課題が多く残されていると考えられる。読者の読みが位置づくライフストーリーの掘り下げ、今回のインフォーマントがすべて首都圏在住の正規雇用従事者（あるいは会社経営者）であることを補完するさらなる調査、他の論者がとりあげていたような盲目的な読者（がいるとすればだが）への接近、関連するセミナーや講習の受講者あるいは開催者への接近、等々。自己啓発書を読む（自己啓発的サービスを利用する）という行為の意味については、検討を要すべき課題が未だ多く残されているといえる。

これに関連して、自己啓発書を読むという行為の「機能的等価物」について検討することも必要かもしれない。たとえば先にも紹介した青少年研究会のデータからは、自己啓発書の購読経験者は非経験者よりもファッション、音楽、ヒーリンググッズ、エステ・クリニック、ダイエット（を通した自己変革）への関心が強いという結果が出ている(6)（図表終 - 5）。これらを考えるとき、啓発書は今日において自己を支える数多のツール（自己のテクノロジー）の一角に過ぎない可能性があり、だとすれば私たちはどのような「ツールに支えられた自己」

を生きているのか、各種のツールによってその支えられ方は相違するのか否か、といった検討課題が新たに現われてくることになるだろう。

筆者は現時点では、自己啓発言説のさらなる検討よりも、このような発展的といえる課題の検討により多くの可能性を見出している(8)。というのは、前著および本書の分析を経て、自己啓発界自体の内的論理は短期間ではさほど大きく変容しないように思われたためである。基本的な賭金＝争点は数十年来ほぼ踏襲されており、また「内面の技術対象化」や「日常生活の『自己のテクノロジー』化」も一五年から二〇年来続く傾向で、その「卓越化利益」が未だ喧伝され続けている状況にある。また、開拓可能なトピックは既にあらかた掘り尽くされたようにみえるものの、そのメッセージ自体は摩耗せずに「やっぱり大事なことは同じだな」として受け止められ、また読者や著者や「見せ方」を入れ替えながら流通し続けている。このように受け止めてしまうのはもちろん筆者の力不足に起因する可能性がかなりあるのだが、少なくともそのような筆者には、自己啓発界は今後もほぼ同様の論理で、当面は安定的に持続するのではないかとみえるのである(9)。あらゆる規範が揺らぎの方向に向かうとされる後期近代（Giddens 1990＝1993）あるいはリキッド・モダニティ（Bauman 2000＝2001）、絶え間ない自己の再創造が求められる「新しい個人主義」（Elliott and Lemart 2009）といった包括的かつ不可逆論的な現代社会論を考慮しても、今後も自己啓発書が盛んに生産・消費され続けるという見立ては基本的には支持できるはずである。

新しいメッセージが現われない、新しい対象がもはや掘り尽くされているということについて、筆者は何らかの規範的評価を下したいわけではない。それは逆に、自己啓発界の拡大期が終わり、安定期に入ったことの表われと考えることもできるのだから。だがいずれにせよ、その安定期が果てるまで、資料の分析から得られる認識利得はさほど多くを期待できないように思われる（少なくとも前著や本書のようなアプローチをとる限りでは、だが）。いつか、書店に居並ぶ自己啓発書が今とは異なった志向を備えるようになるとき、あるいはそもそも自己啓発書以外のジャンルにその書棚が取って代わられるとき、筆者は本書の「続き」を書くことになるかもしれない。

注

（1）「ドラッカー」と「スポーツ」をめぐる動向の詳細については拙稿（牧野 2012b, 2013b）参照。

（2）この点に関して青少年研究会のデータを再度参照すると、若年男性と中年男性においてそれぞれ、「自分で立てた予定通りに実行することが好きだ」という項目において自己啓発書購読経験者と非経験者に有意な差がみられる（若年男性では購読経験者の肯定回答率が七三・三％に対し、非経験者は六〇・二％。中年男性では経験者が七八・五％に対し非経験者が六五・五％。ともにカイ二乗検定の結果一％水準で有意）。また、これは若年調査でのみ聞かれている項目だが、「友だちといるより、ひとりでいるほうが気持ちが落ち着く」という項目について、若年女性の購読経験者・非経験者間で有意差が出ている（購読経験者の肯定回答率は七五・九％、非経験者は六七・八％。五％水準で有意）。

（3）当初からこの書籍のことを念頭においていたわけではないのだが、結果としてコヴィー『7つの習慣』における、自らがコントロールできる対象への集中とそのような対象の拡大を志向する「影響の輪」（Covey 1989＝1996: 101–123）をめぐる議論と、ほぼ同内容の結論へと帰着してしまった。だが、そのような各ジャンルに通底するような主張を備えているからこそ、同書は早くも古典的な著作として位置づけられるような扱いを受けているのかもしれない。

（4）第1節で示した「アイデンティティ・ゲーム化」という論点と、このような多元性の「やりくり」はバッティングしないと筆者は考えている。つまり、多元的な自己を生きつつ、さまざまな事項を仕事における習熟・卓越あるいは自分らしさの問題へと部分的に引き取り、その都度の自己充足（存在証明における真正感）を得ることは可能だと考えるためである。
（5）こう考えるとき、私的領域への志向を前提とした公的領域との現在的な接続のあり方を検討した知見や（宇野 2010; 浅野智彦 2011など）、現代におけるボランティアの自己効用論的転回を論じた仁平典宏（2011）の労作と、本書における知見は緩やかにつながっているといえるのかもしれない。
（6）筆者がインタビューした自己啓発書読者からは、小説やマンガ、映画などに生き方を学んだという発言がたびたび聞かれた。
（7）これらの項目間においては、ほぼすべてに有意な正の相関関係がみられる。
（8）ただ、視点を変えて、リーダーシップ論や組織論等、「他者」や「集団」をどう統治するかというトピックに関しては、前著や本書とはまた異なった類の知見を得ることができるかもしれない。
（9）もちろん、その安定の下支えにつながる大小のヒット作の輩出は、著者ならびに編集者の日々の苦闘なくしてはありえないわけなのだが。

あとがき

前著『自己啓発の時代』が刊行されて一月ほど経った頃、同書の編集を担当してくださった勁草書房の松野菜穂子さんからご連絡をいただいた。プレジデント社の方が、筆者に会って話を聞きたがっているのだという。雑誌『プレジデント』は前著での分析対象の一つだったのだが、実際に同誌を作っている立場からすると前著の分析はどうみえるのだろうか、妥当なものだと思ってもらえるのだろうか——。筆者自身まずそれを知りたかったため、また以前制作プロセスの取材依頼を出したもののそれがかなわなかったため（これは後で、取材依頼がなぜか届いていなかったためだとわかるのだが）、早速連絡をとり、プレジデント社にお邪魔させていただくことになった。

筆者に興味を抱いた奇特な（?）方は、同社オンライン編集部（当時）の石井伸介さんで、オンライン編集部に配属される以前は二〇年近く『プレジデント』誌本体の編集に携わってきた方である。

石井さんは、自らが長年取り組んできた仕事を俯瞰的に分析しようとした前著に対して「観察されたという不思議な衝撃」を受けたのだという。その衝撃を整理すべく筆者に会って話を聞こうとされたようなのだが、筆者と会ってそれが整理されたのかはよくわからない。だがその時点で何か整理の見通しを得たのか、以後に見通しを得られると思われたのか、会談の終盤で石井さんがこうおっしゃった。「牧野さん、うちで連載をしませんか」。

連載という書き物の形式が自分にこなせるのか、就職もしていないのに商業出版に手を出すことは学術研究者として大丈夫なのかという逡巡もあったものの、せっかくご指名をいただいたこと、また実際にやってみるなかで自分自身がどう感じるのか、どんな反応があるのかをより知りたいという思いを採って、連載のお話を受けることに決めた。こうしてウェブ媒体PRESIDENT Online上での連載「ポスト『ゼロ年代』の自己啓発書と社会」は始まった。

期間は二〇一二年八月から一年で、各月一テーマずつ、前著で分析対象とした二〇一〇年まででではなく、それ以降の自己啓発書の動向から、そこに映し出される現代社会のありようについて考えていく――このような主旨で始まった同連載では、実にさまざまなテーマ・素材を扱った。自己啓発書のガイド本、ピーター・ドラッカー、スポーツ選手による啓発書、就職対策書、そして本書で扱った「年代本」、手帳術、掃除・片づけなど。本書は、この連載で扱った一二テーマのうち、連載記事以上に掘り下げて調査・分析する意義があると考えられた四つのテーマを抽出したうえで、原形を留めないほど連載記事に加筆・修正を行ったものである。

望ましい、あるいは望ましくない心のありようをさまざまな人々があれこれ上げ下げして論じるような状況について、ピエール・ブルデューの理論から解釈することはできないか――。このような構想は大学院の修士時代から考えていたものだったが、修士論文および博士論文執筆時にはそれをうまく形にすることができなかった。だが連載を進めるなかで、扱われた各テーマを包括的に解釈する枠組としてブルデューの理論が有効なのではないかと再び考え始め、連載後半はその考え（仮説）を確かめながら書き進めていく期間となった。結果として、温めていた構想を形にできてよかったと個人的にはいえるものの、おそらく本書で最も多くの方が引っかかるのが、このブルデューの理論を用いた分析枠組の意義や妥当性についてだろう。忌憚のないご意見・ご批判をいただければと思う。

さて、そのようなわけで、本書の成立経緯には、石井さんがとても大きくかかわっている。筆者が提出した原稿は、毎回びっしりと「赤」を入れて戻され、筆者がそれを受けた修正稿を提出し、さらに赤入れがなされ、という往還を繰り返して各テーマの原稿は世に出ている。「牧野さん、この表現ではカタギ（一般読者）には通じません」「この引用の仕方は都合がよすぎませんか？」等々、石井さんの赤入れに筆者は冷や汗をかき、しかしそこに再度「戦い」を挑むというプロセスは、そのさなかではそれなりにしんどいものだったが、終わって振り返ってみると充実した時間であった気がする。また先にも述べたとおり、もとの連載原稿はほぼ跡形もなくなっているものの、本書の着想を得る機会を、またその着想を確かめ鍛えていく機会を与えていただいたのは石井さんである。改めて、ありがとうございました。石井さんはその後プレジデント社を退職し、昨秋神戸で出版社・苦楽堂を立ち上げられた。本を作る、売る、読むということに丁寧に向き合おうとする石井さんの、苦楽堂の今後の展開に、本書を読んでいただいた皆さんにも注目していただけると筆者も嬉しい。

また、本書は前著に寄せられたご意見・ご批判を受けて、そのすべてに対して完璧にとはもちろんいえないものの、できる限り向き合おうとしたものでもある。青少年研究会、文化社会学研究会、非行研究会、文化間研究会の皆さんには、前著の書評セッションを企画していただき、また多くのご意見・ご批判をいただくことで、もう自己啓発の研究はやめたいと心底思っていた当時の自分に、新たな活力を吹き込んでいただいた、新たな課題を示していただいたと思っている。改めて感謝の意を述べたい。また、終章でも述べたように、その課題の大きな一つとして筆者が抱えていたのが、自己啓発書の制作と消費という論点だった。まだ考える余地は多く残されているとは思うものの、インタビューにご協力していただいた皆さんのおかげで、筆者なりに考えを幾分進めることができたと思う。ご協力いただいた皆さん、本当にありがとうございました。

前著と同様、幾人かの方に草稿段階で目を通してもらったのだが、本書は学術的にはほぼ「書き下ろし」であるため、助言を得られたことは本当にありがたかった。日本学術振興会特別研究員の受入研究者である小池靖先生。物語研究会の加藤隆雄先生、木村祐子さん、越川葉子さん。青少年研究会の寺地幹人さん、木村絵里子さん、小川豊武さん、妹尾麻美さん。青少年研究会に関しては、ちょっとした立ち話ではあったものの、南田勝也さんと「ブルデューを使う」ということをどう考えるかについて話をしたことが、本書を世に出す最後のひと押しになった気がする。

最後に、前著に引き続き担当をしてくださった松野さんに感謝を。石井さんのことについて多く書いてしまったものの、本書は直接的には松野さんのご尽力なくして世に出ることはなかったものである。上述の連載を始めてまもなくの頃から、これを頑張って本にしましょうという励ましのお言葉をいただき続けたことは、連載という不慣れな形式を継続させる大きな支えでもあった。当初筆者は、『存在証明としての自己啓発』や『自己啓発というハビトゥス』といった、まったく売れそうにないタイトルを考えていたのだが、松野さんとの相談の結果、よりキャッチーなタイトルとなった。誰も気づかないとは思うものの、ジャック・ドンズロ『家族に介入する社会――近代家族と国家の管理装置』(Donzelot 1977 = 1991)へのある種のオマージュのつもりである。

前著出版時は一歳だった由太君も早や四歳。次男の壮介君ももうすぐ一歳半になろうとしている。本書の執筆は、すくすく育っていく彼らと、そして美和さんとともに、信じられないほどばたばたと過ぎ去っていく慌ただしい日々のなかで少しずつ、糸を紡ぐように進められたものだという気がしている。筆者が今後の人生において本書を見返すときに思い出すのは、上述した石井さんとの「戦い」とともに、このばたばたと過ぎ去っていく日々との「戦い」になるのだろうと思う。

二〇一五年二月

牧野智和

※本研究は、二〇一三～二〇一四年度・科学研究費補助金特別研究員奨励費「産業としての自己啓発：サービス供給者・消費者・産業構造についての社会学的研究」(研究代表者：牧野智和、課題番号13J00037)、および二〇一一～二〇一三年度同補助金基盤研究(A)「流動化社会における都市青年文化の経時的実証研究――世代間／世代内比較分析を通じて」(研究代表者：藤村正之、課題番号23243065)による研究成果の一部である。

索　引

サ 行

ワ　行

参考文献

阿部絢子，2000，『リサイクル社会とシンプルライフ』コロナ社．

阿部次郎，1914，『三太郎の日記』東雲堂．

阿部満，1969，『30 代の挑戦』虎見書房．

Adam, Barbara, 1990, *Time and Social Theory*, Oxford: Polity.（＝1997，伊藤誓・磯山甚一訳『時間と社会理論』法政大学出版局．）

阿川佐和子，2012，『聞く力――心をひらく 35 のヒント』文藝春秋．

赤星たみこ，1998，『ゴミを出さない暮らしのコツ――キラクで身近なエコロジー入門』大和書房．

赤根祥道，1996a，『男 30 代，この「生き方」ができる人は成功する！』三笠書房．

――――，1996b，『赤根祥道の男 40 代・自分の名前でやってみろ――生き方がガラリと変わる 83 のヒント』フットワーク出版．

秋庭道博，1995，『〈20 代に贈る〉ことばの魔力ことばの魅力――自分の「生き方」がつかめる 180 のヒント』大和出版．

――――，2011，『君は今，「自分の道」を歩いているかい？―― 35 歳からの成功術』学研パブリッシング．

天野正子，1992，「手帳　暮らしのコントロール・システム」天野正子・桜井厚『「モノと女」の戦後史――身体性・家庭性・社会性を軸に』有信堂．

――――，2006，「〈総論〉『男であること』の戦後史――サラリーマン・企業社会・家族」阿部恒久・大日方純夫・天野正子編『男性史 3 「男らしさ」の現代史』日本経済評論社．

兄貴（丸尾孝俊），2012，『大富豪アニキの教え』ダイヤモンド社．

青山華子，2012，『29 歳 OL が永遠に続く幸せを手に入れたシンプルな習慣――仕事も恋もがけっぷち！』ソフトバンククリエイティブ．

荒井有里，2004，『出したらしまえない人へ――しまおうとするから片づかない』主婦の友インフォス情報社．

有川真由美，2010，『30 歳から伸びる女，30 歳で止まる女』PHP 研究所．

浅倉ユキ，2011，『人生が輝く！主婦のための手帳術』ディスカヴァー・トゥエンティワン．

浅見帆帆子，2001，『あなたは絶対！運がいい』グラフ社.
————，2002，『わかった！運がよくなるコツ——ウソだと思ったら，ためしてみよう』広済堂出版.
浅見美之，2010，「近代以降における学校掃除の一考察——大正期における学校掃除議論をめぐって」『上越社会研究』25: 31–40.
浅野智彦，1998，「消費社会と『私』言説の変容史—— anan の記事を素材に」『大人と子供の関係史』3: 37–53.
————，2011，『若者の気分　趣味縁からはじまる社会参加』岩波書店.
————，2013，『「若者」とは誰か——アイデンティティの 30 年』河出書房新社.
————，2014，「多元的自己と移行過程」溝上慎一・松下佳代編『高校・大学から仕事へのトランジション——変容する能力・アイデンティティと教育』ナカニシヤ出版.
浅野智彦編，2006，『検証・若者の変貌——失われた 10 年の後に』勁草書房.
浅野喜起，1985，『企業経営を成功させるには——経営のヒント』有斐閣.
————，1990，『会社は生きもの』日本経済新聞出版社.
————，1994，『喜びの発見——良い会社とは』致知出版社.
浅野裕子，2003，『20 代で女を磨く本』三笠書房.
————，2011，『40 歳からの「迷わない」生き方』三笠書房.
Aslett, Don, 2002, *For Packrats Only*, Cincinnati: F&W Publications Inc.（＝2004，青島洋子・森下麻矢子訳『発想の転換でぐんぐん片づく　モノを捨てる技術』法研.）
Bauman, Zygmunt, 2000, *Liquid Modernity*, Cambridge: Polity Press.（＝2001，森田典正訳『リキッド・モダニティ——液状化する社会』大月書店.）
Berger, Peter L. and Thomas Luckmann, 1966, *The Social Construction of Reality: A Treatise in the Sociology of Knowledge*, Garden City: Doubleday.（＝2003，山口節郎訳『現実の社会的構成』新曜社.）
Bergsma, Ad, 2008, "Do Self-Help Books Help?," *Journal of Happiness Studies*, 9(3): 341–60.
Bollnow, Otto Friedrich, 1963, *Mensch und Raum*, Stuttgart: W. Kohlhammer.（＝1978，大塚恵一・池川健司・中村浩平訳『人間と空間』せりか書房.）
Bourdieu, Pierre, 1979a, *La distinction: Critique sociale du jugement*, Paris: Editions de Minuit.（＝1990a，石井洋二郎訳『ディスタンクシオン I ——社会的判断力批判』，1990b『ディスタンクシオン II ——社会的判断力批判』

藤原書店.）
———, 1979b, Les trois *ètats du capital culturel, in Actes de la recherche en sciences sociales, n⁰ 30.*（=1986, 福井憲彦訳「文化資本の三つの姿」『ACTES』1: 18-28.）
———, 1980, *Le sens pratique*, Paris: Éditions de Minuit.（=1988, 今村仁司・港道隆訳『実践感覚』みすず書房.）
———, 1982, *Ce que parler veut dire: l'économie des échanges linguistiques*, Paris: Fayard.（=1993, 稲賀繁美訳『話すということ——言語的交換のエコノミー』藤原書店.）
———, 1987, *Choses dites*, Paris: Éditions de Minuit.（=1991, 石崎晴己訳『構造と実践——ブルデュー自身によるブルデュー』藤原書店.）
———, 1992, *Les règles de l'art: Genèse et structure du champ littéraire*, Paris: Editions du Seuil.（=1996, 石井洋二郎訳『芸術の規則Ⅱ』藤原書店.）
———, 1994, *Raisons pratiques: sur la théorie de l'action*, Paris: Editions du Seuil.（= 2007, 加藤晴久・石井洋二郎・三浦信孝・安田尚訳『実践理性——行動の理論について』藤原書店.）
———, 1997, *Méditations pascaliennes*, Paris: Éditions du Seuil.（= 2009, 加藤晴久訳『パスカル的省察』藤原書店.）
Bourdieu, Pierre and Loïc J D. Wacquant, 1992, *Réponses: pour une anthropologie reflexive*, Paris: Editions du Seuil.（=2007, 水島和則訳『リフレクシヴ・ソシオロジーへの招待』藤原書店.）
文屋圭雲, 1995,『風水開運術 マンション・アパートの家相——幸運を呼ぶ部屋選びと開運インテリア』大泉書店.
Campbell, Jeff, 1992, *Clutter Control: Putting Your Home on a Diet*, New York: Dell Publishing.（=2000, アントラム栢木利美訳『気持ちのいい生活空間のつくり方——アメリカ流モノの捨て方・残すこだわり』ジャパンタイムズ.）
Carlson, Richard, 1997, *Don't Sweat the Small Stuff and It's All Small Stuff: Simple Ways to Keep the Little Things from Taking Over Your Life*, New York: Hyperion.（=1998, 小沢瑞穂訳『小さいことにくよくよするな！——しょせん, すべては小さなこと』サンマーク出版.）
Carnegie Dale, 1944, *How to Stop Worrying and Start Living*, New York: Simon and Schuster.（=1959, 新島洋訳『道は開ける』創元社.）
———, 1970, *How to Enjoy Your Life and Your Job*, Dale Carnegie & Asso-

ciates, Inc.（＝1972，山口博・香山晶訳『カーネギー人生論――「人を動かす」「道は開ける」抜粋版』創元社.）
「知的生産の技術」研究会，1987，『実戦！システム手帳活用法――「タイムシステム」派宣言』TBS ブリタニカ.
Connell, Robert, W., 1987, *Gender and Power: Society, the Person and Sexual Politics*, Oxford: Basil Blackwell Ltd.（＝1993，森重雄・菊地栄治・加藤隆雄・越智康詞訳『ジェンダーと権力――セクシュアリティの社会学』三交社.）
Conrad, Peter and Joseph W. Schneider, 1980, *Deviance and Medicalization, from Badness to Sickness*, St. Louis: C.V. Mosby.（＝2003，進藤雄三監訳，杉田聡・近藤正英訳『逸脱と医療化――悪から病いへ』ミネルヴァ書房.）
Covey, Stephen, R., 1989, *The 7 Habits of Highly Effective People: Restoring the Character Ethic*, New York: Simon & Schuster.（＝1996，川西茂訳『7つの習慣――成功には原則があった！』キング・ベアー出版.）
伊達友美，2012，『30 歳から食べ方変えて結婚できる方法』WAVE 出版.
Dauten, Dale, 1996, *The Max Strategy*, Margaret McBride Literacy Agency.（＝2001，野津智子訳『仕事は楽しいかね？』きこ書房.）
Donzelot, Jacques, 1977, *La police des familles*, Paris: Éditions de Minuit.（＝1991，宇波彰訳『家族に介入する社会――近代家族と国家の管理装置』新曜社.）
Drucker, Peter F., 2000, *The Essential Drucker on Individuals: To Perform, to Contribute and to Achieve*.（＝2000，上田惇生編訳『プロフェッショナルの条件――いかに成果をあげ，成長するか』ダイヤモンド社.）
Durkheim, Émile, 1912, *Les formes élémentaires de la vie religieuse*, Paris: Les Presses universitaires de France.（＝1975，古野清人訳『宗教生活の原初形態（上）』岩波書店.）
烏帽子田栄一，1962，「すまいの掃除と心の掃除」『高志人』27(5): 50.
江上哲，2012，『「もしドラ」現象を読む』海鳥社.
Elliott, Anthony, 2010, "The New Individualism After the Great Global Crash,"（＝2010，片桐雅隆訳「グローバルな大暴落以降の新しい個人主義」）『現代社会学理論研究』4: 54-66.）
――――, 2013, "The Theory of New Individualism," in Tafarodia, Romin W. ed., *Subjectivity in the Twenty-First Century: Psychological, Sociological, and Political Perspectives*, Cambridge University Press.

Elliott, Anthony and Charles Lemart, 2009, *The New Individualism: The Emotional Costs of Globalization*, London: Routledge.
Eliade, Mircea, 1957, *Das Heilige und das Profane: vom Wesen des Religiösen*, Hamburg: Rowohlt.（＝1969，風間敏夫訳『聖と俗――宗教的なるものの本質について』法政大学出版局.）
――――, 1968, *Traité d'histoire des religions*, Paris: Payot.（＝1974，『エリアーデ著作集　第一巻　太陽と天空神――宗教学概論 1』せりか書房.）
Ende, Michael, 1973, *Momo: oder Die seltsame Geschichte von den Zeit-Dieben und von dem Kind, das den Menschen die gestohlene Zeit zurückbrachte: ein Märchen-RomanStuttgart*, Stuttgart: Thienemann.（＝1976，大島かおり訳『モモ――時間どろぼうと，ぬすまれた時間を人間にとりかえしてくれた女の子のふしぎな物語』岩波書店.）
Fairclough, Norman, 2001, *Language and Power (Second Edition)*, London: Longman.（＝2008，貫井孝典ほか訳『言語とパワー』大阪教育図書.）
Foucault, Michel, 1984, *Histoire de la sexualite 2: l'usage de plaisirs*, Paris: Gallimard.（＝1986，田村淑訳『性の歴史 II ――快楽の活用』新潮社.）
――――, 1988, *Technologies of the Self: A Seminar with Michel Foucault*, University of Massachusetts Press.（＝1990，田村俶・雲和子訳『自己のテクノロジー』岩波書店.）
フランクリン・コヴィー・ジャパン，2002，『人生は手帳で変わる――第 4 世代手帳フランクリン・プランナーを使いこなす』キングベアー出版.
フランクリン・エクセレンス・インク監修・サイビズ編集部編，1995，『フランクリン・システム』サイビズ.
藤本篤志，2012，『就活の壁！――かなり変な就活マニュアル』宝島社.
藤本義一ほか，1974，『心の実感　自分らしく生きられる』青春出版社.
藤村正之・浅野智彦・羽渕一代編，近刊，『現代若者の幸福（仮）』恒星社厚生閣.
藤沢優月，2003，『夢をかなえる人の手帳術』ディスカヴァー・トゥエンティワン.
藤島泰輔，1974，「プロローグ　このままの自分でいいのか」藤本義一ほか『心の実感　自分らしく生きられる』青春出版社.
福田昭夫，1987，『応用自在　システム手帳の工作技術』ダイヤモンド社.
福井慎，2012，『中学生が進んで動く“担任教師の言語力”――小学校が開発したシステムのウラ技活用術』明治図書出版.

福島哲司, 1991,『究極の手帳術――ポストイットと能率手帳で十分』明日香出版社.
――――, 1993,『能率手帳で情報を 10 倍いかす法』日本能率協会マネジメントセンター.
船橋惠子, 1999,「父親の現在」渡辺秀樹編『変容する家族と子ども』教育出版.
――――, 2006,『育児のジェンダー・ポリティクス』勁草書房.
学研パブリッシング, 2011,『仕事で差がつく「超」手帳術』学研パブリッシング.
Geertz, Clifford, 1973, *The Interpretation of Cultures: Selected Essays*, New York: Basic Books.（＝1987, 吉田禎吾訳『文化の解釈学Ⅰ』岩波書店.）
Gergen, Kenneth J., 1994, *Realities and Relationships: Soundings in Social Construction*, Harvard University Press.（＝2004, 永田素彦・深尾誠訳『社会構成主義の理論と実践――関係性が現実をつくる』ナカニシヤ出版.）
Giddens, Anthony, 1990, *The Consequences of Modernity*, Cambridge: Polity Press in association with Basil Blackwell.（＝1993, 松尾精文・小幡正敏訳『近代とはいかなる時代か？――モダニティの帰結』而立書房.）
――――, 1991, *Modernity and Self-Identity: Self and Society in the Late Modern Age*, Stanford, Calif: Stanford University Press.（＝2005, 秋吉美都・安藤太郎・筒井淳也訳『モダニティと自己アイデンティティ――後期近代における自己と社会』ハーベスト社.）
Gleeson, Kerry, 1994, *The Personal Efficiency Program: How to Get Organized to Do More Work in Less Time*, New York: Wiley（＝2001, 楡井浩一訳『なぜか,「仕事がうまくいく人」の習慣――世界中のビジネスマンが学んだ成功の法則』PHP 研究所.）
午堂登紀雄, 2012,『20 代の働くあなたへ――一歩抜きん出た未来の自分のつくり方』ぱる出版.
――――, 2013,『僕が 30 代で 5 億円の資産をつくれたのは, 誰でもできるシンプルなことを大切にしただけ.』かんき出版.
Goleman, Daniel, 1995, *Emotional Intelligence*, New York: Bantam Books（＝1998, 土屋京子訳『EQ ――こころの知能指数』講談社.）
後藤弘, 1979,『誰も教えてくれなかった上手な手帳の使い方』日本能率協会.
後藤和智, 2008,『「若者論」を疑え！』宝島社.
――――, 2013,『「あいつらは自分たちとは違う」という病――不毛な「世代

論」からの脱却』日本図書センター.
五藤歌子, 1964,「自分らしく生きること」『母の友』137: 50-1.
Granovetter, Mark, S., 1973, "The Strength of Weak Ties," *American Journal of Sociology*, 78: 1360-80.（＝2006, 大岡栄美訳「弱い紐帯の強さ」野沢慎司編・監訳『リーディングス　ネットワーク論——家族・コミュニティ・社会関係資本』勁草書房.）
Grodin, Debra., 1991, "The Interpreting Audience: The Therapeutics of Self-Help Book Reading," *Critical Studies in Mass Communication*, 8(4): 404-20.
サンドラ・ヘフェリン, 2000,『浪費が止まるドイツ節約生活の楽しみ』光文社.
芳賀学・菊池裕生, 2006,『仏のまなざし, 読みかえられる自己——回心のミクロ社会学』ハーベスト社.
Hall, Edward, T., 1983, *The Dance of Life: The Other Dimension of Time*, New York: Anchor Press/Doubleday.（＝1983, 宇波彰訳『文化としての時間』TBS ブリタニカ.）
Hall, Stuart, 1996, "Postmodernism and Articulation, an Interview by Lawrence Grossberg," David Morley and Kuan-Hsing Chen eds., *Stuart Hall: Critical Dialogue in Cultural Studies*, London: Routledge.（＝1998, 甲斐聰訳「ポストモダニズムと節合について——スチュアート・ホールとのインタヴュー」『現代思想』26(4): 22-43.）
濱中淳子, 2013,『検証・学歴の効用』勁草書房.
羽仁もと子, [1927]1966,『羽仁もと子著作集第九巻　家事家計篇』婦人之友社.
原田知津子, 1986,『すぐするすぐすむ快速家事——家事が苦にならない秘訣, 全写真公開』文化出版局.
————, 1992,『知的家事術・生活術』三笠書房.
原田真裕美, 2004,『自分のまわりにいいことがいっぱい起こる本——「幸運」は偶然ではありません！』青春出版社.
原川義雄, 1961,『闘争なき経済生活——一灯園の経済を語る』一灯園出版部.
原崎郁平, 1987,『生産現場の問題解決「100 問 100 答」』トレンド・ブックス.
原尻淳一・小山龍介, 2006,『Life Hacks ——楽しく効率よく仕事する技術』宝島社.
春山茂雄, 1995,『脳内革命——脳から出るホルモンが生き方を変える』サン

マーク出版.
橋本奎一郎, 1996,『お掃除社内革命――すべてはここから始まる 軽く見るな！この不思議な力』中経出版.
――――, 1998,『業績がみるみる伸びるお掃除道入門――ゴミ一つ見逃さない心がなぜ大切か』中経出版.
橋本紀久子, 1984,『あなたはもっと美しくなれる――“自分らしさ”を主張する』三笠書房.
橋本毅彦・栗山茂久, 2001,『遅刻の誕生――近代日本における時間意識の形成』三元社.
林成之, 2009,『脳に悪い7つの習慣』幻冬舎.
Hazleden, Rebecca, 2003, “Love Yourself: The Relationship of the Self with itself in Popular Self-Help Texts,” *Journal of Sociology*, 39(4), 413–28.
平成暮らしの研究会, 2000,『捨てる・残す・収納する――そんなやり方じゃダメダメ！』河出書房新社.
東野充成, 2011,「変わる働かされ方, 働き方――労働法制の変化と自己責任の論理」多賀太編著『揺らぐサラリーマン生活――仕事と家庭のはざまで』ミネルヴァ書房.
批評社編, 1979,『シリーズ・いまを生きる　女・31歳』批評社.
土方恵治, 1942,『国防国民学校経営』帝国出版協会.
平野裕之, 1988,『マンガ「5S」――整理・整頓・清潔・清掃・躾』日刊工業新聞社.
平島廉久, 1997,『掃除・挨拶・躾でお店がグングン伸びる』日本実業出版社.
弘兼憲史, 2005,『知識ゼロからの手帳術』幻冬舎.
久恒啓一, 2003,『図解で考える40歳からのライフデザイン―― 10年単位の人生計画の立て方』講談社.
ほぼ日刊イトイ新聞, 2008,『ほぼ日手帳公式ガイドブック――あなたといっしょに, 手帳が育つ.』マガジンハウス.
――――, 2009,『ほぼ日手帳公式ガイドブック2010 ――手帳といっしょに, あなたが育つ.』マガジンハウス.
――――, 2011,『ほぼ日手帳公式ガイドブック2012 ――どの日も, どの日も, 大切な日.』マガジンハウス.
――――, 2012,『ほぼ日手帳公式ガイドブック2013 ――ほぼ日手帳と, その世界.』マガジンハウス.
――――, 2013,『ほぼ日手帳公式ガイドブック2014 ――ことしのわたしは,

たのしい.』マガジンハウス.
ほぼ日刊イトイ新聞・山田浩子, 2005,『ほぼ日手帳の秘密—— 10万人が使って, 10万人がつくる手帳.』幻冬舎.
本多弘美, 2003,『本多弘美のかならず成功!スッキリ収納術——性格分析チャートで「片づけられない理由」をきっちり分析!』辰巳出版.
———, 2004,『本多弘美のみるみる収納力がつく本——悩みと疑問をスッキリ解決する100のアドバイス』主婦と生活社.
本田健, 2010a,『30代にしておきたい17のこと』大和書房.
———, 2010b,『20代にしておきたい17のこと』大和書房.
———, 2011,『40代にしておきたい17のこと』大和書房.
Hook, Derek, 2003, "Analogues of Power: Reading Psychotherapy through the Sovereignty-Disciprine-Government Complex," *Theory & Psychology*, 13 (5): 605-28.
堀源一郎, 1982,「天文博士のわが手帳術」木村尚三郎・斎藤茂太ほか『武器としての手帳活用』パシフィカ.
飯田久恵, 1995,『生き方が変わる　女の整理収納の法則——住まい&オフィスで片づけ上手になる極意』太陽企画出版.
———, 2001,『「捨てる!」快適生活——部屋スッキリの法則』三笠書房.
Illouz, Eva, 2008, *Saving the Modern Soul: Therapy, Emotions, and the Culture of Self-Help*, University of California Press.
今津孝次郎, 2008,『人生時間割の社会学』世界思想社.
井上裕之, 2011a,『30代でやるべきこと, やってはいけないこと』フォレスト出版.
———, 2011b,『40代でやるべきこと, やってはいけないこと』フォレスト出版.
———, 2012,『20代でやるべきこと, やってはいけないこと』フォレスト出版.
井上和子, 1994,『美しいからだづくりの生活術——〈30代を磨く〉時間割』三笠書房.
井上章一, 1991,『美人論』リブロポート.
犬養智子, 1976,『いい女のあなたへ——夢見る人生のすすめ』じゃこめてい出版.
石田美佐雄, 1951,『道徳教育の実践記録』明治図書出版.
石垣綾子, 1957,『女のよろこび』三一書房.

石井規淑，1988，『リフィル作成術コツのコツ——システム手帳オリジナル講座』アスペクト．

石川准，1990，『アイデンティティ・ゲーム——存在証明の社会学』新評論．

石川悟司，2010，『手帳は2冊持ちなさい—— 1年前より仕事の量が増えてきた人のための時間創造術』フォレスト出版．

石原加受子，2012，『仕事も人間関係も「すべて面倒くさい」と思ったとき読む本』中経出版．

石崎正雄，1978，「神道と掃除」沖原豊編著『学校掃除——その人間形成的役割』学事出版．

伊東明，2004，『女が28歳までに考えておきたいこと』三笠書房．

伊藤公雄，1993，『「男らしさ」のゆくえ——男性文化の文化社会学』新曜社．

伊藤美登里，1997，「時間——『量としての時間』と『生きた時間』」鈴木智之・澤井敦編著『ソシオロジカル・イマジネーション——問いかけとしての社会学』八千代出版．

————，2008，『現代人と時間——もう〈みんな一緒〉ではいられない』学文社．

岩崎夏海，2009，『もし高校野球の女子マネージャーがドラッカーの『マネジメント』を読んだら』ダイヤモンド社．

岩瀬大輔，2011，『入社1年目の教科書』ダイヤモンド社．

岩田考，2006，「若者のアイデンティティはどう変わったか」浅野智彦編『検証・若者の変貌——失われた10年の後に』勁草書房．

James, Elaine St., 1994, *Simplify Your Life*, New York: Hyperion.（＝1998，田辺希久子訳『人生を複雑にしない100の方法』ジャパンタイムズ．）

————, 1996, *Living the Simple Life*, New York: Hyperion.（＝1997，由布翔子訳『素敵な暮らしのダイエット——シンプルライフのすすめ』ダイヤモンド社．）

JIT経営研究所，1987，『グラフィティJIT工場革命』日刊工業新聞社．

徐佳宜，1995，『風水天命術——本場中国の易はこれだ』桃園書房．

上甲晃，1994，『志のみ持参——松下政経塾十三年の実践録』致知出版社．

門田由貴子，2012，『35歳で課長になる人ならない人——本当の「あなたらしい」働き方を見つけよう』主婦の友社．

角川いつか，2007，『28歳からの女，28歳までの女』PHP研究所．

佳川奈未，2013，『「女の一生」は20代で決まる！——あなたには“楽しい未来”が待っている』PHP研究所．

鍵山秀三郎，1994，『凡事徹底——平凡を非凡に努める』致知出版社.
————，1995，『日々これ掃除——人生福々，会社福々』学研マーケティング.
籠山京ほか，1957，『家庭管理学』光生館.
鎌崎倬寿，1995，『幸運を呼ぶ風水インテリア——お金 恋愛 健康 仕事 勉強 家庭 すべてがうまくいく部屋の使い方・住まい方』主婦の友社.
鎌田洋，2011，『ディズニー　そうじの神様が教えてくれたこと』ソフトバンククリエイティブ.
上条晴夫・中山ゆかり，2013，『小学校学級生活マニュアルプリント——全学年対応』たんぽぽ出版.
上大岡トメ，2004，『キッパリ！たった5分間で自分を変える方法』幻冬舎.
————，2005，『スッキリ！たった5分間で余分なものをそぎ落とす方法』幻冬舎.
神渡良平，1992，『立命の研究——天命を知った男たち』致知出版社.
————，2011，『敗れざる者——ダスキン創業者鈴木清一の不屈の精神』PHP 研究所.
鴨下一郎，1990，『女性がストレスを感じたとき読む本—— 20 代にどんな「自分」をつくるのか』大和書房.
金盛浦子，2011，『ウェルカム・エイジング—— 40 歳からの自分磨き』佼成出版社.
樺俊雄，1957，「人生論の流行」『理想』285: 49-59.
神田昌典，2002，『非常識な成功法則——お金と自由をもたらす8つの習慣』フォレスト出版.
蟹瀬誠一・「知的生産」向上委員会，2008，『すべての情報は1冊の手帳にまとめなさい』三笠書房.
加島卓，2010，「デザイン／デザイナーを知ることの戦後史——職能と人称性」南後由和・加島卓編『文化人とは何か？』東京書籍.
加藤ゑみ子，2003，『収納計画は人生計画』ディスカヴァー・トゥエンティワン.
加藤日出男，1966，『二十代——愛と自信を育てよう』池田書店.
加藤秀俊，1987，『時間意識の社会学——時間とどうつきあうか』PHP 研究所.
加藤尚文，1981，『人間 20 代でやるべきこと』日本経済通信社.
加藤辰雄，2012，『誰でも成功する学級のシステム＆ルールづくり』学陽書房.
河原淳，1982，「楽しみへのアイデア手帳術」木村尚三郎・斎藤茂太ほか『武

器としての手帳活用』パシフィカ.
河合正義, 1993,『手帳＆メモ活用術108の知恵』実務教育出版.
川上恒雄, 2012,『「ビジネス書」と日本人』PHP研究所.
川北義則, 2010a,『「20代」でやっておきたいこと』三笠書房.
────, 2010b,『男が40代でやっておくべきこと』三笠書房.
────, 2010c,『「30代」でやっておきたいこと』三笠書房.
川崎さちえ, 2008,『なぜ手帳に願い事を書くだけで9割の人はお金持ちになれるのか』あっぷる出版社.
かざみちか, 1991,『男と女の火地風水学──血液型と星座がドッキング』荒地出版社.
紀田順一郎, 1988,『最新手帳セミナー』双葉社.
季刊Think！編集部, 2005,『夢をかなえるプロフェッショナル手帳術』東洋経済新報社.
君塚洋一, 1996,「自由時間の文化社会学──変容する産業社会における中高年生活者の遊びと時間消費」『成城文藝』156: 62-85.
木村尚三郎・斉藤茂太ほか, 1982,『武器としての手帳活用』パシフィカ.
金大竜, 2014,『新任3年目までに身につけたいクラスを動かす指導の技術！』学陽書房.
Kingston, Karen, 1997, *Creating Sacred Space with Feng Shui*, London: Piaktus Books.（＝2005, 田村明子訳『ガラクタ捨てれば未来がひらける──風水浄化術入門』小学館.）
────, 1999, *Clear Your Clutter With Feng Shui*, London: Piaktus Books.（＝2002, 田村明子訳『ガラクタ捨てれば自分が見える──風水整理術入門』小学館.）
岸本裕紀子, 2000,『30代は女のベスト・シーズン！』扶桑社.
北竜子, 1970,『絵で見る家相──あなたに幸せをもたらす』国際興産.
北村篤子, 1987,『システム手帳のリフィル術』アスペクト.
清宮まさよし, 2011,『1分間シンプル手帳術』秀和システム.
小林光恵, 2005,『「片づけられない女」は太る』新講社.
小林祥晃, 1986,『楽しく自分を活かす住まいの東西南北──中国3000年の歴史が証明した家相運』ハート出版.
────, 1991,『驚異のインテリア・パワー──こんな家具・インテリアがあなたのツキを奪う』廣済堂出版.
────, 1992,『家相のバイブル 現代版』ニューハウス出版.

────, 1993a,『開運のインテリア術──住まいが吉相ならだれでも幸福になれる！』ニューハウス出版.
────, 1993b,『小林祥晃の家相わが家の秘伝集──住まいのパワーで運をつかむ』廣済堂出版.
────, 1994,『風水パワーで大開運──食事からインテリアまで，何でも使ってツキを呼び込む』廣済堂出版.
────, 1996,『Dr. コパの風水「超」収納塾──陰宅パワーで幸せをつかめ』経済界.
────, 2006,『ツキを呼ぶおそうじ風水──汚い家に幸せは来ない‼』主婦と生活社.
小林正観, 2006,『宇宙を味方にする方程式』致知出版社.
幸田フミ, 2010,『手帳なんていらない──ソーシャルネットワーク時代の情報整理術』かんき出版.
工場管理編集部, 1986,『5S テクニック　整理／整頓／清潔／清掃／躾』日刊工業新聞社.
河野守宏, 1997,『男が 20 代で後悔しない生きかた── 20 代に贈る“人生の企画書”』三笠書房.
────, 2002,『30 代はこう生きよ！』碧天舎.
小池真理子, 1978,『知的悪女のすすめ──翔びたいあなたへ』山手書房.
小池龍之介, 2011,『ブッダにならう苦しまない練習』小学館.
国司義彦, 1990,『20 代だからできること，すべきこと』日本能率協会.
────, 1995,『30 代は何をどう勉強すべきか』日本能率協会マネジメントセンター.
駒尺喜美編, 1985,『女を装う』勁草書房.
小松建司, 2003,「し尿研究会講和シリーズ（4）トイレの神様」『生活と環境』48(11): 76-9.
小松易, 2009,『たった 1 分で人生が変わる片づけの習慣』中経出版.
小宮謙一, 2011,『結果を出す人の「20 代」のすごし方──伝説の人事部長が明かす』大和出版.
小室加代子, 1991,『25 歳からの欲ばりライフ──「女のしあわせ，ぜーんぶほしい」あなたに』大和出版.
近藤麻理恵, 2010,『人生がときめく片づけの魔法』サンマーク出版.
────, 2012,『人生がときめく片づけの魔法 2』サンマーク出版.
近藤典子, 1993,『らくらく収納術──性格別，アイデアとノウハウ』同文書

院.
――――, 1998,『近藤典子の収納カンタン宣言！』主婦の友社.
今萃子, 1959,「自分らしい生き方をしたい」『婦人の友』53(3): 42-4.
熊谷正寿, 2004,『一冊の手帳で夢は必ずかなう――なりたい自分になるシンプルな方法』かんき出版.
倉持淳子, 2012,『キレイのための手帳術――ストレスフリーでするするヤセるメジャリング・ダイエット』すばる舎リンケージ.
倉科信介, 1966,『人生勝負は三十代だ』日本文芸社.
倉下忠憲, 2011,『Facebook × Twitterで実践するセルフブランディング』ソシム.
倉下忠憲・北真也, 2012,『シゴタノ！手帳術――クラウド＆スマホ×アナログ手帳で人生を楽しく自由に』東洋経済新報社.
倉田百三, 1921,『愛と認識との出発』岩波書店.
栗原登, 1956,『世界美術家物語』教文館.
Laclau, Ernesto and Chantal Mouffe, 1985, *Hegemony and Socialist Strategy: Towards a Radical Democratic Politics*. London: Verso.（＝1992, 山崎カヲル・石沢武訳『ポスト・マルクス主義と政治――根源的民主主義のために』大村書店.）
Lambert, Mary, 2001, *Clearing the Clutter*, London: Cico Books.（＝2002, 越智由香訳『風水流ガラクタ整理法』産調出版.）
Larsson, Jorgen and Christer Sanne, 2005, "Self-help Books on Avoiding Time Shortage," *Time & Society*, 14(2-3): 213-30.
Lichterman, Paul, 1992, "Self-Help Reading as a Thin Culture," *Media, Culture & Society*, 14(3): 421-47.
Lin, Nan, 2001, *Social Capital: A Theory of Social Structure and Action*, Cambridge University Press.（＝2008, 筒井淳也ほか訳『ソーシャル・キャピタル――社会構造と行為の理論』ミネルヴァ書房.）
MacCannell, Dean, 1999, *The Tourist*, Berkeley: University of California Press.（＝2012, 安村克己ほか訳『ザ・ツーリスト――高度近代社会の構造分析』学文社.）
町田貞子, 1984,『暮し上手の家事ノート』鎌倉書房.
――――, 1986,『暮し上手の家事ノート　続』鎌倉書房.
――――, 1995,『続　暮し上手の家事ノート――もの・時間・心…人生はすべて整理です』三笠書房.

マーチン，2010，『30 歳すぎて，別れちゃったあなたへ』WAVE 出版.
牧野智和，2012a，『自己啓発の時代——「自己」の文化社会学的探究』勁草書房.
————，2012b，「ポスト『ゼロ年代』の自己啓発書と社会　第 16 回　『ドラッカー』の売れ方，読まれ方（3）ドラッカーの「自己啓発」化—— 1980 年代から 2000 年代前半」PRESIDENT Online（http://president.jp/articles/-/7834）.
————，2013a，「ポスト『ゼロ年代』の自己啓発書と社会　第 24 回　変質した『セルフブランディング』（2）『本当の自分』からブランドを立ち上げる」PRESIDENT Online（http://president.jp/articles/-/8332）.
————，2013b，「ポスト『ゼロ年代』の自己啓発書と社会　第 46 回　『スポーツ』はいつから自己啓発になったか（4）人々が選手に求める『強い効能』」（http://president.jp/articles/-/9662）.
丸田潔，2001，『お金がたまる人たまらない人——なぜあの人はお金がたまるのか』主婦の友社.
舛田光洋，2005，『人生カンタンリセット！夢をかなえる「そうじ力」』総合法令出版.
松原惇子，2000，『女・40 代・美しくなった理由』講談社.
————，2002，『20 代にできることしておきたいこと』海竜社.
松下幸之助，1979，『決断の経営』PHP 研究所.
松下政経塾編，1981，『松下政経塾塾長講話録』PHP 研究所.
McGee, Micki, 2005, *Self-Help, Inc: Makeover Culture in American Life*, Oxford University Press.
McNally, David and Karl D. Speak, 2002, *Be Your Own Brand: A Breakthrough Formula for Standing Out from the Crowd*, San Francisco: Berrett-Koehler.（＝2004，牧野美枝訳『人生に成功する「自分ブランド」——強いイメージで人を引きつけ，人を動かす』ダイヤモンド社.）
御堂龍児，1994，『家相・部屋相の風水開運術』ロングセラーズ.
三木清，1941，『人生論ノート』創元社.
南和子，1980，『知的女性は家事上手——情報・時間・交際・お金の整理学』祥伝社.
見田宗介，1979，「まなざしの地獄——現代社会の実存構造」『現代社会の社会意識』弘文堂 .
三浦天紗子，2004，『20 歳を過ぎたら，ブスはあなたのせい——キレイ実現の

最短ルート』インフォバーン.
宮城音弥, 1955,「人生論の流行について」『知性』2(1): 37-9.
宮島喬, 1994,『文化的再生産の社会学——ブルデュー理論からの展開』藤原書店.
宮島喬・藤田英典・志水宏吉, 1991,「現代日本における文化的再生産過程——ひとつのアプローチ」宮島喬・藤田英典編『文化と社会——差異化・構造化・再生産』有信堂高文社.
宮内貴久, 2009,『風水と家相の歴史』吉川弘文館.
宮崎丈二, 1928,『太陽の娘』太虚堂詩画房.
宮崎学, 2012,『「自己啓発病」社会』祥伝社.
水野敬也, 2007,『夢をかなえるゾウ』飛鳥新社.
森赫子, 1958,「女よ, もっと自由に」松田ふみ子編『女性の幸福——私の生活と意見』東西文明社.
森真一, 2000,『自己コントロールの檻——感情マネジメント社会の現実』講談社.
森川嘉一郎, 2003,『趣都の誕生——萌える都市アキハバラ』幻冬舎.
森田博子, 2001,『ドイツ式シンプルに生活する収納・整理・そうじ術——家の中の「捨てる」技術』小学館.
本尾読, 2012,『一生仕事と人間関係に困らないために20代で覚えておきたい100の言葉』あ・うん.
向谷匡史, 2005,『もがけ30代——「そのうち何とかなる」でキミは人生を終えるのか！』福昌堂.
村瀬エレナ, 2012,『3色ボールペン1本！ HAPPY手帳イラストBOOK』日本能率協会マネジメントセンター.
村山元理, 2006,「掃除の哲学——日本人経営者のスピリチュアリティ」『アジア遊学』84: 178-89.
————, 2008,「経営理念と掃除」住原則也・三井泉・渡邊祐介編『経営理念——継承と伝播の経営人類学的研究』PHP研究所.
武者小路実篤, 1938,『人生論』岩波書店.
長崎快宏, 1995,『「入門」手帳の技術——スケジューリング機能だけではない』大和出版.
永田美穂, 1993,『すっきり明るい整理術——片付け上手は生き方上手』ベストセラーズ.
内藤誼人, 2011,『20代で絶対学んでおくべき心理術』東洋経済新報社.

中河伸俊，1989，「男の鎧——男性性の社会学」渡辺恒夫編『男性学の挑戦——Yの悲劇？』新曜社.
中島孝志，1997，『20代をどう生きるか——人生と仕事を成功に導く50のヒント』こう書房.
————，2005，『手帳フル活用術』三笠書房.
中郁秀雄，1997，『男の顔は40代の生き方で変わる——「やり直し世代」に贈る決断の50カ条』大和出版.
中野孝次，1992，『清貧の思想』草思社.
中谷彰宏，1997，『20代でしなければならない50のこと』ダイヤモンド社.
————，2000，『スピード整理術——頭のいい捨て方・片づけ方60の具体例』PHP研究所.
————，2002，『25歳からの「いい女」の時間割』三笠書房.
中山み登り，2006，『女が35歳になったら読む本』PHP研究所.
中山庸子，1997，『30代，私のしあわせづくりノート——自分らしい生き方が見つかる』海竜社.
————，2001，『もっとなりたい自分になる100の方法——ココロとカラダを磨いて』幻冬舎.
仁平典宏，2011，『「ボランティア」の誕生と終焉——〈贈与のパラドックス〉の知識社会学』名古屋大学出版会.
日本能率協会開発部，1986，『能率手帳の生かし方——仕事，時間，発想が2倍広がる』ごま書房.
日本能率協会マネジメントセンター，2009，『手帳300%活用ブック』日本能率協会マネジメントセンター.
日本労務研究会編集部，1967，「日本建鉄（株）にみる青少年従業員管理，二つの柱——スチュワード制度と5S運動」『労務研究』20(6): 40-2.
日本タイムマネジメント普及協会，2005，『時間が2倍になる「超」手帳の技術——最強の仕事術』大和出版.
西多昌規，2012，『いまの働き方が「しんどい」と思ったときのがんばらない技術——完全主義を手放す35の処方箋』ダイヤモンド社.
西村晃，1997，『西村晃の「生産性」手帳術——時間を3倍創り出す法』生産性出版.
新田龍，2012，『ドリル式　明日会社に行きたくないときに読む本』主婦の友社.
野口晴巳，2007，『能率手帳の流儀——みずからの成長と人生の豊かさを求め

て』日本能率協会マネジメントセンター.
野口悠紀雄, 1995a,『「超」整理手帳オフィシャル・ガイドブック』アスキー出版局.
————, 1995b,『続「超」整理法・時間編——タイム・マネジメントの新技法』中央公論社.
————, 1999,『「超」整理法 3 ——とりあえず捨てる技術』中央公論社.
Noon, James, 1985, *"A" Time: Busy Manager's Action Plan for Effective Self Management*, Van Nostrand Reinhold.（＝1989, 角間隆訳『「A」タイム——時間管理のスーパーテクニック』TBS ブリタニカ.）
野呂エイシロウ, 2012,『なぜかお金が貯まる手帳術——毎日○×チェックするだけ！』集英社.
小尾信彌, 1982,「大学教授の手帳」木村尚三郎・斎藤茂太ほか『武器としての手帳活用』パシフィカ.
落合博満, 2011,『采配』ダイヤモンド社.
小川俊一, 1978,『40 歳・男の設計図——知的職人のすすめ』ダイヤモンド社.
小倉千加子, 2003,『結婚の条件』朝日新聞社.
小倉広, 2009,『35 歳からの生き方の教科書——人生や仕事で「揺れている人」に効く 70 のレッスン！』アスコム.
————, 2012a,『僕はこうして, 苦しい働き方から抜け出した. ——穏やかな心で生きる 20 の言葉』WAVE 出版.
————, 2012b,『図解　30 代で伸びる人, 30 代で終わる人』PHP 研究所.
小倉若葉・神宮寺愛, 2004,『25 歳からの "自分だけの happy" をつかむ本』大和書房.
大原照子, 1999,『少ないモノでゆたかに暮らす——ゆったりシンプルライフのすすめ』大和書房.
大久保孝治, 2013,『日常生活の探究——ライフスタイルの社会学』左右社.
大森信, 2011,『トイレ掃除の経営学—— Strategy as Practice アプローチからの研究』白桃書房.
大元隆志, 2011,『ソーシャルメディア実践の書—— Facebook・Twitter によるパーソナルブランディング』リックテレコム.
大西永太郎, 1894,『女子家政学——簡易摘要 一名・家のおさめ方』大西永太郎.
大島建彦・御巫理花編, 1984,『掃除の民俗』三弥井書店.
大田正文, 2011,『1 年以内に夢がかなう「先まわり」手帳術』サンマーク出版.

大塚寿, 2011a,『40 代を後悔しない 50 のリスト── 1 万人の失敗談からわかった人生の法則』ダイヤモンド社.
────, 2011b,『30 代を後悔しない 50 のリスト── 1 万人の失敗談からわかった人生の法則』ダイヤモンド社.
────, 2012,『20 代のうちに知っておきたい 100 の黄金ルール── 1 万人のビジネスパーソンから学んだ成功法則』PHP 研究所.
OJT ソリューションズ, 2012,『トヨタの片づけ』中経出版.
岡原正幸, 2013,『感情資本主義に生まれて──感情と身体の新たな地平を模索する』慶應義塾大学教養研究センター.
沖幸子, 1999,『「そうじ」のヒント──暮らしが変わる!生き方も変わる!』PHP 研究所.
沖原豊編著, 1978,『学校掃除──その人間形成的役割』学事出版.
奥田正造, 1944,「皇國の女子教育について」文部省教学局編『教学叢書　第 15』文部省教学局.
奥村隆, 1998,「思いやりとかげぐちの体系としての社会──存在証明の形式社会学」『他者といる技法──コミュニケーションの社会学』日本評論社.
奥谷礼子, 1987,『女でキラキラ生きてます── 20 代・30 代を「自分のもの」にする生き方』大和出版.
恩地日出夫, 1966,「自分らしい自分」『高 2 コース』12(5): 218-20.
小野浩三, 1976,『生き下手生き上手──自分らしく生きるには』実務教育出版.
小野十伝, 2006,『奇跡の開運そうじ術──幸せな人は捨て上手!』学研マーケティング.
長田彰, 1995,『一冊の手帳が自分の人生を変える』近代文芸社.
長田攻一, 1996,「現代社会の時間」井上俊ほか編『岩波講座現代社会学 6 時間と空間の社会学』岩波書店.
長田貴, 1989,『5S 手づくりのマネジメント手法』JIPM ソリューション.
小沢牧子, 2002,『「心の専門家」はいらない』洋泉社.
鮑黎明, 1993,『黄帝占術　風水篇──中国 5000 年の秘伝』徳間書店.
Passoff, Michelle, 1998, *Lighten Up!: Free Yourself from Clutter*, New York: HarperCollins Publishers. (=2000, 羽生真訳『[困ったガラクタ] とのつきあい方──ミラクル生活整理法』河出書房新社.)
Philip, Brigid, 2009, “Analysing the Politics of Self-Help Books on Depression,” *Journal of Sociology*, 45(2): 151-68.

Pohle, Rita, 2001, *Weg damit!: Entrümpeln befreit*, München: Ariston Verlag.（＝2002，畔上司訳『ドイツ式　シンプルに生きる整理術』主婦の友社.）
Rimke, Heidi, M., 2000, "Governing Citizens through Self-Help Literature," *Cultural Studies*, 14(1): 61-78.
林秀静，2006，『幸せが舞い込むおそうじ風水術』成美堂出版.
Rose, Nikolas, 1985, *The Psychological Complex: Psychology, Politics and Society in England 1869-1939*, Routledge & Kegan Paul.
———, 1996, *Inventing our Selves: Psychology, Power, and Personhood*, Cambridge University Press.
———, 1999, *Governing the Soul: The Shaping of the Private Self (2nd ed)*, Free Association Books.
斉川賢一，1989，『できる男の〈入門〉手帳活用術――情報整理から人生設計まで 知的ビジネスライフは手帳へのこだわりから始まるのだ.』かんき出版.
斎藤栄三郎，1976，『男，40代の挑戦』エフプロ出版.
斎藤美奈子，2000，『モダンガール論――女の子には出世の道が二つある』マガジンハウス.
斎藤茂太，1998，『男40代からの「心」の育て方――困難に出会った時の94の答』講談社.
酒井美意子，1987，『20歳からの魅力学――あえて八方美人のすすめ』大和書房.
阪本越郎・勝部真長・宮地忠，1957，『道徳教育・生活指導――現論実践教育講座　小学2年』大日本出版.
佐々木かをり，2003，『ミリオネーゼの手帳術』ディスカヴァー・トゥエンティワン.
———，2005，『佐々木かをりの手帳術――アクションプラン時間管理で人生がハッピーになる！』日本能率協会マネジメントセンター.
佐々木常夫監修，2011，『イラスト図解　40代からやっておくべき50の習慣』宝島社.
佐藤淳介，1985，「明治末・大正期における訓練――『掃除問題』について」『関東教育学会紀要』12: 14-25.
さとうめぐみ，2008，『手帳は"完了形"で書く――理想の自分に出会う奇跡の手帳セラピー』東邦出版.
———，2010，『マンスリー＆ウィークリーで幸運を呼び込む「2度書き」

手帳術――幸せな人はみんなやっている』東邦出版.
――――, 2011,『就活生のための手帳＆ノートの書き方――学校では教えてくれない内定を取るための手帳とノートの使いこなし術 2013年度版』一ツ橋書店.
――――, 2013,『恋人おとりよせノートの作り方――ノートと手帳で理想の恋人を引き寄せよう』廣済堂出版.
佐藤修, 2003,『パーソナルブランド』日経BP社.
佐藤よし子, 1999,『英国スタイルの家事整理術――おしゃれに，すっきり生活』PHP研究所.
Schechter, Harriet, 2001, *Let Go of Clutter*, New York: The McGraw-hill Companies Inc.（＝2002, 早野依子訳『いつか片づけようと思いながらなかなかできないあなたへ』PHP研究所.）
Schlenger, Sunny and Roberta Roesch, 1989, *How to Be Organized in Spite of Yourself*, New York: Penguin Putnam Inc.（＝2003, 藤本直訳『いつも時間がないA君と片づけられないBさんへ』幻冬舎.）
スクラップレス21, 2000,『「収納」するより「捨て」なさい――生活スペース＆時間が2倍になるとっておきの「捨て」テクニック集！』ぶんか社.
勢古浩爾, 2010,『ビジネス書大バカ事典』三五館.
千田琢哉, 2010a,『伸びる30代は，20代の頃より叱られる』きこ書房.
――――, 2010b,『20代で伸びる人，沈む人』きこ書房.
――――, 2010c,『死ぬまで仕事に困らないために20代で出逢っておきたい100の言葉』かんき出版.
――――, 2010d,『学校で教わらなかった20代の辞書――くじけそうな自分を支えてくれたのは，いつも言葉の力だった！』ぱる出版.
――――, 2011,『稼げる30代になるために絶対に染まってはいけない70の習慣』大和書房.
――――, 2012,『就活で君を光らせる84の言葉――就活では，モテる順に内定をもらう.』永岡書店.
重水健介, 2013,『中学校まわりに聞きにくい問題場面80の成功例』フォーラム・A.
島村美由紀, 2013,『30歳から自分を変える小さな習慣――運を引き寄せる女性の6つの法則』プレジデント社.
清水克彦, 2011,『40代あなたが今やるべきこと』中経出版.
下田歌子, 1893,『家政学　下』博文館.

下重暁子，1978，『女性 24 歳からのライフ学』大和出版．

————，1979，『女性 24 歳からのキャリア学』大和出版．

————，1986，『女が 30 代にやっておきたいこと——不安と焦りに揺れるあなたへ』大和出版．

————，1987，『20 代に女がしておくべきこと——後悔しない「恋・仕事・結婚」の方法』大和出版．

————，1988，『女が 40 代にしておくこと——“本当の人生”はこれから始まります』大和出版．

————，2002，『シンプルのすすめ——物も友だちもたくさんはいらない』あさ出版．

下重暁子編著，1977，『ゆれる 24 歳——私に語った OL たち』サイマル出版会．

Simonds, Wendy, 1992, *Woman and Self-Help Culture: Reading between the Lines*, Rutgers University Press.

シンプル生活研究会，2000，『「やめたいモノ」をやめる本』大和書房．

晋遊舎，2011，『スマートフォンの手帳術』晋遊舎．

塩月弥栄子，1969，「センス・たしなみ　心の掃除」『看護学雑誌』33(1): 126–7.

————，1995，『女 40 代「生きたい人生」を生きるコツ』講談社．

白井由佳，2002，『オロオロしなくていいんだね！ ADHD サバイバル・ダイアリー』花風社．

Solden Sari, 1995, *Women with Attention Deficit Disorder*, Underwood Books.（＝2000，ニキリンコ訳『片づけられない女たち』WAVE 出版.）

染谷幸二，2010，『明るいトーンの学級開きのシナリオ——中学校・使える学級経営のマニュアル 2』明治図書出版．

総合法令編，1994，『メモ・手帳の活用術のすべてがわかる本』総合法令．

須藤廣，2012，『ツーリズムとポストモダン社会——後期近代における観光の両義性』明石書店．

杉山勝行，2003，『セルフブランドの創り方—— 10 人の達人に学ぶ』三修社．

杉山正一編，1960，『学級づくりの技術』東洋館出版社．

住原則也，2009，「『お道』と企業経営——天理教信仰と事業が融合する論理のありかと実例」中牧弘允・日置弘一郎編『会社のなかの宗教——経営人類学の視点』東方出版．

角南法恵，2009，『私は大きく人生を変えた——あなたも 20 代の生き方次第で大きく人生を変えられる』アチーブメント出版．

捨て方技術研究会，2000，『今すぐできる「捨て方」速攻トレーニング』ワニブックス．

鈴木健二，1980a，『男が40代にやっておくべきこと――人生の勝負はここで決まる』大和出版．

――――，1980b，『30代に男がしておかなければならないこと』大和出版．

――――，1982，『男は20代に何をなすべきか――“人間の基本”を身につけるために』大和出版．

鈴木庸輔，1959，「盆・暮の大掃除でしぼられる」『工場管理』5(6): 80-1.

多田文明，2012，『崖っぷち「自己啓発修行」突撃記――ビジネス書，ぜんぶ私が試します！』中央公論新社．

多田花外，1974，『幸福を呼ぶ家相』住宅新報社．

多賀太，2011，「教育するサラリーマン――チューターとしての父親像の台頭」多賀太編著『揺らぐサラリーマン生活――仕事と家庭のはざまで』ミネルヴァ書房．

田口真堂，1993，『願いがかなう　気学風水入門』永岡書店．

泰山学士，1995，『ビジネスに生かす　風水の知恵』実業之日本社．

高木裕宜，2006，「5S活動の生成と展開」『経営論集』16(1): 127-43.

高梨美雨，2005，『28歳から「あなたの居場所」が見つかる本――愛せる自分，愛される自分をつくる6つの大切なこと』ソシム．

高下こうた，2012，『お祈りメールしかこない人の逆転就活術』秀和システム．

竹村健一，1976，『男，30代をどう生きるか――居直りと挑戦の哲学』エフプロ出版．

――――，1982，『男，20代の挑戦――人生はゲームだ』徳間書店．

竹島愼一郎，1998，『べんり手帳術――ふつうの手帳を知的ツールに変える100のアイデア』日本実業出版社．

田中角栄，1962，「自分らしく平凡を生きる」大宅壮一編『わが青春の記――この10人の歩んだ道』青春出版社．

田中和彦，2010，『38歳から絶対やっておくべきこと』ナナ・コーポレート・コミュニケーション．

田中雅子，2012，『20代で知っておきたい「仕事の基本」――グローバル社会を生き抜くための33の「成長」法則』学研パブリッシング．

田中経人，1972，『文具の歴史』リヒト産業．

田中寿美子，1957，『働く女性の生き方』中央公論社．

舘神龍彦，2004，『システム手帳新入門！』岩波書店．

――――，2007，『手帳進化論――あなただけの「最強の一冊」の選び方・作り方』PHP 研究所.
――――，2011，『手帳カスタマイズ術――最強の「マイ手帳」を作る 58 のヒント』ダイヤモンド社.
辰巳渚，2000，『「捨てる！」技術』宝島社.
手帳美人研究会，2007，『「手帳美人」入門――一日ごとに夢に近づく！』ソニー・マガジンズ.
勅使河原蒼風，1957，「自分らしい生き方を」扇谷正造編『学校は出なくても――十一人の名士の歩んだ道』有紀書房.
『The21』編集部，2005，『夢を必ず実現する人の成功手帳――これが「夢をかなえる人」の手帳活用術だ！「選び方」から活用術までを徹底解説』PHP 研究所.
戸田覚，2011，『デジタル手帳術　手帳は iPhone に変えなさい』アスキー・メディアワークス.
戸塚隆将，2013，『世界のエリートはなぜ，「この基本」を大事にするのか？』朝日新聞出版.
土屋公三，2004，『創る　使う　変わる　3KM 手帳革命！』出版文化社.
常見陽平，2012，『「意識高い系」という病――ソーシャル時代にはびこるバカヤロー』ベストセラーズ.
Turner, Colin, 1997, *Swimming with Piranha Makes You Hungry: How to Simplify Your Life and Achieve Financial Independence*, London: Hodder and Stoughton Ltd.（＝2000，早野依子訳『人生の宝物はあなたの心を掃除したとき見つかる』PHP 研究所.）
植田統，2013，『40 代を後悔しない仕事のルール 41』PHP 研究所.
植西聰，2011，『「折れない心」をつくるたった 1 つの習慣』青春出版社.
上野千鶴子，2009，「『セクシュアリティの近代』を超えて」『新編　日本のフェミニズム 6　セクシュアリティ』岩波書店.
梅棹忠夫，1969，『知的生産の技術』岩波書店.
梅棹忠夫ほか，1970，『家事整理学のすべて』中央公論社.
梅沢庄亮，1996，『一冊の手帳で整理の達人になる本――電子手帳時代でも離せない』中経出版.
宇野重規，2010，『〈私〉時代のデモクラシー』岩波書店.
魚津欣司，1988，『男 40 代しなやかに生き直す勇気がわく本――「ストレス」に潰されるか，したたかにはね返すか』大和出版.

――――, 1989,『男 30 代迷いを断ち切る勇気がわく本――人生の“転換期”を見つめ直す自己チェック 50 項』大和出版.
Urry, John, 1990, *The Tourist Gaze: Leisure and Travel in Contemporary Societies*, London: Sage Publications.（＝1995, 加太宏邦訳『観光のまなざし――現代社会におけるレジャーと旅行』法政大学出版局.）
――――, 1995, *Consuming Places*, London: Routledge.（＝2003, 吉原直樹・武田篤志監訳『場所を消費する』法政大学出版局.）
漆原直行, 2012,『ビジネス書を読んでもデキる人にはなれない』マイナビ.
宇佐美恵子, 2005,『トップモデルが教える「女が惚れる女」のルール―― 35 歳からの“キレイ”に磨きをかけるヒント』青春出版社.
和田秀樹, 2011a,『人生で一番大切な 20 代の生き方』中経出版.
――――, 2011b,『人生の 9 割は 40 代で決まる』中経出版.
Wagner, Charles, 1895, *La Vie Simple*, Paris: Librairie Armand Colin.（＝1906, 布施知足訳『簡易生活』東西社.）
和久井香菜子, 2008,『30 歳女を鍛える転び学――じゃんじゃん失敗いたしましょう』グラフ社.
Walter, Dawna and Mark Franks, 2002, *The Life Laundry: How to Stay De-Junked Forever*, London: BBC Books.（＝2003, 奥野節子訳『イギリス式暮らしのシンプル整理術――心とお部屋のおかたづけ』ダイヤモンド社.）
渡辺久信, 2008,『寛容力――怒らないから選手は伸びる』講談社.
渡邉美樹, 2005,『渡邉美樹の夢に日付を！――夢実現の手帳術』あさ出版.
――――, 2013,『渡邉美樹の子どもの夢をかなえる手帳術――日付をつければ夢は実現する！』マガジンハウス.
渡辺恒夫, 1986,『脱男性の時代――アンドロジナスをめざす文明学』勁草書房.
Weiss, Lynn, 1992, *Attention Deficit Disorder in Adults*, Dallas: Taylor Publishing Company.（＝2001, ニキリンコ訳『片づかない！見つからない！間に合わない！』WAVE 出版.）
ワールドフォトプレス, 2012a,『モノすごい手帳――手帳王国ニッポンの太鼓判』ワールドフォトプレス.
――――, 2012b,『モノすごい手帳 2』ワールドフォトプレス.
山田陽子, 2007,『「心」をめぐる知のグローバル化と自律的個人像――「心」の聖化とマネジメント』学文社.
――――, 2010,「時間管理と自己――『自分』を設計する」『現代社会学』

11: 3-14.
山守伸也，2012，「ライフログに関する文化社会学的研究の可能性」『KG 社会学批評』1: 121-9.
山本健治，1995，『掃除が変える 会社が活きる――大経営者はなぜ掃除から始めたのか』日本実業出版社.
――――，1998，『すべての一歩は掃除から――企業・学校・家庭を甦らせる「脚下からの哲学」』日本実業出版社.
山根一眞，1986，『スーパー手帳の仕事術』ダイヤモンド社.
やましたひでこ，2009，『新・片づけ術「断捨離」』マガジンハウス.
――――，2011，『不思議なくらい心がスーッとする断捨離』三笠書房.
やましたひでこ監修・川畑のぶこ著，2009，『モノを捨てればうまくいく　断捨離のすすめ』同文館出版.
山下国誥，1968，「人生論ブームの背景」『教育と医学』16(2): 46-52.
山崎えり子，2000，『工夫生活のススメ』飛鳥新社.
山崎博・大内昌雄，1939，『大国民練成の高一・二学級経営』明治図書.
八坂裕子，2010，『40 歳からの「ひとり時間」の愉しみ方』PHP 研究所.
安井かずみ，1976，『大恋愛――女，20 歳からどう生きるか』主婦と生活社.
横森理香，2002，『横森式シンプル・シック』文藝春秋.
――――，2006，『30 歳からハッピーに生きるコツ』ベストセラーズ.
米村佳樹・岩崎恭枝，1978，「世界の学校掃除」沖原豊編著『学校掃除――その人間形成的役割』学事出版.
米澤泉，2010，『私に萌える女たち』講談社.
吉本由美，1985，『吉本由美のこだわり生活――雑貨とインテリア がんこに選んで，自分らしく暮らす』主婦と生活社.
吉元由美，2005，『「大人の女」になれる 29 のルール―― 30 代から生まれ変わるライフスタイル入門』PHP 研究所.
吉山勇樹，2009，『あたりまえだけどなかなかできない 25 歳からのルール』明日香出版社.
――――，2011，『20 代のノート――失敗して，恥をかいて，苦しみながら，つかみ取った 31 の「成長法則」』WAVE 出版.
吉沢久子，1999，『吉沢久子の簡素のすすめ――こころ豊かに生きる知恵』海竜社.
Zerubavel, Eviatar, 1981, *Hidden Rhythms: Schedules and Calendars in Social Life*, The University of Chicago.（＝1984，木田橋美和子訳『かくれたリ

ズム——時間の社会学』サイマル出版会.）

著者略歴

1980 年　東京都生まれ
2009 年　早稲田大学大学院教育学研究科博士後期課程
　　　　単位取得退学　博士（教育学）
現　在　大妻女子大学人間関係学部准教授
主　著　『自己啓発の時代——「自己」の文化社会学的
　　　　探究』（勁草書房，2012）
　　　　『創造性をデザインする——建築空間の社会
　　　　学』（勁草書房，2022）

日常に侵入する自己啓発
生き方・手帳術・片づけ

2015年 4 月20日　第 1 版第 1 刷発行
2024年 8 月20日　第 1 版第 5 刷発行

著　者　牧《まき》　野《の》　智《とも》　和《かず》

発行者　井　村　寿　人

発行所　株式会社　勁《けい》　草《そう》　書　房

112-0005 東京都文京区水道2-1-1　振替　00150-2-175253
（編集）電話 03-3815-5277／FAX 03-3814-6968
（営業）電話 03-3814-6861／FAX 03-3814-6854
本文組版 プログレス・堀内印刷・松岳社

ISBN978-4-326-65393-5　　Printed in Japan